U0432148

基督教经典译丛

何光沪 主编
副主编 章雪富 孙毅 游冠辉

Moral Treatises
道德论集

[古罗马] 奥古斯丁 著
石敏敏 译

Simplified Chinese Copyright © 2009 by SDX Joint Publishing Company.
All Rights Reserved.

本作品中文简体版权由生活·读书·新知三联书店所有。
未经许可，不得翻印。

图书在版编目（CIP）数据

道德论集／(古罗马) 奥古斯丁著；石敏敏译．—北京：
生活·读书·新知三联书店，2009.5 （2022.5重印）
（基督教经典译丛）
ISBN 978－7－108－03119－8

Ⅰ．道… Ⅱ．①奥…②石… Ⅲ．伦理学－文集
Ⅳ．B82－53

中国版本图书馆 CIP 数据核字（2008）第 192416 号

丛书策划	橡树文字工作室
责任编辑	张艳华
封面设计	罗 洪
责任印制	卢 岳
出版发行	生活·讀書·新知 三联书店
	(北京市东城区美术馆东街 22 号)
邮 编	100010
网 址	www.sdxjpc.com
经 销	新华书店
印 刷	北京隆昌伟业印刷有限公司
版 次	2009 年 5 月北京第 1 版
	2022 年 5 月北京第 4 次印刷
开 本	635 毫米 × 965 毫米 1/16 印张 24.5
字 数	292 千字
印 数	14,001－17,000 册
定 价	55.00 元

(印装查询：01064002715；邮购查询：01084010542)

基督教经典译丛

总　　序

何光沪

在当今的全球时代，"文明的冲突"会造成文明的毁灭，因为由之引起的无限战争，意味着人类、动物、植物和整个地球的浩劫。而"文明的交流"则带来文明的更新，因为由之导向的文明和谐，意味着各文明自身的新陈代谢、各文明之间的取长补短、全世界文明的和平共处以及全人类文化的繁荣新生。

"文明的交流"最为重要的手段之一，乃是对不同文明或文化的经典之翻译。就中西两大文明而言，从17世纪初以利玛窦（Matteo Ricci）为首的传教士开始把儒家经典译为西文，到19世纪末宗教学创始人、英籍德裔学术大师缪勒（F. M. Müller）编辑出版五十卷《东方圣书集》，包括儒教、道教和佛教等宗教经典在内的中华文明成果，被大量翻译介绍到了西方各国；从徐光启到严复等中国学者、从林乐知（Y. J. Allen）到傅兰雅（John Fryer）等西方学者开始把西方自然科学和社会科学著作译为中文，直到20世纪末叶，商务印书馆、生活·读书·新知三联和其他有历史眼光的中国出版社组织翻译西方的哲学、历史、文学和其他学科著作，西方的科学技术和人文社科书籍也被大量翻译介绍到了中国。这些翻译出版活动，不但促进了中学西传和西学东渐的双向"文明交流"，而且催化了中华文明的新陈代谢，以及中国社会的现代转型。

清末以来，先进的中国人向西方学习、"取长补短"的历程，经历了两大阶段。第一阶段的主导思想是"师夷长技以制夷",表现为洋务运动之向往"船坚炮利",追求"富国强兵",最多只求学习西方的工业技术和物质文明,结果是以优势的海军败于日本,以军事的失败表现出制度的失败。第二阶段的主导思想是"民主加科学",表现为五四新文化运动之尊崇"德赛二先生",中国社会在几乎一个世纪中不断从革命走向革命之后,到现在仍然需要进行民主政治的建设和科学精神的培养。大体说来,这两大阶段显示出国人对西方文明的认识由十分肤浅到较为深入,有了第一次深化,从物质层面深入到制度层面。

正如观察一支球队,不能光看其体力、技术,还要研究其组织、战略,更要探究其精神、品格。同样地,观察西方文明,不能光看其工业、技术,还要研究其社会、政治,更要探究其精神、灵性。因为任何文明都包含物质、制度和精神三个不可分割的层面,舍其一则不能得其究竟。正由于自觉或不自觉地认识到了这一点,到了20世纪末叶,中国终于有了一些有历史眼光的学者、译者和出版者,开始翻译出版西方文明精神层面的核心——基督教方面的著作,从而开启了对西方文明的认识由较为深入到更加深入的第二次深化,从制度层面深入到精神层面。

与此相关,第一阶段的翻译是以自然科学和技术书籍为主,第二阶段的翻译是以社会科学和人文书籍为主,而第三阶段的翻译,虽然开始不久,但已深入到西方文明的核心,有了一些基督教方面的著作。

实际上,基督教对世界历史和人类社会的影响,绝不止于西方文明。无数历史学家、文化学家、社会学家、艺术史家、科学史家、伦理学家、政治学家和哲学家已经证明,基督教两千年来,从东方走向西方再走向南方,已经极大地影响,甚至改变了人类社会从上古时代沿袭下来的对生命的价值、两性和妇女、博爱和慈善、保健和教育、劳动和经济、科学和学术、自由和正义、法律和政治、文学和艺术等等几乎所有生活领域的观念，从而塑造了今日世界的面貌。这个诞生于亚洲或"东方"，传入了欧洲或"西方"，再传入亚、非、拉美或"南方"的世界第一大宗教，现在因为信众大部分在发展中国家，被称为"南方宗教"。但是，它本来就不属于任何一"方"——由于今日世界上已经没有一个国家没有其存在，所以它已经不仅仅在宗教意义上，而且是在现实意义上展现了它"普世宗教"的本质。

因此，对基督教经典的翻译，其意义早已不止于"西学"研究或对西方文明研究的需要，而早已在于对世界历史和人类文明了解的需要了。

这里所谓"基督教经典"，同结集为"大藏经"的佛教经典和结集为"道藏"的道教经典相类似，是指基督教历代的重要著作或大师名作，而不是指基督徒视为唯一神圣的上帝启示"圣经"。但是，由于基督教历代的重要著作或大师名作汗牛充栋、浩如烟海，绝不可能也没有必要像佛藏道藏那样结集为一套"大丛书"，所以，在此所谓"经典译丛"，最多只能奢望成为比佛藏道藏的部头小很多很多的一套丛书。

然而，说它的重要性不会"小很多很多"，却并非奢望。远的不说，只看看我们的近邻，被称为"翻译大国"的日本和韩国——这两个曾经拜中国文化为师的国家，由于体现为"即时而大量翻译西方著作"的谦虚好学精神，一先一后地在文化上加强新陈代谢、大力吐故纳新，从而迈进了亚洲甚至世界上最先进国家的行列。众所周知，日本在"脱亚入欧"的口号下，韩国在其人口中基督徒比例迅猛增长的情况下，反而比我国更多更好地保存了东方传统或儒家文化的精粹，而且不是仅仅保存在书本里，而是保存在生活中。这一事实，加上海内外华人基督徒保留优秀传统道德的大量事实，都表明基督教与儒家的优秀传统可以相辅相成,这实在值得我们深长思之!

基督教在唐朝贞观九年（公元635年）传入中国,唐太宗派宰相房玄龄率官廷卫队到京城西郊欢迎传教士阿罗本主教,接到皇帝的书房让其翻译圣经,又接到皇官内室听其传讲教义,"深知正真,特令传授"。三年之后（公元638年）,太宗又发布诏书说："详其教旨,玄妙无为;观其元宗,生成立要。……济物利人,宜行天下。"换言之,唐太宗经过研究,肯定基督教对社会具有有益的作用,对人生具有积极的意义,遂下令让其在全国传播（他甚至命令有关部门在京城建造教堂,设立神职,颁赐肖像给教堂以示支持）。这无疑显示出这位大政治家超常的见识、智慧和胸襟。一千多年之后,在这个问题上,一位对中国文化和社会贡献极大的翻译家严复,也显示了同样的见识、智慧和胸襟。他在主张发展科学教育、清除"宗教流毒"的同时,指出宗教随社会进步程度而有高低之别,认为基督教对中国民众教化大有好处："教者,随群演之浅深为高下,而常有以扶民性之偏。今假景教大行于此土,其能取吾人之缺点而补苴之,殆无疑义。且吾国小民之众,往往自有生以来,未受一言之德育。一旦有人焉,临以帝天之神,时为耳提而面命,使知人理之要,存于相爱而不欺,此于教化,岂曰小补!"（孟德斯鸠《法意》第十九章十八节译者按语。）另外两位新文化运动的领袖即胡适之和陈独秀,都不是基督徒,而且也批判宗教,但他们又都同时认为,耶稣的人格精神和道德改革对中国社会有益,宜于在中国推广（胡适:《基督教与中国》,陈独秀:《致〈新青年〉读者》）。

当然,我们编辑出版这套译丛,首先是想对我国的"西学"研究、人文学术和宗教学术研究提供资料。鉴于上述理由,我们也希望这项工作对于中西文明的交流有所贡献;还希望通过对西方文明精神认识的深化,对于中国文化的更新和中国社会的进步有所贡献;更希望本着中国传统中谦虚好学、从善如流、生生不已的精神,通过对世界历史和人类文明中基督教精神动力的了解,对于当今道德滑坡严重、精神文化堪忧的现状有所补益。

尽管近年来翻译界出版界已有不少有识之士,在这方面艰辛努力,完成了一些极有意义的工作,泽及后人,令人钦佩。但是,对我们这样一个拥有十几亿人口的千年古国和文化大国来说,已经完成的工作与这么巨大的历史性需要相比,真好比杯水车薪,还是远远不够的。例如,即使以最严格的"经典"标准缩小译介规模,这么一个文化大国,竟然连阿奎那(Thomas Aquinas)举世皆知的千年巨著《神学大全》和加尔文(John Calvin)影响历史的世界经典《基督教要义》,都尚未翻译出版,这无论如何是令人汗颜的。总之,在这方面,国人还有漫长的路要走。

本译丛的翻译出版,就是想以我们这微薄的努力,踏上这漫长的旅程,并与诸多同道一起,参与和推动中华文化更新的大业。

最后,我们应向读者交代一下这套译丛的几点设想。

第一,译丛的选书,兼顾学术性、文化性与可读性。即从神学、哲学、史学、伦理学、宗教学等多学科的学术角度出发,考虑有关经典在社会、历史和文化上的影响,顾及不同职业、不同专业、不同层次的读者需要,选择经典作家的经典作品。

第二,译丛的读者,包括全国从中央到地方的社会科学院和各级各类人文社科研究机构的研究人员,高等学校哲学、宗教、人文、社科院系的学者师生,中央到地方各级统战部门的官员和研究人员,各级党校相关教员和有关课程学员,各级政府宗教事务部门官员和研究人员,以及各宗教的教职人员、一般信众和普通读者。

第三,译丛的内容,涵盖公元1世纪基督教产生至今所有的历史时期。包含古代时期（1—6世纪），中古时期（6—16世纪）和现代时期（16—20世纪）三大部分。三个时期的起讫年代与通常按政治事件划分历史时期的起讫年代略有出入，这是由于思想史自身的某些特征，特别是基督教思想史的发展特征所致。例如，政治史的古代时期与中古时期以西罗马帝国灭亡为界，中古时期与现代时期（或近代时期）以17世纪英国革命为界；但是，基督教教父思想在西罗马帝国灭亡后仍持续了近百年，而英国革命的清教思想渊源则无疑应追溯到16世纪宗教改革。由此而有了本译丛三大部分的时期划分。这种时期划分，也可以从思想史和宗教史的角度，提醒我们注意宗教和思想因素对于世界进程和社会发展的重要作用。

中国人民大学宜园
2008年11月

目　录

中译本导言 1

论自制 1
论婚姻的益处 39
论圣洁的童贞 77
论寡居的益处 129
论说谎 161
致康塞提乌：驳说谎 207
论修士的工作 255
论忍耐 307
论对死者的料理 331

译名对照表 359
译后记 361

中译本导言

郑仰恩

一、基督教思想史上的奥古斯丁

毋庸置疑，奥古斯丁（Augustine of Hippo，354—430）应该是基督教思想史上最重要且对后世影响最深远的神学家，更被大公教会传统尊称为"恩典博士"（doctor gratiae）。现代德国教义史家哈纳克（Adolf Harnack）就曾指出，基督教教义的发展到奥古斯丁已经大致完备，其后的神学家不过是为他的思想做注脚而已。确实，他的神学观点集早期基督教思想之大成，历经中世纪的沉潜发展，到宗教改革运动时成为神学争论的焦点，却也奠定他从此作为教义史之基本论述轴心的地位。

举例来说，专研宗教改革运动的学者们常指出，新教改革运动的最终发展，可以说是奥古斯丁的恩典论胜过了他自己的教会论，亦即高举福音主义（以马丁·路德所主张的"因信称义"为代表）的新教运动突破了坚持教会体制（以罗马教廷所主张的"大公且合一的教会"为代表）的旧教传统。这显示新旧教之争其实正反映了奥古斯丁神学体系的内在张力，而这张力也进而塑造了后世后代教义史的发展轴线，他的神学影响力之深远可见一斑。

二、奥古斯丁对伦理学的贡献

专研奥古斯丁的学者指出，在早期拉丁教父中，没有人比他发展出更多的道德理论，甚至也有学者主张他是第一个让基督教伦理学成为神学的一个独特部分的神学家。然而，在奥古斯丁那个时代，不同的神学领域间并无明确的界线，也因此，在他的神学体系里，伦理学、神学以及圣经释义是交织在一起且无法分离的。事实上，在他的作品里，除了探讨人生不同处境的几篇作品——大多收录在本论集里——和辩驳摩尼教（Manicheism）的论述之外，他不曾撰写过专门探讨伦理学的文章。如果说奥古斯丁对基督教伦理学的独特定位有所贡献，那主要是因为他深刻地将伦理学的问题本质揭露了出来。

事实上，正因为在他自己皈依的过程中无可避免地经验到道德转变的挣扎，伦理学可以确定在奥古斯丁的神学中扮演一个既举足轻重又带有限制的暧昧角色。一方面，奥古斯丁自己指明，他对基督教信仰的知性认可只有在道德上做出决断时才得以完全；另一方面，他也学习到，只有上帝主权的恩典才能促成真正的皈依，让他的意志得以复原，并持续激发他的爱心（参看《忏悔录》，7—8页）。

确实，皈依经验可以说是奥古斯丁思想的基础，它不同于读罗马哲学家西塞罗（Cicero）时的启蒙经验，也不同于读新柏拉图主义者普罗提诺（Plotinus）时的喜悦灵性感受。对奥古斯丁而言，"皈依"代表一种全新的自我意识与实存经验。这个直接与上帝相遇的意识改变了他的整个存在、动力与目标，让他对哲学的热情转变且"跳跃"（leap）为对真理的热情。从此，奥古斯丁确信，是个人意志在主导知识，而不是知识在主导意志。

就思想上的演变来说，当奥古斯丁还是一位年轻的信徒辩护家时，他就主张基督教作为"真正的哲学"的一个明证是，它比摩尼教或任何古老哲学学派都更能产生一种坚实稳定的道德决断或自制的力量。但随着年岁愈长，他也就愈加体认到，在基督教的核心信念里，任何全然人为的努力——不管是出于他自己，或是他所喜爱的柏拉图派哲学家，或后来的帕拉纠派（Pelagians）——都是一种骄傲和背叛。许多学者指出，晚期在思想上更为成熟严谨的奥古斯丁明显地倾向于一种更悲观的人性论（pessimistic anthropology）。但这也未能成为定论，因为同一时期作为讲道者的他，却仍一再地劝勉信徒们要有道德决断，并期待他们在道德上做出改变。

就这样，奥古斯丁留下了一个带有内部张力的伦理遗产，其中包括了敏锐的道德感、对一个客观道德秩序的确信、对人类德性之限制的成熟评断、一个复杂但过于柔性温情的基督教爱观，以及一个对道德转化的可能性既不放弃盼望也不过度简化地存有幻想的信仰态度。有趣的是，尽管他的论点往往带有争议性，他的政治、社会和性伦理的观点更是经常地受到挑战，但其中的张力和争议性也为此后的学术讨论开启了新的思考空间，因而在历史上带有高度的影响力。就此而言，存在于其伦理思想里的内部张力显然是适切而有益的。

三、和同时代哲学思潮对话

对深谙古典文化和摩尼教思想的奥古斯丁来说，他同时代的哲学思潮确有其吸引人之处。一方面，他承认"异教"道德哲学提供了不少有用的伦理原则，可供基督教学者参考和对话，但在另一方面，他也明确地拒绝摩尼教的善恶二元论以及他们对肉体的谴责贬抑。不过,尽管奥古斯丁视灵魂为高于肉体的存在,但他也指明灵魂并非人类存在的最高形式,因为它也会被美德或智慧所补足。对他而言,上帝才是至高的善,"我们若跟随他,就能过着美好且快乐的生活"(参看《论自由意志》,15.33)。

有趣的是,奥古斯丁常常以近乎"折衷派"(Eclecticism)的方式,采撷不同哲学学派的主张,来支持自己从圣经所建构的信念或反驳他人的论点。譬如,他从《马太福音》22:37读到"要尽心尽性尽意爱上帝"以及不可分割的"爱邻舍"这两条诫命,这成为他"爱的伦理观"的基础(参看《论大公教会和摩尼教的道德诫律》,1.8.13;1.14.24;1.26.39)。结果,在论到"对上帝的爱"时,他运用柏拉图派的论点来反驳异教哲学家和摩尼教徒的二元论,在此点上他和斯多葛学派及伊壁鸠鲁学派是对立的。然而,在强调"对邻舍的爱"时,他则撒弃柏拉图学派的观点,引用逍遥学派和斯多葛学派的论点来肯定人性的社会与宗教面向。面对同时代哲学思潮,奥古斯丁这种对话、运用、会通、转化、创新的折衷派做法,确实有深刻的启发性。

四、爱的秩序(*Ordo amoris*)

在这思想整合的过程中,奥古斯丁逐渐发展出一个伦理秩序的概念,以上帝的存在为至高,接着是灵魂,最后才是肉体和物质的事物。在这存有的阶层秩序(graded or hierarchical order of beings)里,伦理行为的高低也对应着不同美德所展现的存有价值:灵魂高于肉体,理性则是比灵魂的其他层面更重要,而沉思上帝又比理性思维更优先。也就是说，在这秩序中，成为上帝/越来越像上帝（becoming God）是最高的目标，远离上帝则越来越接近动物，"罪恶"和"非存有"（non-being）也就画上等号了。

依此原则，人们的爱憎好恶若能尊重此一自然秩序，这样的生活方式就是正确的，但这并不意味着他们必须像新柏拉图主义者（Neo-platonists）所主张的那样弃绝肉体、感官或社会的生活。奥古斯丁运用斯多葛学派的理论，以"享受"（frui）和"使用"（uti）来区分爱的不同等级，前者是指为了所爱对象本身之缘故或以其为终极目的而去爱，特指受造者对上帝的爱，后者则是指为了他者之缘故或另一个更高的目的而去爱，因此是指对其他受造事物的爱，包括对邻舍和对自己的爱在内。换句话说，对创造者上帝的爱必须尽全部心力去实践，对其他受造事物的爱则是在和上帝的关系中（或是为了爱上帝的缘故）去实行。

根据这个信念，如果有人弄错对象，将有限的事物本身视为终极目的去爱，或是该"使用"的却以"享受"待之，那就是犯了"偶像崇拜"的罪。也就是说，人们可以寻求身体和灵魂的属世利益——例如身体健康、友谊、智慧等——但这些都必须置于他们和上帝的关系中。换另一种方式来说，人们在"使用"这些美好事物时，应符合它们受造的目的。这也是奥古斯丁在伦理思考上的辩证原则：基督徒应活出和恩典相称的生活，才不至于亏负上帝浩大的恩典。

结果，奥古斯丁不但借用斯多葛学派的"享受"和"使用"来区分爱的等级，更将不同的爱安置于"对上帝的爱"和"对邻舍的爱"（同时，也因为"爱人如己"的表达方式而同时隐含着"对自己的爱"）的秩序架构里。对上帝的信任之爱是一切爱的根源，也确保人们在罪恶和徒劳中能学习正确的爱。在爱朋友、邻舍和其他受造物的过程中，人们必须学习将这爱"相对化"，因为它的结果很可能变成"自我利益"（self-interest）的工具。真正的爱是以上帝为主要对象的，用奥古斯丁自己的话来说："那些爱你（上帝），在你里面爱一个朋友，为你的缘故爱一个敌人的人有福了！"（参看《忏悔录》，4.9.14）

整体而言，这个"在上帝里"（in God）的概念让奥古斯丁能够将所有的爱都置于一个"上帝中心"（theocentric）的整全架构里。因此，当他于407年大胆地宣称"只管爱，并做你所想要的"（Love and do what you will）时，他的着重点并非个人行动或意图的自主性，而是指明所有人类的思考与行动都是在上帝里，并且必须是从"上帝的爱"的观点来理解的事实。这也隐含着在上帝"已然"（already）的恩典和现今人类"尚未"（not yet）的限制之间所存在的终末张力。

在进入奥古斯丁《道德论集》的摘要介绍之前，或许也应该约略讨论他对性伦理（sexual ethics）的看法，因为和本论集中论婚姻、圣洁、寡居等文章有关。奥古斯丁有关基督教性伦理的讨论主要是建立在他的关于创造、罪和救赎的教义上。简单地说，创造的教义让他认定上帝自始就将"性交"定位为"繁衍后代"的媒介；罪的教义则让他主张"肉体的欲望"（concupiscence of the flesh）总是伴随着性行为，并且是亚当和夏娃之原罪的表征；也因此，救赎的教义让他确信性行为和生育在救恩历史的不同阶段里具有不同的意义。整体而言，尽管"自然法"（natural law）的理论让奥古斯丁相信性行为应该接受某些普遍且恒久的规范，他同时也认定在人类的性行为当中存在着某种程度的历史相对性和文化制约性。这在以下奥古斯丁《道德论集》的文章里可以读到更具体的讨论。

五、奥古斯丁的《道德论集》

奥古斯丁的《道德论集》总共收录了九篇文章，应该能够引发读者的阅读兴趣，对一般社会大众的道德关注也应该有所助益。或许有些读者会对他的某些观点感到奇怪或不自在，但这大多是出于对不同时代或不同形态的道德观或敬虔态度不够理解的缘故。简单地说，奥古斯丁和大多数希腊或拉丁教父一样，对"自愿性的守贞和守贫"（voluntary celibacy and poverty）抱持赞赏、认同的态度。这种源自于2世纪的禁欲主义观点区分了两种道德倾向：一种是一般信徒的初级道德观，只要求遵守"十诫"的命令；另一种则是高一等的圣洁道德观，是由少数被拣选的人因能遵行所谓的"福音训诫"（evangelical counsels）或隐修德性（monastic virtues）而达成的。

奥古斯丁自己在皈依基督信仰后也决定遵循这样的伦理教导。原本他应该娶他儿子的母亲为妻，但因献身祭司职，所以决定过独身不结婚的生活。这也是当时教会的盛行观点，他的老师安波罗修（Ambrose）和神学前辈哲罗姆（Jerome）甚至更激进地赞扬以至尊崇"独身"的生活。尽管我们不一定同意他们的观点，却必须学习欣赏他们那种自我否定、专一献身的精神和道德力量。同时，我们必须理解，早期基督教的禁欲主义也可以说是对当时周遭希腊罗马宗教常见的道德败坏现象的一种反动，在或许过激的回应中，他们刻意突显了美善生活的伦理价值，也是在这种情境中，他们认定独身生活要比婚姻生活更适合基督及其教会那种不容分心、分忧的服事需求，因为婚姻总不可避免地带来世俗的纷扰（参看《哥林多前书》，7：25—28）。事实上，这样的讨论也间接促成了后世基督教的婚姻观和家庭观。

以下就依顺序简要地概述奥古斯丁《道德论集》中的文章要点。

在《论自制》一文中，奥古斯丁首先指出自制是出于神圣的恩赐，好叫人心不偏向恶言，也不为罪辩解。这不单指人肉身低级部位的欲望，也包括整个人的存在，因为一切污秽人的，不管是出自内心的言语或是外在的行为，都是从心发出，因此只要在心灵的界线设立自制之门，就可以保证两者的纯洁和清白。心灵若得纯洁，良知就可欢欣雀跃，人也才可以在自制的生活中将身体当做"义的器具"献给公义的上帝。

自制需要恩典的协助，因为基督徒不是活在律法之下，而是在恩典之下。律法诚然规定了美善之物，但却没有提供实际协助，恩典既使人们爱律法所命定的，就能做自由人的主。然而，就连克制者也有征服不了肉体的情事，在无法医治罪恶伤口的时候，为要治好它们，就要如主祷文般地每天说："免我们的债"，祈求上帝恩典的帮助。因此，人必须活在恩典中，也必须在恩典中持续成长。

奥古斯丁也力驳摩尼教徒的二元论，就是主张情欲与圣灵之争代表了善恶两种对立的本性或原则彼此相争的教义。事实上，情欲与圣灵相争，并非指相对立的两个原则所引起的两种本性的抗争，而是由罪所引发人性中的两部分之争。人若顺服圣灵而活，肉体的情欲就得医治，并能在身心合一中活出美善的生活。永生、真实的上帝是至善，凡从他来的，无不是善的。因此，圣灵是一种善，情欲也是一种善，而人是由二者所构成，只要愿意被至善之神的恩典所改造，就能活在美善的伦理秩序中。

在本文中，奥古斯丁也以现代神学所惯于批判的"父权式"

（paternalistic）的自然秩序观，主张在基督与教会、丈夫与妻子、圣灵与肉体的联合模式中，"前者为后者的利益出谋划策，后者则侍奉前者"，只要一方支配，另一方顺从，遵守秩序之美，则一切都是良善的。他也指出，尽管身体不同于灵魂的本质，但并非与人的本性格格不入，因为人是由灵魂和身体两者共同构成。耶稣基督的"道成肉身"就是上帝亲自取了人的整体，为了让我们全人的受造本质得到释放。就此而言，克制情欲既合乎人性也完成人性。

接下来，在《论婚姻的益处》和《论圣洁的童贞》这两篇文章里，奥古斯丁试图在所谓的"约维尼安异端"（heresy of Jovinian）和因高举圣洁的童贞而彻底否定婚姻的说法之间取得平衡，另辟蹊径。前者因反对童贞比结婚更高尚、自制比享受饮食更值得赞美而受到教会的谴责，后者如哲罗姆等则为了要捍卫独身的优点，遂把婚姻给彻底否定掉。因此，奥古斯丁认为在讨论圣洁的童贞的卓越性之前，最好先阐明婚姻的益处。

在《论婚姻的益处》里，他指出人类社会的第一种自然纽带就是夫妻，上帝也祝福第一对人说，"要生养众多，遍满全地"。因此，婚姻本身是上帝所认可和祝福的，并非恶事。整体而言，婚姻有三重的好处，即维持两性间的忠实、繁衍子孙和建立圣礼。如此一来，此一婚姻法则就把放荡纳入秩序范围内，让生养成为合乎礼仪的事，也让婚约具有圣礼的尊贵本质。

也因此，婚姻和童贞不能以善恶论之，因为若没有婚姻，就不可能成就寡妇的贞洁和童女的纯洁。奥古斯丁以一贯的修辞论述法，结合他所建构的创造神学和伦理秩序的观点，将婚姻和贞洁各安放在适当的伦理位置。他认为，我们不应该视婚姻和淫乱为两种恶，只是后者更恶，而是要说婚姻与自制是两种善，只是后者更善。此外，他也主张，义人进食比渎神者禁食更好，而忠贞者的婚姻高于不敬者的独身，这不是说进食比禁食可取，而是说公义胜过渎神；同样，不是说婚姻比独身好，而是说守信比不敬好。

他也引用斯多葛学派"享受"和"使用"的论点来说明婚姻的价值与限制。他以具体例证指出，上帝所赏赐的事物中，有些是以自身为目的，如智慧、健康、友谊，有些则是为获取其他事物所不可少的，如学习、饮食、睡眠、婚姻、性交。其中，学习是为了获取智慧，饮食和睡眠是为了健康，婚姻或性交是为了建立友谊。更进一步说，婚姻是为维系人类的繁衍生息，而友谊则是一种大善。由此而言，结婚是好事，因为生养儿女、治理家务是好事；但不结婚更好，因为不求这样的事，只求人与人之间的友谊本身，这是更大的善。

有趣的是，奥古斯丁也将性的伦理议题放置在救赎历史（history of salvation）的脉络中思考，也就是说，旧约中的以色列子民在上帝"要生养众多，遍满全地"的指示下，建立了一个延伸至耶稣基督的历史谱系。因此，"繁衍后代"（procreation）甚至"多妻制度"（polygamy）都曾在上帝的救恩计划里扮演了积极的角色。然而，他也指出，这些做法往往是基于以色列民族在"社会环境允许、时代目标要求"的处境下所做的特殊考量，现时代已经归结到"一夫一妻"的制度。

在《论圣洁的童贞》一文中，奥古斯丁再次陈述婚姻的价值，并指出依照神圣权利来说，尽管守贞比嫁娶更好，敬虔的童贞比婚姻更好，但婚姻生活也是出于上帝深奥的旨意，有些人因多子多孙得荣耀，另有些人虽不孕不育却也能为人父母。他因而告诫所有遵从永久自制和神圣童贞的男女，要把自己的美德置于婚姻之前，但不可论断婚姻为一种恶。

童贞之所以可贵可敬，并非为童贞本身之缘故，而是因为它委身于上帝。此外，尽管童贞是实践在肉身上，但它却是通过心灵的敬虔和忠诚来持守的。因此，肉身上的童贞是属灵的，而童贞的誓愿则是出于虔诚的自制。换句话说，婚姻生活的自制虽然是在身体上持守，但仍然归属灵魂管治；所以，人是在灵魂的规范和指导下，其肉身才将自身限制在特定的婚姻关系里，不涉足其外。也因此，婚姻的至高价值不在于生儿育女，而在于夫妻坚守彼此的誓约，不违背婚姻的圣礼，真诚自制地培育属灵的儿女，并教导他们远大的目标。

简言之，不论把婚姻等同于神圣童贞，或是完全否定婚姻，两者都是错误的，是从一个极端走向另一个极端。从可信赖的理性和圣经的权威来看，婚姻既不是一种罪，也不等同于童女甚至寡妇的贞洁。有的人致力于童贞，痛恨婚姻，甚至以为它与淫乱同样可恶；另一些人则捍卫婚姻，认为婚姻的童贞堪称高尚的恒常自制，奥古斯丁认为两者都不正确。他指出，基督徒追求的理想是有纪律、恒常性的自制生活，不是为了今生此世的利益，而是为了将来所应许的属灵生命。耶稣基督本身就是童贞的最大导师和典范。在本文的结尾，奥古斯丁将焦点由圣洁的童贞转到谦卑，因为童贞就是追随基督真实的爱、谦卑、虚心的典范。

在《论寡居的益处》这篇文章中，奥古斯丁主要借保罗在《哥林多前书》第7章的观点讨论圣洁寡居的誓约问题，先论教义的部分，然后才提出劝勉。他强调，娶妻或出嫁本身无可厚非，但若能"无所挂虑"且"得以殷勤服事主，没有分心"，就是"行合宜的事"。他认为《哥林多前书》7：34"没有出嫁的"这词不仅指从未结过婚的处女，也包括已经摆脱婚姻束缚、不再处于婚姻状态的寡妇。简单地说，寡居守节是"为主的事挂虑，要身体、灵魂都圣洁"；结婚出嫁是"为世上的事挂虑，想怎样叫丈夫喜悦"。然而，"叫自己的女儿出嫁是好，不叫她出嫁更是好"，依保罗之见，"若常守节更有福气"。

就"善"的角度来看，信实的婚姻本身也是善，然而，寡妇守节的善却更大。对奥古斯丁而言，婚床的圣洁和基督徒婚姻的信实都是上帝的"恩赐"，他甚至认为当肉身的淫欲超越性行为的准则，或超越生儿育女的需要时，那不是婚姻的恶，乃是由于婚姻的善而产生的可原谅的过错。他认定信实的妇女在主里是有福的，即使她丈夫死后她又嫁人。但他也进一步指出，在主里的寡妇更为有福。用圣经的实例来说，再嫁的路得（Ruth）是有福的，但守寡的亚拿（Anna）更有福。也就是说，只要出于信实，二次婚姻并非可恶的，只是在荣耀上低了一等；婚姻的纯洁是一种善，但寡居的自制是更大的善。

奥古斯丁强调，一个圣洁妇女的婚姻生活"不是出于炽热的情欲，而是出于生育的敬虔"，因而，假若还有其他方式能使家族绵延，她们就不会寻求性行为。他甚至主张一夫多妻制的存在并非出于肉身的欲望，而是预先考虑到生育的需要。然而，尽管婚姻之善也是一种善，但对上帝的子民而言，嫁娶曾是出于对律法的遵从，如今则是治疗软弱的良药，对某些人甚至是人性的一种慰藉。在不指责人身上这种感情需求的前提下，他指出基督徒心灵所关怀的是属天的事，应该以更值得赞美的方式超越并克服这种感情本身。人若在婚姻之约里守圣洁，就不怕被定罪，但更大的恩赐却必须在寡居和守独身的禁欲中寻求。

本文的论述围绕着婚姻、守寡和童贞这三个主题，尽管困惑难解，奥古斯丁最后以简洁的劝勉作总结。首先，他强调不管敬虔守节的爱有多大，都要归功于上帝的恩惠。其次，敬虔守节的人必须感谢上帝的两大恩赐：智慧和自制，智慧使人认识上帝，自制则使人不被世界所同化。只有同时拥有智慧和自制的人才能成为公义而完全的。

他对坚贞守节者的末了劝诫是:"行在自己的道上吧,坚持不懈地走下去,你必将得着目标;凡是学习你的生活榜样,听从你的劝勉之辞,与你同行,走你同样道路的人,都将从你得力量。"

接下来的两篇文章,一篇题为《论说谎》,另一篇则取名《驳说谎》,前者从正反两面探讨此一问题,后者则是对说谎的全面反驳。值得注意的是,在论到像"说谎"这类伦理问题时,他往往从圣经经文的诠释中推论出伦理的立场,而较少使用斯多葛学派或新柏拉图学派的著作或论述。在这类论述作品中,我们看到在圣经诠释和伦理学之间既复杂又紧密的关系。

首先,在《论说谎》一文里,奥古斯丁指出,要讨论"说谎"的问题,我们必须先思考,是否可以接受所谓"诚实的、好意的、出于爱的谎言"。他先将"玩笑"排除在谎言之外,因为人若没有说谎的动机,就不算是说谎。其次,人所说的若是出于内心真实的信念或想法,那么即使其内容是虚假的,也不算说谎,因为人把假的东西说成真,且说的时候心无二意,也无骗人之心,可以称之为错误或草率,但不能算是说谎。事实上,说谎的实况可能是很复杂的,从逻辑上来说,人可以出于不让对方受骗的目的而说假话,相反地,也可以出于骗人的目的而说真话。奥古斯丁精确地指出:"如果谎言是指出于说假的意图而说出的话,那么立意说假并说了想说的话的人就是说谎,尽管他这样说是出于不让人受骗的目的。但如果谎言是指出于骗人的意图所说的话,那么前者没有说谎,说谎的是后者,因为后者尽管说了真话,却意在骗人。如果谎言是指有意弄虚作假,那么两人都说了谎,因为前者有意说了假话,而后者有意让人相信他所说的真话是假的。再进一步说,如果谎言是指希望说假话骗人的人所说的话,那么两人都没有说谎。因为前者说假意在使人相信真相,后者说真是为了使人信假为真。"奥古斯丁因而认为，人若知道真实可信的事物，且只在该说的时候说出来，并希望所说的能令人相信，那么"一切草率和谎言都将烟消云散"。

接着，他引用新旧约的一些例子（如撒拉、雅各、埃及接生婆、彼得和巴拿巴、保罗等）来证明说谎绝非上帝所容许的，并强调没有任何权威可以为说谎作佐证。他也反驳所谓"善意的谎言"的说法，因为若为了别人的利益或善意的动机可以说谎（或谓"只要有行善的必要，我们就可以说谎"），那同样的理由更会让人去行穷凶极恶的事，也因"说谎是可以正当的"而否定了教义本身的权威性。此外，他也驳斥其他以情节轻微或无伤大雅为由要让说谎言的人合理化，以"说谎为乐"的谎言家更是他谴责的对象。他区分了谎言的八种等级，从最严重的曲解教义开始，包括伤害人、混杂动机、取悦人、有助于人、保护人，到具有高贵动机的藏匿罪犯等。奥古斯丁的结论是，不管是基于宗教理论或一般常理，我们在教导和学习上都必须远离一切谎言。

在《致康塞提乌：驳说谎》里，奥古斯丁有力且斩钉截铁地反驳任何允许或包容说谎的论点，不管是出于何种动机或理由。他指出，"这样的主张岂不是叫圣洁的殉道者蒙羞"吗？他强调不管是哪一种谎言都要憎恨之，因为所有的谎言都是和真理对立的，就像"光明与黑暗，敬虔与不敬，公义与邪恶，罪行与义行，健康与虚弱，生与死是截然相反的"一般。他甚至主张，身为真理的承载者和护卫者，"大公教会"的信徒若敢说谎，那将比异端分子说谎更"阴险恶毒"甚至"危险"。

奥古斯丁将说谎当作一个伦理课题来探讨，一方面强调伦理行为的原因、目的、动机的重要性，但也指明伦理行为本身应有其评判标准,不能仅以动机论是非,两者必须一并考量。不过,整体而言,他提出了三个解释经文的小准则:一是只要正确理解,没有任何经文可以让说谎的行为合理化;二是明显的说谎实例不应被仿效;三是只要关乎信仰教义,无论如何都不可说谎。

《论修士的工作》一文是奥古斯丁为回复迦太基主教奥勒利乌(Aurelius)的请求所写,因为该地隐修士中有些遵循使徒做法,自力更生,但也有另一些修士以信徒供奉为生,不事劳动,因此引发争论。不但如此,不事生产者更夸口说,他们如此行乃是成全福音书的训诫,亦即耶稣所说,"看那天上的飞鸟,也不种,也不收,也不积蓄在仓里……野地里的百合花怎么长起来,它也不劳苦,也不纺线……"为此,奥古斯丁回信给奥勒利乌,讨论修士的工作问题。

他首先反驳将使徒所说"若有人不肯做工,就不可吃饭"的命令解释为特指"属灵工作"的说法,并且以使徒自身的典范为例来印证,特别是保罗坚持不使用"属灵权柄"来获取肉身生命所需供养的做法。其次,他将焦点转向灵性与肉体两个层面的高低与互补关系,一方面强调属灵、圣洁的服事工作具有较高的价值,因此良善的信徒提供捐献使"上帝的仆人无所缺乏"是应该的;然而,另一方面他也诉诸使徒的诫律,并强调参与生产劳动、不发怨言,且在艰苦的处境中成长,才是值得效法的使徒典范。最后,他直指那些曲解福音书教导的懒惰者是"只想借福音得好处",却"不顾福音是否受阻隔";他也主张用自己双手做工的人比分发财产赈济穷人者更具慈悲心。

在《论忍耐》这篇文章里,奥古斯丁称赞忍耐的美德,因为它让人"以平静的心忍受恶事",且让人免于"骚动不安,心绪不宁,不配得好事,无法达到更高境界"。不过他指出,人也可能为了"病态的爱好"而忍受痛苦忧伤,不管是虚假的财富、虚妄的名誉,或是对游戏和表演的热衷等。因此，忍耐必须出于良善的目的，任何不正当或带有犯罪意图的行为不可冠以忍耐之名。

接着，他探讨忍耐是如何生成的问题：是出于人自由意志的决断或是上帝恩典的协助？他先区分圣徒和恶人的两种忍耐模式，并指明后者是出于对世界的欲望，是虚假的，因此可以依赖人的自由意志来达成；相对地，前者是出于对上帝的爱，是真实的，且只有借着由上头而来的圣灵火源才能点燃心中对那不朽灭之善的爱。然而，以自我意志为基础的忍耐，其结果往往是不义和罪恶，因为所追求的是世界的欲望，这样的意志因对现世的美物贪得无厌，虽表面看似能忍受艰难困苦，实质上却是不断远离永恒。至于在义人里面的真实忍耐必然是出于爱，是借着圣灵赏赐给人心的，也是源自上帝所给予的爱的恩赐。

在《论对死者的料理》中，奥古斯丁回复保利努斯（Paulinus）主教有关"人死后其尸体以纪念某个圣徒的仪式埋葬是否有用"的询问。这是出于一位敬虔的寡妇福罗拉（Flora）为她死去的爱子塞奈基乌（Cynegius）所做的请求。事实上，保利努斯主教在先前的信件中已经提出自身对此事的看法，即只要出于诚心，为所爱的死者所举行的仪式不可能是空洞无意义的，纪念圣徒的礼仪对死者也必定有所助益。对此，奥古斯丁做出回应。

他首先强调，对死者有助益的事必须在生前就已成就，而非死后。其次，他也指出，死者礼仪的信仰核心在于相信上帝掌管着死人的身体和命运，而非认定死人的身体能有任何意识或知觉。这样的态度才真正展现出复活的信心。接着，他认为提供圣徒墓地的某个部分作为安葬场所，主要是为了活人对死者的美好情感和虔敬的爱心，对死者本身并无任何实质利益。奥古斯丁主张，纪念（memorial）的真意就是"记在心里",是在缅怀和祷告中把死者交托给同在墓地里的圣徒,让这些圣徒像保惠师一样地看顾他们,在上帝面前帮助他们。

他进一步指出,不论死者葬在哪里,已经离开肉体的灵魂都必须得到安息,死者的肉身也不再具有意识。其实,原本就是灵魂将生命赋予肉体,将来也会是灵魂再将复活的生命归诸肉身。他宣称,上帝允许人死亡,是要人在基督里轻看此生,更鄙视坟墓。最后,他也承认这些事过于深奥,难以猜测,且分辨或认知这些事的能力是圣灵"随己意分给各人的",非人所能置喙。

结　语

专门研究早期基督教和后古典时期罗马社会史的美国普林斯顿大学教授布朗(Peter Brown)在《身体与社会》(*The Body and Society*)一书中指出,自公元150年左右起,基督教团体对性的贬抑或弃绝(sexual renunciation)开始产生不同的看法,从近东地区和地中海世界,到里昂、迦太基或艾德萨(Edessa),在其后的50年当中,不同地区的基督徒们逐渐发展出具有多元意涵的观点,从较早的马西昂(Marcion)、瓦伦廷(Valentinus)、塔提安(Tatian)到后期的德尔图良(Tertullian)、亚历山大的克莱门(Clement of Alexandria)各有特色。然而,他们对"禁欲"的共同强调却逐渐聚焦,才气横溢的奥利金(Origen)可以算是此一阶段的集大成人物,他对"童贞"的崇高论述("人的身体确实可以成为上帝神圣的殿!")为基督教的独特观点定调,也逐渐和其他罗马宗教着重"禁欲"(abstinence)的思想有所分别。到了君士坦丁大帝逐渐崛起的4世纪初,埃及隐修士圣安东尼(Saint Anthony)带来了"禁欲圣徒"的形象。

其后，从君士坦丁大帝开始统治的 4 世纪初到罗马帝国在东方衰亡的 5 世纪为止，东方的基督教开出了明晰的禁欲传统。从埃及和邻近地区的"沙漠教父"（Desert Fathers）起始，到尼撒的格列高利（Gregory of Nyssa）和被尊称为"金口约翰"的克里索斯托（John Chrysostom），以及叙利亚的隐修士传统，我们也看到禁欲的理想强烈地冲击着东方的教会。

在同一时期的西方拉丁世界，对于禁欲和婚姻的看法最具代表性的三位神学家是安波罗修、哲罗姆和奥古斯丁。其中，相较于哲罗姆反对婚姻、高举童贞的激进观点，奥古斯丁总是将"殉道"（martyrdom）的美德高举在"禁欲"之上，并试图在婚姻制度和禁欲理想之间建立均衡点。一方面，他以上帝对亚当和夏娃所指示的话来勉励那些寻求教会祝福的新婚夫妇们："要生养众多，遍满全地"；另一方面，他也赋予禁欲守贞者一个确切且更美善的属灵地位。对他而言，二者都具有高度的社会性，二者也都指向"上帝之城"（the City of God）的终极目标。

值得注意的是，奥古斯丁的《道德论集》真实地反映且印证了上述的历史演变和发展。借着九篇不同主题的文章，我们可以更深入了解他的伦理思想和神学洞见，我们也可以一窥他建构神学的方法论，包括运用同时代哲学思潮以及借圣经诠释和修辞传统来论述、论证教义思想的过程，实在相当可贵。但愿所有读者都能珍惜这些伟大的思想遗产，咀嚼再三，是为所祷。

（本文作者现任普林斯顿神学研究中心研究员，
曾任台湾神学院教会历史学教授）

参考书目

Peter Brown. *Augustine of Hippo: A Biography*. New York: Dorset Press, 1967.

Peter Brown. *The Body and Society: Men, Women, and Sexual Renunciation in Early Christianity*. New York: Columbia University Press, 1988.

Gerald W. Schlabach, Allan D. Fitzgerald et. al. , "Ethics. " in *Augustine through the Ages: An Encyclopedia*. Allan D. Fitzgerald et. al. , eds. Grand Rapids, Michigan: William B. Eerdmans Publishing Company, 1999. pp. 320 – 330.

论 自 制

圣奥古斯丁在《书信集》第二百三十一篇《致伙伴德流鲁》（*Ad Darium Comitem*, Ep. 231）谈到他的《论自制》这篇作品。波西底乌（Possidius）提到过它，另外贝德（Bede）或弗洛鲁斯（Florus）的《文集》（*Collectanea*）以及优基比乌（Eugypius）也引用到它。① 因而，伊拉斯谟（Erasmus）鉴于这篇作品的风格，认为说它是胡戈（Hugo）所写的观点是错误的，因为其风格与奥古斯丁的早期讲演并无不同。《论自制》显然是一篇讲演，很可能就是出于这个原因，《订正录》里没有讲到它。人们怀疑摩尼教（Manichean）异端就是采用了奥古斯丁早期作品的风格。

——节选于本尼迪克版第六卷（Benedictine ed. vol. vi）

---

① 英译文是在 Ind. c. 10 里提到的，然而由于是缩写，现在已经无法查明是什么书名。——中译者注

1. 要以一种非常恰当而相称的方式讨论灵魂的这种被称为自制的美德，实在是件困难的事。在如此伟大的重任面前，我们是何等渺小，但神会帮助我们，因为这美德原本就是他的大恩赐：只要他忠实的信徒克己守节，他就把这种美德赐给他们，所以，当他的教牧者讲演这个题目时，其实是神自己在讲。最后，关于如此伟大的问题，为了使所说的话符合神意，我们首先要说并证明的是，自制是神的恩赐。① 我们看到《所罗门智训》上写着，若不是出于神的恩准，谁也不可能克己守节。但关于那更伟大、更荣耀的自制本身——由此才有克己守节，远离婚约——主说："这话不是人都能领受的，唯独赐给谁，谁才能领受。"② 而且，若不禁止非法交媾，就不可能保证婚姻的贞洁（chastity）③，所以使徒在论到两种生活，即婚姻生活与独身生活时，宣称两者都是神的恩赐，他说："我愿意众人像我一样；只是各人领受神的恩赐，一个是这样，一个是那样。"④

2. 《诗篇》里还咏唱道："耶和华啊，求你禁止我的口，把守我的嘴"⑤，免得有人以为唯有在肉身的低级部位的欲望上才需要向主

---

① 《所罗门智训》8 章 21 节。
② 《马太福音》19：11。
③ 在这部《道德论集》中，准确地处理 virginity 和 chastity（拉丁文是 *castitas*，希腊文的词源都是 *parthenos*）的翻译可能是最重要的。这两个术语都有在"性"上保持纯洁的意思，然而侧重点有所不同。virginity 指的是"童贞"，是指童女在"性"上的完全纯洁。奥古斯丁在写作《论圣洁的童贞》时，清楚地阐明了这个观点。《论圣洁的童贞》反对的是约维尼安（Jovinian）异端。约维尼安原是一个修士，公元 385 年他抛弃隐修，到罗马宣讲一套似是而非的观点，诱使那些献身守贞的女基督徒抛弃隐修，结婚生子。奥古斯丁写《论圣洁的童贞》，在于为"童贞"辩护，指出童贞献身的积极意义乃是把基督徒的生命完全地委身于神，与神有着最亲密的、爱的结合。这与奥古斯丁写作《论婚姻的益处》正好形成对照。《论婚姻的益处》是要回应摩尼教攻击婚姻生活的积极意义，后者使教会面临同样的困扰。奥古斯丁强调婚姻生活内也有 chastity，寡居同样可以有 chastity。因此，chastity 涵盖了婚姻生活、寡居和童贞状态的"性"与"灵性生命"的整合。基于奥古斯丁的上述理解，中译本把 chastity 译为"贞洁"，强调婚姻生活内的"性"的专一和节制，寡居状态下的"性"的谨守和童贞状态下的"守贞"，显示肉身和灵性的内在合一有着不同的进路。奥古斯丁又把这两个词语联合起来使用，即 virginal chastity，中译本译为"童贞的贞洁"。——中译者注
④ 《哥林多前书》7：7。
⑤ 《诗篇》141：3。

恳求自制。但在这关于神圣话语的见证里，如果我们按我们应当理解的方式理解"口"的含义，就会知道神所设立的自制是多么伟大的一种恩赐。说实在的，控制身体上的出口，免得那龌龊无益的脏物在说话的时候从那里冲出来，这微不足道；而说出这些话并为我们写下来的人，乃是渴望主在他内心里，也就是在心灵之口上，为他设立自制之门，以守护他的心灵。须知，有许多东西我们不是用身体上的口说的，而是用心灵大声呼喊出来的；而心灵若是保持缄默，嘴巴就无话可说。因而只要不是从心里发出来的，就不会有声音四下流散；但只要是从心里发出来的，并且是恶，尽管舌头没有动，也会玷污灵魂。因而必须在心里设立自制，因为就是嘴巴不说话的时候，里面的良知还可能说话。正是因为有了自制之门，才能遏制邪恶的念头，使它不至于从心里萌发出来。否则，人一旦产生这样的念头，即使在双唇紧闭的时候，也能受其玷污。

3. 最后，为更加清楚地说明里面的口，他在说了"耶和华啊，求你禁止我的口，把守我的嘴"之后，又立即接着说，"求你不叫我的心偏向邪恶。"① 心灵的偏斜是什么意思？不就是默许吗？人只要心灵不偏斜，不默认眼睛所见之事，就是没有说。但他如果心里默许了，就是嘴上没有说，也已经在心里说了，虽然手没有动，身体没有行，但他心里有了念头，就已经行了，已经决定要去做了。虽然人没有看见，因为话是在心里说的，并没有行为在身上做出来，但已经触犯了神圣律法。然而，任何行为无不是始于话语，然后身体行将出来。经上说的话绝不是虚言："一切事工的开端是话

---

① 《诗篇》141：4。

语。"①人可以双唇紧闭、舌头沉默、不声不响地做很多事，但他们若不在心里开言，就不可能借身体将行为做出来。因此，有许多罪在于内心的话语，并没有外在的行为；而任何外在行为上的罪，无不是出于内心的话语。如果在心口设立自制之门，就可以保证两者的纯洁和清白。

4. 我们的主为何亲口说"先洗净……的里面，好叫外面也干净了"？②在另一处，他驳斥犹太人的愚蠢的言语，因为他们诽谤主的门徒不洗手吃饭，他说："入口的不能污秽人，出口的乃能污秽人。"③倘若把这话理解为身体上的口，那是荒谬的，因为入口的食物若不污秽人，吐出来的也不会污秽他。食物从口里进，也从口里出。但毫无疑问，前半句话是指身上之口，他说："入口的不能污秽人"，但后半句是指心里之口，他说："出口的乃能污秽人"④。最后，当使徒彼得求他将这比喻讲解一下时，他回答说："你们到如今还不明白吗？岂不知凡入口的，是运到肚子里，又落在茅厕里吗？"这里我们肯定要理解为身上的口，就是进食之口。但是，他接下来所说的话，是为使我们知道他意指心里之口，不过，若不是真理屈身与愚拙者同行，我们迟钝的心是无法领会的。他说："唯独出口的，是从心里发出来的"，他的意思似乎是说，当你听到"出口"这个词时，就要理解为"从心里发出"。这两层含义我都要讨论，但我得一个一个地说。里面的人有里面的口，里面的耳朵能听到它的话；凡从这口出来的，就是从心里发出来的，能污秽人。口这个词当然也可以理解为身上之口，但主把它

---

① 《便西拉智训》37章16节，七十士译本。（此节系中译者根据英文直译。——中译者注）
② 《马太福音》23：26。
③ 《马太福音》15：11。
④ 《马太福音》15：17—20。

撇在一边,更加明白地阐述他要说的意思,他说:"因为从心里发出来的,有恶念、凶杀、奸淫、苟合、偷盗、妄证、谤讟,这些都是污秽人的。"显然,所有这些罪没有一样不是人的身体所不能行的,然而即使出于某种原因身体没有行出罪恶的行为来,只要有恶念迸发出来,就能污秽人。试问,如果因为谋杀者的手没有获得力量,无力去杀人,他的心难道能因此而无罪吗?如果一女子是贞洁(chaste)的,但一个淫邪的男子想与她通奸,他能因此而没有在心里奸淫她吗?如果他去妓院找妓女而没找到,他能因此而没有在心里犯苟合的罪吗?如果某人想对邻居撒谎伤害他,但缺乏时机没有成功,他能因此没有从心里之口作妄证吗?如果人因害怕,不敢从嘴里说诽谤之词,但心里却说"没有神"①,能说他没有犯这种谤讟罪吗?人的一切恶行,虽然没有在身体上行出来,人的感官无法感觉到,却有其自己秘密的罪犯;他只要在心里默认,也就是里面之口说恶言,就成了污秽的。《诗篇》作者正是担心自己的心会偏向这样的邪恶,所以请求主在这样的口唇边设立自制之门,制约心灵,免得它偏向恶言;制约它,免得它产生认同的念头。因为这样,按照使徒的教训,罪就不能在我们必死的身上作王,我们也不会将我们的肢体献给罪作不义的器具。② 那些因为力不从心而没有将自己的肢体献给罪的人,绝不能说他们也成就了这样的诫命;只要能做到,他们就会立即将自己的肢体献给罪作器具,因为罪原本就在他们里面作王。也就是说,他们自己很愿意将肢体献给罪作不义的器具。这正是他们所希望的,只是因为无能为力,才没有这样做。

---

① 《诗篇》14:1。
② 《罗马书》6:12—13。

5. 因此，只要我们在心里保守我们以上所谈论的那种更高的自制，心灵的各部分就有虚己（modesty）①来把守，虚己的最主要意思就是自制，而且完全可以称之为自制，这样，任何过犯都奈何它不得了。因此主先是说："从心里发出来的，有恶念"，然后进一步说明有哪些恶念，如"凶杀、奸淫"，等等。他并没有列举全部恶念，只是列举了一些名称，希望我们能明白其他的恶念是什么。这些恶若没有先在心里产生念头，在里面有了预备，就不可能行将出来；而这样的念头，即使没有成为行为，只要从心灵之口流溢出来，就是没有得到足够的力量在身体上行将出来，也已经污秽了人。因而，只要在心灵之口边上设立自制之门，因为一切污秽人的都是从心里出来的，不让任何这样的东西从这里发出来，其结果必然是一种纯洁状态，于是良知就可以在里面欢欣雀跃。尽管还不是完全的，但自制已无须与邪恶争战。只是如今，情形还远非如此，只要"情欲和圣灵相争，圣灵和情欲相争"②，我们就必须警惕，不可偏向、认同我们在自己里面所感受到的邪恶。一旦那样的偏向出现了，就会从心灵之口发出污秽人的东西。但借着自制可以阻挡这种偏斜，情欲之恶——圣灵与之相争——就不会伤害到人。

---

① 这里需要对 modesty 以及相关的几个语词的翻译作些交代。无论是《尼西亚著作选集》还是 Saint Augustine, Treatises on Various Subjects (Fathers of the Church, Inc., 1952)，都是使用定译的英文：modesty, continence/temperance, moderate/immoderate。modesty 的拉丁文的对应词是 temperantia，希腊文的对应词是 sophrosyne，moderation 的拉丁文和希腊文形式与 modesty 是相同的。continence 的拉丁文是 abstinentia，希腊文是 enkrateia。可见，modesty 与 moderation 在词源上是相同的，意思也相近。鉴于两个英译本对三个术语采用了不同的翻译，中译也尽量曲尽其意。modesty 在这些选编的文章中出现次数较少，中译均译为"虚己"。continence 是主要的英译，temperance 出现次数较少，按照现在对这个词的翻译，我都译为"自制"。Moderate/immoderate 及相关的词态出现的次数较 modesty 多而较 continence/temperance 少，我都译为"节制"。我不认为奥古斯丁在这些语词之间有多少微言大义的用法，可能 modesty 在用法上要更本体化一些，其他的差别就不大明显了。中译只是为了尽可能地体现出奥古斯丁用法上的一些差别，采用不同的翻译而已。——中译者注
② 《加拉太书》5：17。

6. 但是，争战得胜是一回事——现在就是这样的情形，死的反击被抵制，没有对手相争则是另一回事，这样的情形要等到死这"最后的仇敌"①被毁灭的末了之时。因为自制本身在抵挡、遏制欲望时，既追求善——这是我们的不朽目标，也拒斥恶——这是我们在这可朽的身上所争战的。对前者来说，它既是爱人，又是观看者；对后者来说，它既是仇敌，又是见证者；它追求美好适宜的，避开丑恶不宜的。显然，只要我们心里没有不适宜的念头，只要没有恶念与我们的好意相争，自制在遏制欲望上肯定不会太过费神。使徒大声说："我也知道在我里头，就是我肉体之中，没有良善。因为立志为善由得我，只是行出来由不得我。"②只要心里不偏向恶念，善行就可以做出来；但是唯有当恶念本身烟消云散之时，行善的立志才能成全。这位外邦人的导师还大声说："按照我里面的意思（原文作'人'），我是喜欢神的律；但我觉得肢体中另有个律和我心中的律交战。"③

7. 这种争战唯有在美德与邪恶相交的人心里才能体验到；而除了自制这种善，没有任何事物能向淫欲之恶大举进攻。但是有些人完全无视神的律，不是把恶欲看作自己的仇敌，反倒因无知可悲地成了它们的奴隶，去迎合它们，而不是驯服它们，还自以为得了最大的福分。人借律法可以渐渐地认识它们，（"因为律法本是叫人知罪"④，还有"非律法说，'不可起贪心'，我就不知何为贪心"⑤。）但被它们的攻击所征服，因为他们活在律法之下——律法是通过命令规定良

---

① 《哥林多前书》15：55。
② 《罗马书》7：18。
③ 《罗马书》7：22—23。
④ 《罗马书》3：20。
⑤ 《罗马书》7：7。

善，而不是白白给予——不是活在恩典之下，恩典把借律法命令的东西借着圣灵给予，因而律法进入到他们中间，使他们的过犯显得很多。禁令倒增加了欲望，使欲望变得无法控制①，使过犯显现出来；若没有律法，虽然也有罪，但并不显为过犯，"哪里没有律法，哪里就没有过犯。"②因而，没有恩典的帮助，禁止罪的律法变成了高高在上的罪的权势；正如使徒保罗所说的，"罪的权势就是律法。"③我们也无须奇怪，人虽然很想靠自己的力量履行律法本身，但是由于他的软弱，就是出于良心的东西，也转而变成恶的权势。人实在不知道神的义④，就是神赐给软弱者的义，倒想要立自己的义——软弱者哪有自己的义——就不服神的义，变得骄横、傲慢。如果说律法就像一位校长，把犯罪的人引到恩典面前，似乎为了这个目的叫他受更严重的伤，好叫他渴望医生；那么主反对有毒的甜美，那是欲望的把戏，而给予有利于健康的甜美，好叫自制更加喜乐，"我们的地也要多出土产"⑤，叫战士得饱足，在主的恩助下击败罪。

8. 使徒的号角激发这样的战士勇敢征战，他说："所以，不要容罪在你们必死的身上作王，使你们顺从身子的私欲。也不要将你们的肢体献给罪作不义的器具；倒要像从死里复活的人，将自己献给神，并将肢体作义的器具献给神。罪必不能作你们的主，因你们不在律法之下，乃在恩典之下。"⑥在另一处，他又说，"弟兄们，这样看来，我们并不是欠肉体的债，去顺从肉体活着。你们若顺从肉体活着必要

---

① 《罗马书》5：20。
② 《罗马书》4：15。
③ 《哥林多前书》15：56。
④ 《罗马书》10：3。
⑤ 《诗篇》85：12。
⑥ 《罗马书》6：12—14。

死,若靠着圣灵治死身体的恶行必要活着。因为凡被神的灵引导的,都是神的儿子。"①因而,这是我们能做到的事,只要我们可朽的生命一直在恩典之下,罪,也就是罪的私欲(因此它在这里被冠以罪的名字)就不会在我们这必死的身上作王。而如果顺从它的欲望,它就要显现出作王的样子。因而我们里面有罪的私欲,我们千万不可让它作王;还有它的欲望,我们不可顺从,一顺从它们,它就必在我们身上作王。为此,不可让私欲夺了我们的肢体,而要让自制声称对它们的权利,好叫它们献给神作义的器具,而不献给罪作不义的器具。这样,罪就不可能辖制我们。因为我们不是在律法之下,律法诚然规定了美善之物,但没有实际给予;我们乃是在恩典之下,恩典既使我们爱律法所命定的,就能作自由之人的王。

9. 同样,他劝勉我们,不要顺从肉体活着,否则必死无疑,而要靠着圣灵治死身体的恶行,好叫我们得活;可以肯定,吹响的号角表明我们正在开战,激发我们勇猛作战,置我们的仇敌于死地,这样我们就不会被它置于死地。至于那些仇敌是谁,使徒的话已经说得非常明白,它们就是那些我们必须治死的对象,也就是肉体的恶行。因为使徒的话是这样说的:"若靠着圣灵治死身体的恶行,必要活着。"为了使我们知道这些仇敌究竟是谁,让我们来听听使徒写给加拉太人的书信里以同样风格所说的话:"情欲的事都是显而易见的,就如奸淫、污秽、邪荡、拜偶像、邪术、仇恨、争竞、忌恨、恼怒、结党、纷争、异端、嫉妒、醉酒、荒宴等类,我从前告诉你们,现在又告诉你们,行这样事的人必不能承受神的国。"②他论到这些事所要表明的

---

① 《罗马书》8:12—14。
② 《加拉太书》5:19—21。

也正是这样的争战,他号召基督的战士靠着天上属灵的号角,就是要去置这些仇敌于死地。因为他在这些话之前已经说了:"我说:你们当顺着圣灵而行,就不放纵肉体的情欲了。因为情欲和圣灵相争,圣灵和情欲相争,这两个是彼此相敌,使你们不能作所愿意作的。但你们若被圣灵引导,就不在律法以下。"①因而,若是在恩典之下,他就可能使他们征讨肉身所做的事。为了指明肉身所做的这些恶事,他又补充了我以上所引的这段话。"情欲的事都是显而易见的,就如奸淫"等等,无论是他所提到的,还是所告诫的,都要理解为主要的类别,如他所说的"等类"。最后,在这场争战中,在反对肉身之军的争战中,可以说,引出了另一队属灵之军,"圣灵所结的果子",他说,"就是仁爱、喜乐、和平、忍耐、恩慈、良善、信实、温柔、自制。这样的事,没有律法禁止。"②他没有说"这些事",免得我们以为唯有这些,但是即使他这样说,我们也应当理解是指全部,我们所能想到的同类善事,无论是什么都包括在内;事实上他说的是"这样的事",也就是说,既包括这些,也包括诸如此类的其他一切。然而,在他所提到的那些善事中,他把虚己(或自制,就是我们现在所讨论的话题,关于这个话题我们已经说了很多)列在最后,希望它深深地铭刻在我们心里。自制在这里,也就是对圣灵争战情欲来说,真的非常有用,在一定意义上甚至可以说,它把情欲钉在十字架上了。因此使徒说了这些话之后,又随即补充说:"凡属基督耶稣的人,是已经把肉体连肉体的邪情私欲同钉在十字架上了。"③这就是自制的作为,治

---

① 《加拉太书》5:16—18。
② 《加拉太书》5:22—23。(和合本译为:"就是仁爱、喜乐、和平、忍耐、恩慈、良善、信实、温柔、节制。这样的事,没有律法禁止。"中译为了统一,把"节制"改为"自制"。——中译者注)
③ 《加拉太书》5:24。

死肉体的恶事。但那些偏离自制、在私欲引诱下偏向肉体行这样恶事的人，则被它们治死。

10. 为了使我们不偏离自制，我们应当特别留意魔鬼所设的那些陷阱，免得我们贸然相信我们自己的力量，因为"依靠人血肉的膀臂……的，那人有祸了"①。这里的人是谁呢？不就是他自己吗？因而，依靠自己的，我们不能说他就没有依靠人血肉的膀臂。同样，"顺从人活"不就是"顺从肉体活"吗？若有人受这样的话试探，请他听好了，他若是还有一点基督徒的情感，就让他发抖吧；我是说，请他聆听这样的话："你们若顺从肉体活着必要死。"

11. 但有人会对我说，顺从人活是一回事，顺从肉体活是另一回事，因为人实在是有理性的动物，他里面有一颗理性的灵魂，因而他不同于兽类。但肉体是人身上最低级、属地的部分，因而顺着它活是错误的。也由于这样的原因，人若是顺着人活，必定不会顺着肉体活，而是顺着人的那一部分，就是使人成为人的部分，换言之，是顺着使人高于动物的理智和心灵活。这种论辩也许在各种学派的哲学家中有一定影响力，但我们为了理解这位基督的使徒的话，应当遵守基督教著作通常所说的方式。无论如何，我们基督徒都相信，神的道亲自取了人形，这人肯定不是如某些异教徒所认为的，没有理性灵魂。我们还读到"道成了肉身"②的经文，这里的"肉身"是指什么？不就是人吗？"凡有血气的，都要见神的救恩"③，这里不就是指所有的人吗？此外还能理解成什么？"凡有血气的都要来就你"④指谁呢？不

---

① 《耶利米书》17：5。
② 《约翰福音》1：14。
③ 《路加福音》3：6。
④ 《诗篇》65：2。

就是所有人吗?"你曾赐给他权柄管理凡有血气的"①。除了所有人还能指什么?"凡有血气的,没有一个因行律法能在神面前称义"②不就是说没有一个人能称义吗?使徒保罗还在另一处非常明白地承认这一点,他说:"人称义不是因行律法。"③他还责备哥林多人说,"这岂不是属乎肉体、照着世人的样子行吗?"④他先称他们为属肉体,然后不是说照着肉体的样子行,而是说照着人的样子行,这样说的意思不就是指照着肉体行吗?可以肯定,如果照着肉体行,即顺从肉体活,就该谴责,而顺着人活就该赞美,那他就不会责备他们"照着世人的样子行"了。人当知道这样的责备,人当改变自己的目标,才能避开毁灭。人哪,你要听好:不可照人的样子行,而是照造人的神行。你不可偏离造你的神,甚至按你自己的样子行。有个人也不是照着世人的样子活的,他曾说:"并不是我们凭自己能承担什么事,我们所能承担的,乃是出于神。"⑤设想他若是照着世人的样子活,怎可能说出这样的真理来。因而使徒告诫人不可照着世人的样子活,要人归回到神。凡不是照着人活,而是照着神活的,也必然不是照着他自己活,因为他自己也是一个人。他若顺着自己活,也只能说还是顺着肉体活,因为当经文单独说到肉体时,其意思就是指人,如我们所表明的;正如当经文单独说到灵魂时,其意思是指人一样,如圣经所说:"在上有权柄的,所有灵魂(every soul)当顺服他。"⑥"雅各家来到埃及的共有七十五个灵魂(souls)。"⑦因而,人哪,不可顺着你自己活,这

---

① 《约翰福音》17:2。
② 《罗马书》3:20。
③ 《加拉太书》2:16。
④ 《哥林多前书》3:3。
⑤ 《哥林多后书》3:5。
⑥ 参看和合本《罗马书》13:1:"在上有权柄的,人人当顺服他。"——中译者注
⑦ 参看和合本《创世记》46:27:"雅各家来到埃及的共有七十人。"——中译者注

样,等你毁灭了之后还会被寻找。我还可以说,人哪,不可顺着你自己活,这样,等你毁灭了之后还会被找到。你听到经上的话说"你们若顺从肉体活着必要死"①,这不是咒诅肉体的本性。因此可以说,你若顺着你自己活着,你必要死,这样说是非常恰当的。因为魔鬼没有肉体,但是由于他顺着自己活,因而他"不守真理"②。因而,他若顺着自己活,"他说谎是出于自己",这话千真万确,说中他的要害。

12. 因而,当你听到经上说"罪必不能作你们的主"③时,请注意,不要信靠自己,这样罪就不能作你们的主,而要信靠神,如有位圣徒在祷告中这样信靠他,"求你用你的话使我脚步稳当,不许什么罪孽辖制我。"④使徒恐怕我们听到"罪必不能作你们的主"之后,就自高自大起来,并把这归于我们自己的力量,因而马上补充说:"因你们不在律法之下,乃在恩典之下。"也就是说,是恩典使罪不能作你们的主。因而你们不可信靠自己,免得罪又再次作你们的主。同样,当我们听到经上说"你们……若靠着圣灵治死身体的恶行,必要活着"时⑤,不可将如此伟大的善归到我们自己的灵上,似乎凭它自己就能成就这样的事。为了使我们不产生那种属肉的意识——这是死的灵,而不是治死身体的灵——他紧接着又说:"因为凡被神的灵引导的,都是神的儿子。"⑥因而我们被神的灵引导,使我们借着自己的灵治死肉体的恶行,因为圣灵赐给我们自制,叫我们借此遏制、驯服、胜过

---

① 《罗马书》8:13。
② 《约翰福音》8:44。
③ 《罗马书》6:14。
④ 《诗篇》119:133。
⑤ 《罗马书》8:13。
⑥ 《罗马书》8:14。

邪欲。

13. 在这场伟大的争战中，人在恩典之下活着，他一旦得到恩助，争战得胜，就在主里不胜喜乐。然而，即使勇敢的战士也有不足，克制者也有征服不了肉体之事，治不好罪的伤口之时，因为要治好它们，就要每天说："免我们的债"①。祷告者要以更大的警醒和热心反对这些邪恶，反对邪恶之王魔鬼，好叫他那叫人死的诱惑徒劳无功，因为魔鬼还会进一步怂恿罪人为自己的罪找借口，而不是咒诅它们，这样，那些伤口不仅不能得医治，而且即使它们不是致命的，也会因为一直侵害，产生严重而致命的后果。因而这里更需要谨慎和自制，以便遏制人对傲慢的喜好。人喜欢自我愉悦，不愿承认罪不可赦，犯了罪，也对别人裁判他犯了罪的做法不屑一顾；不是带着健康的谦卑承担责任，责备自己，而是带着可怕的傲慢想方设法找借口解脱罪过。为了遏制这样的骄傲，他——我在上面引用了他写下的话，并且对之赞不绝口——向主恳求自制，他说："耶和华啊，求你禁止我的口，把守我的嘴。求你不叫我的心偏向邪恶。"②为了把邪恶解释得更清楚一点，他又说，"在罪里辩解"，这是最大的恶，恶人总是否认自己有罪，尽管他所行的恶事昭然若揭，无法抵赖。因为他不可能掩盖行为，或者把恶的行为说成是好的行为。眼看着自己所做的事暴露在光天化日之下，于是想方设法用他所行的别的事来辩解，似乎可以因此避免应得的报应。他不愿承认自己有罪，宁愿罪上加罪，为自己的罪辩解，而不是咒诅所犯的罪行，却不知道这样做不是在把惩罚而是在把赦免推离自己。须知，属人的法官可能受骗，在他们面前，

---

① 《马太福音》6：12。
② 《诗篇》141：3—4。

用欺骗手段为所做的错事辩解,似乎暂时有些益处;但神是不可能蒙骗的,在他面前,我们应做的不是自欺欺人的辩解,而是真正的认罪。

14. 诚然,有些常常原谅自己罪恶的人会抱怨说,他们是被命运驱使犯罪的,似乎星宿规定了他要这样做,天注定了这样的事,是它们先犯罪,然后人跟着这样做,效仿犯罪,因而将他们的罪归咎于命运。这样的人认为,一切都是在偶然事件的推动下循环往复,然而又争辩说,他们的智慧和论断不是出于偶然和草率,而是出于确定的理性。把他们的讨论置于理性之上,却将他们的行为归因于偶然,这简直是疯了!还有些人把他们所做的全部恶事归咎于魔鬼,他们自己一点责任也没有。他们可以怀疑魔鬼是否通过隐蔽的诡计诱使他们作恶,然而,无法否认的是,他们默认了那些诡计——不论这些诡计出于何处。还有的人把自我辩解延伸到对神的责备,恶人是出于神的审判,而渎神者是出于他们自己的疯狂。他们从相反的原理引入了邪恶悖逆的实体来反对神,认为神若不是在自己的实体和本性中混合了这种悖逆性,他就不可能抵制它,因为它是能传染、败坏的。他们还说,当恶的本性超过神性时,他们就犯罪。这就是那些摩尼教徒最污秽的疯狂,其实他们这种恶毒伎俩在颠扑不破的真理面前轻而易举就土崩瓦解,这真理就是承认神性是不可能污染和败坏的。神是至高无上的善,在某种意义上是无可比拟的,他们却认为他是可以被污染和败坏的,这样的人,还有什么可恶的污染和败坏是他们所不相信的?

15. 还有人把自己的罪归咎于神,为自己解脱时,甚至说罪是神所悦纳的。他们说,倘若罪不是神所悦纳的,那么神至高无上的大能就不可能允许它们出现。似乎神能忍受罪恶不受惩罚,甚至有些人得神赦免其罪,永远脱离惩罚!人若不是忍受了一定的惩罚,尽管远远小于他该受的惩罚,就不可能赦免其更严重的惩罚——他实在是该受更严重的惩罚的;神给人完全的仁慈,但并不放弃公正的惩治。同样,罪看起来似乎没有报应,但都有与其自身相伴随的惩罚,因而每个人都根据自己的作为或者忍受痛苦,或者受苦却不自觉。至于你们所说的:既然那些事不是他所喜悦的,他为何允许它们发生呢?我得说,如果它们是他所喜悦的,他为何要惩治它们呢?因而,如我所承认的,那些事若不是全能者允许发生的,就根本不可能发生。同样,你等也得承认,公正的神所惩治的事就是不应当行的。这样,我们若不行他要惩治的事,就配得知,他为何允许他所惩治的事存在。如圣经上所说的,"长大成人的才能吃干粮"①,也就是说,那些已经取得很大进步的人能够明白,正是神的大能使邪恶出于自由意志的选择而产生、存在。神的大能和良善是如此之大,就是邪恶,他也能使其成为良善。有的赦免,有的治疗,有的使其转而对虔敬之人有益,有的甚至给予最为公正的报应。因为所有这些事都是善的,是与良善而全能的神完全相配的。然而它们全都是从邪恶出来的,因而,神不仅没有制造恶,而且使恶变为善。还有比他更良善、更大能的吗?那些行了恶事的人向他求告:"免我们的债,"②他听到了,就免了他们的债。罪人的恶行使自己受伤,神帮助他们,治好他们的伤。他百姓的仇敌怒不可遏,他就造出殉道者抵挡他们的怒火。最后,他也惩治那些在他看来应受惩治的人。虽然他们是罪有应得,但神所行的是良善之事。因为凡正义的必然是良善的,而罪肯定是不正义的,因而惩治

---

① 《希伯来书》5:14。
② 《马太福音》6:12。

罪自然是正义的。

16. 当然，神绝不是缺乏能力，做不到使人不犯罪，他乃是宁愿选择让人成为现在的样子，让他有能力，如果想犯罪，就能够犯罪，如果不想，就不犯罪，同时有禁令禁止前者，有吩咐命令后者；这样，首先不犯罪就是他的美好功德，然后不能犯罪，这是给他的公正报偿。同样，到了末日，神必使他的圣徒完全没有犯罪的能力。就是现在，他已经使他的使者如此，我们深爱神的使者，甚至对他们没有丝毫担心，不怕他们犯罪成为魔鬼。我们不认为这是此世可朽生命中的哪个公义之人所能成为的样子，但我们相信这一切都将发生在那不朽的生命中。因为全能的神既然能使我们的恶转化为善，那么到了那时，他使我们完全脱离一切邪恶之后，能赐给我们怎样的善呢？关于化恶为善的话题可以论述得更全面、更细致，但这不是我们目前的讨论主题，所以我们不可长篇大论地展开。

17. 现在我们得言归正传，为此我们说了前面所说的。我们需要自制，我们知道这是神圣的恩赐，好叫我们的心不偏向恶言，为罪辩解。我们需要自制不就是为了遏制恶念得逞，行将出来吗？万一犯了罪，也正是自制阻止它从可恶的傲慢那里得到辩护。因而从普遍的意义上说，我们需要自制，以便避开恶。但行善似乎与另一种美德相关，那就是义。神圣的《诗篇》告诫我们说："要离恶行善。"但我们这样做是为了什么目的？它补充说："寻求和睦，一心追赶。"①到那时，我们的本性与造主紧紧相连，密不可分，我们就得到了完全的和睦，不再有任何与自己相悖的东西。就我的理解来看，我

---

① 《诗篇》34：14。

们的救主本人也这样告诉我们,因为他曾说:"你们腰里要束上带,灯也要点着。"①腰里束上带,这是什么意思?就是克制欲望,这是自制的职责。让灯点着则是指用善工做灯照亮闪光,而这是义的工作。这里,对我们行这些事的目的是什么他没有默然不语,而是说:"自己好像仆人等候主人从婚姻的筵席上回来。"②当他回来之后,他必奖赏我们,因为他使我们远离欲望引诱我们做的事,行了那些慈爱命令我们行的事,好叫我们在他完全、永远的和睦里做主,没有恶的争战,怀着善的最大喜乐。

18. 因而,凡是相信永生、真实的神,相信神性在最高意义上是良善的、不变的人,既不会行任何恶,也不会忍受任何恶;凡从神来的,无不是善的,即使是要减损的东西也如此。神在自己的至善里完全没有减损这种性质,这善就是他本身,正如我们听到使徒保罗所说的:"你们当顺着圣灵而行,就不放纵肉体的情欲了。因为情欲和圣灵相争,圣灵和情欲相争,这两个是彼此相敌,使你们不能作所愿意作的。"③我们简直无法相信,疯狂的摩尼教徒竟认为这里表明两种相反的本性或原理在彼此相争,一种是善的本性,另一种是恶的本性。总的来说,这两种本性都是善的,圣灵是一种善,情欲也是一种善,而人是由两者构成的,一者支配,另一者顺从,所以肯定也是一种善。不过这种善是可变的,唯有那不变的至善才能造出它,因为至善乃是一切善的创造者,不论是大善还是小善,无论多小,都是由大者创造的;无论多大,都不可能与造主之大相提并论。人的这种本性是善的,并且是由那太一也就是至善安排的,非常井然有序,只不过现在

---

① 《路加福音》12:35。
② 《路加福音》12:36。
③ 《加拉太书》5:16—17。

它还不是完全健康的,所以在它里面有争战。疾病应当治愈,那样就会有和睦。但那病痛是因为犯了错应得的,不是本性原来所有的。人只要信了主,这种过犯就借着神的恩典的水洗重生得了赦免,但本性还在这位医生之手下与疾病争战。在这样的争战中,胜利就必是完全的健康,而且不是暂时的健康,乃是永恒的健康,也就是说,不仅这种疾病消失不见,而且此后再不会患任何疾病。于是这义人对他的灵魂说:"我的心哪,你要称颂耶和华,不可忘记他的一切恩惠。他赦免你的一切罪孽,医治你的一切疾病。"①他既赦免一切罪,就成了我们罪人的宽慰;他既遏制了恶的欲望,就医治了疾病。他借着饶恕,就赦免了罪孽;他借着自制医治疾病。前者成就在人洗礼认信中,后者成就在人极力抗争中;也就是说,借着神的恩助,我们必然战胜疾病。即使是现在,前者已经成就了,因为我们听到经上说:"免我们的债……不叫我们遇见试探。"②但后者,我们听到使徒雅各说:"但各人被试探,乃是被自己的私欲牵引、诱惑的。"③要对付这样的过犯就要向神求医问药,因为他能医治一切疾病,不仅除去与我们格格不入的东西,还更新我们原有的本性。因而使徒雅各不只是说"各人被试探"是被私欲试探,而且加上"自己的",好叫人听到这样的话能够明白该怎样呼求:"我曾说:'耶和华啊,求你怜恤我,医治我,因为我得罪了你。'"④它若不是因犯罪败坏了自己,使它自己的情欲与它争战,也就是说,它自己与自己为敌,因而在肉体上得了疾病,原本不必求神医治。

---

① 《诗篇》103:2—3。
② 《马太福音》6:12—13。
③ 《雅各书》1:14。
④ 《诗篇》41:4。

19. 肉体若不借着灵魂就不可能诱惑什么，但当灵魂连同情欲一齐与灵相争时，就可以说肉体与灵相争。我们乃是这样的整体：肉体离开灵魂就是死，我们这个整体中最低级的部分不是作为将要脱离的东西弃置一边，而是作为我们将要再次领受的东西放在一边，等到再次领受之后，就再也不会离弃。因为"所种的是血气的身体，复活的是灵性的身体"。① 从那时之后，肉体就不再欲求任何与圣灵相左的事物，因为它自己也将被称为灵性的，不仅没有任何相敌的东西，而且也不再需要身体必需品；它将永远顺服于圣灵，因基督而更加活跃。这样说来，这两样东西，现在是在我们里面彼此相争，因为我们是由两部分构成，就让我们祈祷并不懈努力，使它们彼此相和。我们不可认为它们原本就是仇敌，情欲反对圣灵是因为有病，这病一旦得到医治就不再存在，这样两种实体都会非常安全，彼此之间绝不会再有相争。我们务要听听使徒保罗的话，他说："我也知道在我里头，就是我肉体之中，没有良善。"②可以肯定，他的意思是说，肉体里的毛病不是良善；一旦这种毛病不再存在，肉体就成为肉体本身，而不再是现在这个败坏的或有病的肉体。这位导师还表明这是与我们的本性相适合的，他先是说："我也知道在我里头（没有良善）"，然后为了说得更清楚，他解释说："就是我肉体之中，没有良善。"可见，他说他的肉体就是他自己。与我们为敌的不是肉体本身，一旦它的毛病消除了，它本身还是可爱的，因为人都关心身体本身，正如使徒所说的："从来没有人恨恶自己的身子。"③在另一处他又说："这样看来，我以

---

① 《哥林多前书》15：44。
② 《罗马书》7：18。
③ 《以弗所书》5：29。

内心顺服神的律,我肉体却顺服罪的律了。"①请他们竖起耳朵听。"这样看来,我",我有心灵,也有肉体,但"以内心顺服神的律,肉体却顺服罪的律了"。肉体如何顺服罪的律?不就是默认、偏向情欲吗?绝不可偏向!然而由于有了原本不该有的欲望动向,也就有了偏向。相反,只要不认同它们,他的心灵就顺服神的律,使他的各肢体不至成为罪的器具。

20. 也就是说,我们里面有邪恶欲望,不认同它们,我们就不会作恶;我们里面有罪的诱惑,不顺从它们,我们就不是全恶,但因为有了它们,所以我们还不是全善。使徒表明,这里的善不是完全的善,因为有恶诱惑,这里的恶也不是全恶,因为这样的诱惑并未得逞。一方面他说,"立志为善由得我,只是行出来由不得我"②,这表明了一点;另一方面他又说,"当顺着圣灵而行,就不放纵肉体的情欲了"③,这表明了另一点。请注意,他在前一句里并没有说行善不由他,而是说"行将出来"的善不由他,另一句他也不是说没有"肉身的情欲",而是说"不放纵"肉身的情欲。这样说来,当我们取悦于不正当之事时,心里就产生恶念;当恶念受到顺服于神律的心灵之约束时,它们就无法成全。倘若由于良善的喜乐占据优势,使那不正当之乐无法产生,那就出现善。但只要肉体顺服罪之律,这样的善就还未成全,恶欲诱惑,虽然受到制约,但还是有所动。因为假若它没有所动,就根本不需要制约。当恶毁灭之后,善的成就也需要一段时间,到那时,一个将成为至高无上的,另一个则荡然无存。如果我们认为这是今生必死状态所盼望的事,那么我们是受了骗。因为务要等

---

① 《罗马书》7:25。
② 《罗马书》7:18。
③ 《加拉太书》5:16。

到那时，当死不再存在之时，才会有这样的事；唯有永生存在的地方才会有这样的事。在那个世界，在那样的国里，唯有至高的善，没有邪恶；到那时，在那地，唯有至高无上的智慧之爱，自制无用武之地。因而肉体若没有恶，即没有缺乏，就不是恶的，因而人不是被神造成有病的，而是成为有病的，是他自己造成的。无论从哪一部分说，无论是灵魂还是身体，良善之神创造时都是良善的，是人自己引出恶，从而他就成了邪恶的。虽然恶人已经借赦免脱离了罪，但由于那样的罪，他就不可以认为自己所做的是光，他仍然得借自制与自己的缺乏争战。而在那以后将临到的和睦里不可能有任何缺乏主宰人，因为在这种争战状态中，随着每日的进步，还有每日的减退，不仅罪恶减退，这些情欲也日益减退；我们当努力不顺从这些情欲，顺从了就会犯罪。

21. 所以，情欲与圣灵相争，我们肉体里头没有良善，我们肢体里的律与心里的律相争，这都不是相反的两个原理引起的两种本性的混合，而是由于罪所引起的整体中的两个部分彼此相争。在亚当没有听从诱骗者之前，没有轻看并冒犯造主之前，我们在他里面原本不是这样的，也就是说，不是以前受造的生命，而是以后被定罪的生命。当神出于恩典借耶稣基督赦免了这样的定罪，他们仍然与自己的惩罚抗争，还没有领受完全的救恩，但已经有了得救的确据。在未赦免之前，他们既因恶行是有罪的，也必然受到惩罚。此生之后，罪人仍然要因自己的罪行承受永惩，得自由的人则永远不会再犯罪，也不会再受罚。唯有良善的实体、圣灵和肉体，永永远远，这是良善、不变的神所创造的，虽然可变，却也是良善的。他们还将继续越变越好，绝不会越变越坏，因为一切恶都已经完全毁灭，不论是他所行的坏事，还是他当受的苦难，都不复存在。这两种恶，行坏事在前，遇不幸随后，既已完全毁灭，人的意志就必正直无邪。如今许多信徒都相信，但几乎没有人能理解，到那时，所有人都将清楚地知道，恶不是一种实体，只是由于身体受了伤，一种实体得了病，于是恶就开始存在于那种实体里；也就是说，一旦有了疾病，它就开始存在，只要病得医治，它就不再存在。因而，一切恶皆出于我们，也毁灭于我们，到了我们的善增加、完全到最幸福的不朽不坏状态时，我们的实体，无论哪一种，将会成为什么样子呢？如今，身体还是可朽、必死的，"可朽的身体压迫着灵魂"①，使徒也说"身体就因罪而死"②。然而，对我们的肉身，也就是我们最低级的属地部分，他亲自作见证说了我在上面引用过的话："从来没有人恨恶自己的身子。"并随即补充说："总是保养顾惜，正像基督待教会一样。"③

22. 摩尼教徒认为我们的身体属于某种称为"黑暗之族"的东西，没有开端，甚至恶也没有开端，我不知道那是什么，在我看来，他们不只是错误的，简直就是疯狂之极。真正的教师则叫人怎样爱自己的身体，就当怎样爱自己的妻子，还引用基督和教会的模式来教导这样的事。最后，我们必须记住使徒书信里详尽论及这个问题的段落。他说："你们作丈夫的，要爱你们的妻子，正如基督爱教会，为教会舍己。要用水借着道把教会洗净，成为圣洁，可以献给自己，作个荣耀的教会，毫无玷污、皱纹等类的病，乃是圣洁没有瑕疵的。丈夫也当照样爱妻子，如同爱自己的身子，爱妻子便是爱自己了。"④接着，他又补充了我们已经提到的那句经文："从来没有人恨恶自己的身

---

① 《所罗门智训》9章15节。（此节根据英文直译。——中译者注）
② 《罗马书》8：10。
③ 《以弗所书》5：29。
④ 《以弗所书》5：25—28。

子,总是保养顾惜,正像基督待教会一样。"①你们这些摩尼教徒,在回答这些事上说了怎样极端不洁不敬的疯话?你们企图要我们相信,众使徒的书信里都讲到两个天生的本性,一个是善,另一个是恶,却不愿听从使徒书信的教诲,好叫他们纠正你们那渎神的悖逆。没错,你们念到"情欲与圣灵相争"②,"我肉体之中,没有良善"③这样的话,但你们岂不也同样读到"从来没有人恨恶自己的身子,总是保养顾惜,正像基督待教会一样"这样的话吗?你们念到"我觉得肢体中另有个律和我心中的律交战"④,也同样读到"正如基督爱教会,人也要照样爱自己的妻子,如同爱自己的身子"。你们不可只巧妙地引用圣经的前一类见证,却对后一类话充耳不闻、熟视无睹,应当对二者都有正确的理解。唯有接受后者为真理,才会努力在真道上理解前者。

23. 使徒已经告诉我们有三类联合,基督与教会、丈夫与妻子、圣灵与肉体。在这些联合中,前者为后者的利益出谋划策,后者侍奉前者。在他们之中,只要一者凭其卓尔不群居主导地位,另一者以适当的方式顺服,遵守秩序之美,一切就都是良善的。丈夫与妻子接受诫命,学习应当怎样彼此相处。这诫命就是"作妻子的,当顺服自己的丈夫,如同顺服主,因为丈夫是妻子的头"⑤,而"作丈夫的,要爱你们的妻子"。夫妻关系有一个学习的模型,妻子学习教会,丈夫学习基督:"教会怎样顺服基督,妻子也要怎样凡事顺服丈夫。"同样,使徒要求丈夫爱自己的妻子之后,又为他指出学习的榜样:"正如基督爱教会。"他不仅要求丈夫学习上面的榜样,即如同主那样,而且还

---

① 《以弗所书》5:29。
② 《加拉太书》5:17。
③ 《罗马书》7:18。
④ 《罗马书》7:23。
⑤ 《以弗所书》5:22—28。

要求他从低级事物，即从自己身体的角度这样做。因为他不只是说，"丈夫要爱你们的妻子，正如基督爱教会"，这样说是从高级榜样类比；他还说，"丈夫也当照样爱妻子，如同爱自己的身子"，这就是从低级事物作类比，因为无论是高级的，还是低级的，都是良善的。不过，对于妻子，他并没有拿身体或肉体作为她的榜样，教她顺服丈夫如同肉体顺服圣灵。也许使徒当时并没有意识到（最后应当知道）这里有什么遗漏，也可能是因为在此生这可朽、有病的生命中，肉体总与圣灵相争，因而他不会让妻子学习它顺服的榜样。但丈夫却要学习圣灵的榜样，因为尽管圣灵也与肉体相争，即使如此，圣灵也寻求肉体的善。这不同于肉体与圣灵相争，因为相争，既不求圣灵的善，也不求它自己的善。然而，若不是每个实体都显明神是它们的造主，显明这种秩序的适宜，善灵就不会寻求它的善，无论是通过深谋远虑滋养、哺育它的本性，还是借着自制抵挡它的错谬。因而，你等既夸口说自己是基督徒，同时以如此巨大的悖逆反对基督教圣经，闭着眼睛说瞎话，或者更确切一点说，宣称基督道成肉身取的是假身体，又说教会在心灵上与基督相关，在身体上则与魔鬼相关，男女之分乃是魔鬼做成的，而不是出于神的工作，肉体与圣灵结合，就是恶的实体与善的实体结合，这简直是疯狂之极！

24. 如果我们从使徒书信里所引的经文在你们看来不够充分，那么就请你们竖起耳朵再听听其他话语。极端疯狂的摩尼教徒对基督的肉体说什么？说那不是真的肉体，而是假的。圣使徒对此是怎么说的？"你要记念耶稣基督乃是大卫的后裔。他从死里复活，正合乎我所传的福音。"①基督耶稣本人也说："摸我看看，魂无骨无肉，你们看，我

---

① 《提摩太后书》2：8。

是有的。"①他们的理论竟然说基督的肉身是虚假的,这符合事实吗?基督里若有这么大的一个谎言存在,他如何可能没有恶呢?因为在这些人看来,洁净、真实的肉体是恶,而虚假而非真实的肉体却不是恶。也就是说,大卫的后裔所生的真实肉体是恶,而若有人用谎言说"摸我看看,魂无骨无肉,你们看,我是有的"倒不是恶。关于教会,那群人类的骗子又说了什么大错特错的话?就灵魂来说,它与基督相连,就身体来说,则与魔鬼相连。外邦人的老师对此又是怎么说的?他说:"岂不知你们的身子是基督的肢体吗?"②关于男女两性,这些地狱之子是怎么说的?两性不是出于神,乃是出于魔鬼。被拣选的器皿对此又是怎么说的?"因为女人原是由男人而出,男人也是由女人而出,但万有都是出乎神。"③关于肉体,不洁的灵借摩尼教徒说了什么?它是一个邪恶实体,不是神的造物,乃是仇敌的造物。圣灵借着保罗对此说了什么?他说:"就如身子是一个,却有许多肢体;而且肢体虽多,仍是一个身子。基督也是这样。"④稍后他又说:"神随自己的意思把肢体俱各安排在身上了。"⑤最后还说:"神配搭这身子,把加倍的体面给那有缺欠的肢体,免得身上分门别类,总要肢体彼此相顾。若一个肢体受苦,所有的肢体就一同受苦;若一个肢体得荣耀,所有的肢体就一同快乐。"⑥既然灵魂本身都要效仿肉体各肢体的和睦,肉体怎么可能是邪恶呢?既然支配身体的灵魂也要学习身体各肢体的榜样,不可彼此嫉妒,分门别类,好叫神赐给身体本性的东

---

① 《路加福音》24:39。
② 《哥林多前书》6:15。
③ 《哥林多前书》11:12。
④ 《哥林多前书》12:12。
⑤ 《哥林多前书》12:18。
⑥ 《哥林多前书》12:24—26。

西，灵魂也能借着恩典欢欢喜喜地拥有，那么肉体怎么可能是仇敌的造物呢？使徒给罗马人写信时所说的话是有充分理由的，他说："所以弟兄们，我以神的慈悲劝你们，将身体献上，当作活祭，是圣洁的，是神所喜悦的。"①如果我们献上的活祭，也就是"黑暗之族"的身体，是圣洁的，是神所喜悦的，那么我们就没有理由认为黑暗就不是光明，光明就不是黑暗。

25. 但是他们说，肉体怎么能比作基督，两者有什么相似之处？什么！教会与基督相争？然而使徒保罗岂不是说过"教会顺服基督"？②显然，教会是顺服基督的，因为圣灵与肉体相争，因而教会在各方面应当顺服基督；但另一方面肉体与圣灵相争，因为教会还没有获得那应许将要成全的完全和睦。出于这样的原因，教会必须顺服基督，这是救恩的担保，而肉体与圣灵相争是出于疾病的软弱。使徒所说的话不就是针对教会的肢体说的吗？他说："你们当顺着圣灵而行，就不放纵肉体的情欲了。因为情欲和圣灵相争，圣灵和情欲相争，这两个是彼此相敌，使你们不能作所愿意作的。"③这样的话肯定是针对教会说的，它若不顺服基督，它里面的圣灵就不能借着自制与情欲相争。由此，他们实在不能放纵（成全）肉体的情欲，如果他们借着肉体与圣灵争战，就不能做所愿意做的事，也就是说，甚至无法有肉体的情欲。最后，我们为何不承认在属灵的人里，教会顺服于基督，但在属肉体的人里，仍然与基督相争？他们既与基督相争，经上岂不是有话对他们说："基督是分开的吗？"④又说："我从前对你们说

---

① 《罗马书》12: 1。
② 《以弗所书》5: 24。
③ 《加拉太书》5: 16—17。
④ 《哥林多前书》1: 13。

话，不能把你们当作属灵的，只得把你们当作属肉体、在基督里为婴孩的。我是用奶喂你们，没有用饭喂你们。那时你们不能吃，就是如今还是不能。你们仍是属肉体的，因为在你们中间有嫉妒、纷争。"① 嫉妒、纷争所敌对的还有谁呢？不就是基督吗？基督虽然在自己里面治愈了这些肉体的情欲，但是对哪个也不喜爱。神圣的教会只要还有这样的肢体，就还没有完全除去瑕疵和皱纹。除此之外还有其他的罪，对此整个教会要日日求告："免我们的债"②；而且我们不可以为属灵的人能免于这些，任何属肉体的人不能幸免，任何属灵的人也不能，唯有那侧身挨近主的胸膛、主所爱的门徒③，说："我们若说自己无罪，便是自欺，真理不在我们心里了。"④在每一种罪中，都有情欲争战公义的行为，大罪相争得剧烈，小罪争战得轻微。关于基督，经上记载说："神又使他成为我们的智慧、公义、圣洁、救赎。"⑤因而，毫无疑问，每一种罪中都有情欲反对基督的行为。但是，当那"医治你的一切疾病"⑥的主引领他的教会获得所应许的疾病之医治，到那时，它的所有肢体没有一个会有一点瑕疵或皱纹。这样，肉体就不可能与圣灵相争，因而，圣灵也就没有必要与肉体相争。也就是说，这一切争战都将烟消云散，随之而来的就是两种实体极其和谐的共处；到那时，没有一个会是属肉体的，甚至肉体本身也成为属灵的了。因而，凡照着基督活的人怎样对待自己的肉体，即既与肉体的恶欲相争——他若克制恶欲，随后就得医治，若仍放纵，就

---

① 《哥林多前书》3：1—3。
② 《马太福音》6：12。
③ 《约翰福音》13：23。
④ 《约翰一书》1：8。
⑤ 《哥林多前书》1：30。
⑥ 《诗篇》103：3。

还未得医治——也保养、顾惜它的善性,因为"从来没有人恨恶自己的身子"①,基督也便怎样对待教会,倘若我们可以把渺小的事物与伟大的事物作这样的类比的话。因为基督既约束它,责备它,免得它因未受处罚而变得自高自大;同时安慰它,提升它,免得它因软弱不能承受而跌倒。因而使徒说:"我们若是先分辨自己,就不至于受审。我们受审的时候,乃是被主惩治,免得我们和世人一同定罪。"②《诗篇》里也说:"我心里多忧多疑,你安慰我,就使我欢乐。"③因而,我们可以盼望我们的肉体完全健全,毫无冲突,到那时,基督的教会也必安全无比,毫无惊恐。

26. 关于真正的自制可以讨论很多,足以驳斥摩尼教徒那种蒙人的自制,免得当真正的自制约束、阻挡我们最低级部分,也就是身体的放纵和不当享乐时,有人认为追求它那富有成效又充满荣耀的作为不健康,应当仇视它,逼迫它。身体诚然不同于灵魂的本质,然而并不是与人的本性格格不入的,因为灵魂不是由身体构成,但人是由灵魂和身体两者共同构成的。可以肯定,神要赦免人,就要赦免整个人。我们的救主还亲自取了人的整体,为了释放我们里面他所造的一切。那些坚持与此真理相反观点的人,克制情欲——也就是说,如果他们有所克制的话——又与他们何益呢?既然他们的克制是不洁的,他们又怎么可能借着自制得洁净呢?实在的,他们所主张的观点就是服用魔鬼的毒药。而自制乃是神的恩赐。当然,并非凡忍受了一切事的人,或者凡以极大的耐心承受了任何痛苦的人都拥有那种美德,也就是忍耐,它同样是神的恩赐。事实上,同样是忍受无尽的磨难,有

---

① 《以弗所书》5:29。
② 《哥林多前书》11:31—32。
③ 《诗篇》94:19。

许多人是为了不背叛那些与他们共同犯罪、同流合污的人,或者不背叛他们自己;许多人是为了满足炽热的私欲,并获得或者不放弃那些出于邪恶的情欲而孜孜以求的事物;许多人为了维护不同的、毁灭性的错误,执迷不悟,所有这些我们都不可能说他们拥有真正的忍耐,因而并非凡是克制的人,或者具有惊人的克制力,甚至克制肉体或者心灵的情欲的人,都可以说拥有自制这种美德,而我们所讨论的正是关于这种美德的益处和佳美。有些人借着放纵来自我克制,这样说显然很是令人吃惊,比如女人因对奸夫发过誓,所以在丈夫面前克制自己,不与其同房。有些人借着不义行自制,比如配偶之间不相互配合,行当行之性事,因为他或她已经能够克制这样的生理欲望。还有些人因相信错误观念自我克制,盼望虚空的东西,追逐徒劳的东西,一切异端都是这样的人,凡在宗教名下被错谬蒙骗的都是这样的人。如果他们的信心是对的,他们的自制也是真的,但是由于他们所信的是错误的,所以不能称之为信心,毫无疑问,他们的克制也不配称为真正的自制。为什么?因为自制,我们必须恰当地说是神的恩赐,难道我们准备称之为罪吗?我们的心绝不可如此疯狂。圣使徒说:"凡不出于信心的都是罪。"①因而没有信心的,也就不能称为自制。

27. 还有人公然事奉邪恶的魔鬼,克制身体的享乐,好叫他们通过恶灵满足不当的享乐,因而并没有克制激情和欲望。还有人(只举一种情形,其他的略过不说,免得篇幅太长)甚至根本不近自己的妻子,似乎很自洁,却试图通过巫术接近别人的妻子。多么令人吃惊的自制,毋宁说是奇异的邪恶和不洁!因为若是真正的自制,肉体的情欲就当克制奸淫,而不是离开婚姻去偷情。婚姻的自制往往能缓解这

---

① 《罗马书》14:23。

种情欲，勒住它的笼头，使它在婚姻里不会放纵、撒野，任意蔓延滋长，而是遵循一定的尺度，这或者是由于配偶的软弱，对于这样的人，使徒不是用命令要求他们这样做，而是出于准许可以这样做①；或者是为了生儿育女，这以前是圣洁的父亲母亲们同房的唯一理由。但自制这样做，即在某种程度上限制已婚男女的情欲，以某种方式将它不安的骚动欲望控制在固定范围之内，这是化人的恶为善，希望人并使人能完全行出善来，就如神利用恶人，为成全他们的善一样。

28. 因而，这远不是我们所说的自制，圣经上所说的自制，"知道这是谁的恩赐，这本身就是智慧。"②就是那些人也会有这样所谓的自我克制——他们的克制或者用于错谬，或者克服小的欲望是为了成全其他的欲望，在巨大的欲望面前举手投降。但那真正的自制是从上面来的，不是想用某些恶来压制另一些恶，而是要用善来医治一切恶。要理解它的行为方式，简言之，自制就是注意克制并医治情欲引起的一切愉悦，因为它们与智慧之乐相反。因此毫无疑问，那些人只界定它是对身体欲望的克制，这样的界定太过狭隘。若说自制就是对付一般的情欲或欲望，这样比较好一些。所以，要确定欲望是罪魁祸首，不只是身体的欲望，也包括灵魂的欲望。因为如果身体有淫乱、酗酒的欲望，有忌恨、纷争、嫉妒以及仇恨，它们在身体上滋长肆行，能不影响、扰乱灵魂状态吗？然而，使徒把这一切全称为"情欲的事"，不论是与灵魂相关的，还是专门属于肉体的，把人本身称为属血气的。③ 它们确实是人的事，无论如何不能称之为神的事，因为人行这

---

① 《哥林多前书》7：6。
② 《所罗门智训》8章21节。（此节根据英文直译。——中译者注）
③ 《加拉太书》5：19、20、21。

些事是照着他自己活；他既行了这些事，就不是照着神活。但人还有另外的事，这些事毋宁说是神的事。使徒说："因为你们立志行事，都是神在你们心里运行，为要成就他的美意。"①还有，"因为凡被神的灵引导的，都是神的儿子。"②

29. 因而人的灵依靠神的灵与肉体争战，也就是与它自己争战，但是为了它自己，好叫那些动机，无论是肉体里的，还是灵魂里的，那些出于人的而不是出于神的念头，那些借着人所患的疾病而存在的念头，在自制面前降服，使人得着健康，好叫人不再按人的样子活，从而可以说："现在活着的不再是我，乃是基督在我里面活着。"③只要不是我，就会有更快乐的我；一旦有属人的恶念出现，只要他的内心顺服神的律，不接受恶念，就可以说："既是这样，就不是我作的。"④以下这些话实在是对这样的人说的，我们作为他们的伙伴和同工，也应当侧耳倾听。"所以你们若真与基督一同复活，就当求在上面的事，那里有基督坐在神的右边。你们要思念上面的事，不要思念地上的事。因为你们已经死了，你们的生命与基督一同藏在神里面。基督是我们的生命，他显现的时候，你们也要与他一同显现在荣耀里。"⑤我们要明白他是在对谁说话，是的，我们应当更加仔细地聆听。还有比这更显然，更清楚的吗？他自然是对那些已经与基督一同复活的人说的，当然不是在肉体里复活，乃是在心灵里复活；他称他们已经死了，正是在这意义上他们更是活的，因为他说，"你们的生命与基督一同藏在神里面"。所谓"现在活着的不再是我，乃是基督在我

---

① 《腓立比书》2：13。
② 《罗马书》8：14。
③ 《加拉太书》2：20。
④ 《罗马书》7：17。
⑤ 《歌罗西书》3：1—4。

里面活着",此话说的也正是同样的意思。因而,其生命藏在神里面的人,使徒命令并劝勉他们要治死自己的肢体,即在地上的肢体。请看接下来的话:"所以要治死你们在地上的肢体。"为防止极其愚钝的人以为这话是要求治死有形的肉身肢体,他又立即解释这话的意思,他说:"就如淫乱、污秽、邪情、恶欲和贪婪,贪婪就与拜偶像一样。"①但是,他们既已经死了,他们的生命与基督一同藏在神里面,难道仍然活在不洁的习惯和行为里,难道仍然顺服于恶欲和贪婪?这样想岂不是疯狂至极?这样说来,他要他们治死的,只能是动机本身,它们仍然蠢蠢欲动,但我们的内心毫无所动,肉身的肢体也毫无所动。他们怎样借自制的作为治死它们呢?不过就是我们心里不承认它们,身体也不献与它们作罪的器皿罢了;更值得称道的是,我们的思想在自制力更警觉的看护下,虽然在一定意义上受到它们的诱惑,听到它们的耳语,但拒它们于门外,没有从它们接受快乐,而是转向思念更快乐的上面之事,因此之故,这段话里提到它们说,人没有遵守它们,而是脱离它们。如果我们听得仔细,应当听出这是借着神的帮助实现的,神借他的使徒给出这样的诫命:"当求在上面的事,那里有基督坐在神的右边。要思念上面的事,不要思念地上的事。"②

30. 但是他提到这些恶之后,又补充说:"因这些事,神的忿怒必临到那悖逆之子。"③它肯定是一个有益的告诫,信徒不可以为光有信心,就是住在这些邪恶里也能得救。使徒雅各以非常清楚的语言驳斥了这样的观念,他说:"若有人说自己有信心,却没有行为,有什么益

---

① 《歌罗西书》3:5。
② 《歌罗西书》3:1—2。
③ 《歌罗西书》3:6。

处呢？这信心能救他吗？"①这里，这位外邦人的导师也说，因着这些恶事，神的忿怒要临到那悖逆之子。但他既说"当你们在这些事中活着的时候，也曾这样行过"②，就充分表明现在他们不再在这些事中活了。他们确实在这些事上死了，这样他们的生命才可能与基督一同藏在神里面。如今他们既不在这些事中活着，就必须治死它们。其实，活着的事物本身并不是同样活着，如我在稍前已经表明的，并不是在同样意义上被称为它们的肢体，也就是说，那些住在它们肢体里的病患并不是完全一样的。换言之，被克制的是通过克制者受到克制的，比如，当广场上的人都在谈论的时候，我们就会说，整个广场都在谈论。《诗篇》也用类似的方式唱道："全地要敬拜你"③，全地就是地上所有的人。

31. 他说："但现在你们还要弃绝这一切的事"④，他还提到其他一些类似的恶。这里他为何不只是说"你们要弃绝这一切的事"，而要加上连词说"你们还要"？目的唯有一个，就是不要让他们以为他们行了那些恶事，在它们中间活着而没有惩罚是因为他们的信心使他们免受神的忿怒，而悖逆之子因为行这些事，住在它们里面毫无信心，就要有这样的忿怒临到他。他说，你们还要弃绝那些恶，由于那样的恶，神的忿怒要临到不信的子孙。这不是应许你们因为有了信心的功绩就可以行这些事而不受惩罚。但对那些已经弃绝这些恶事，既不接受它们，也不把他们的肢体献给它们作罪的器具的人，他不会说"你们要弃绝"，唯有圣徒的生命站立在这过去的行为中，只要我们还是可

---

① 《雅各书》2：14。
② 《歌罗西书》3：7。
③ 《诗篇》66：4。
④ 《歌罗西书》3：8。（和合本译文中没有"还"字。——中译者注）

朽的,他们就仍然从事这样的工作。因为只要圣灵争战情欲,这事业就要蓬蓬勃勃地展开,就有圣洁的甜美、贞洁(chastity)的爱情、属灵的力量,自制的佳美来对抗邪恶的乐趣,不洁的欲望,属肉体的、可羞的动机。因而那些向它们死了的人就弃绝了它们,不再接受它们,在它们中活着。由此我说,它们被弃绝了,被持之以恒的自制压倒了,不可能再起来。任何人,即使一切平顺,若是停止对它们的这种弃绝,它们就会立即反扑,攻击心灵的城堡,就会把它推倒,迫使它顺服于它们,以卑下可羞的方式被掳。这样,罪就在人必死的身上作王,使人顺从身子的私欲,身体就会把自己的肢体献给罪作不义的器具①。这样一来,人末后的景况必比先前更不好,更糟糕②。因为根本没有开始这样的争战就被俘虏倒还可以忍受,而已经开始取得胜利,已经得了好战士的美名,甚至已经是得胜者,之后又被俘虏,那是难以忍受的。因此主没有说唯有开始的,而是说"唯有忍耐到底的必然得救"。③

32. 无论热心争战,永不屈服,还是在各个世代得胜,甚至出人意外地轻易得胜,我们都要把荣耀归于那赐给我们自制的神。我们务要记住,有位义人曾说:"我永不动摇",但他说出这样的话,可见是多么草率啊,似乎要把从上面赐给他的东西归功于他自己的力量。不过,我们是从他自己的悔过中得知这一点的,因为稍后他就说:"耶和华啊,你曾施恩,叫我的江山稳固;你掩了面我就惊惶。"④出于预防的神意,他的主人把他抛弃了一段时间,好叫他不至于因为致命的傲

---

① 《罗马书》6:12、13。
② 《马太福音》12:45。
③ 《马太福音》10:22。
④ 《诗篇》30:6—7。

慢真的离开自己的主人。因为在这里的时候,我们与自己的疾病相争,以便征服它们,使它们减少;到了那里,就如末了之时所要显现的,我们将没有任何仇敌,但还是有种种传染,所以无论是在这里还是到了那里,神这样对待我们正是为了我们的健康,好叫凡"夸口的,当指着主夸口"。①

---

① 《哥林多前书》1:31。

论婚姻的益处

本篇及下一篇作品是为驳斥当时还残存的约维尼安异端（heresy of Jovinian）而写。圣奥古斯丁在《论婚姻与肉欲》（*de Nuptiis et Conc.*）第二卷第二章第二十三节提到这种谬论。他说："几年前，约维尼安企图创立一种新的异端，于是说大公教徒喜欢摩尼教徒，因为他们与他相反，取贞洁（chastity）而舍婚姻。"在他的《论异端》（*On Heresies*, 28 章）里有这样的记载："在我们时代，当我们还年幼的时候，那种异端从一个叫约维尼安的修士兴起。"又说大约在公元 390 年的时候，这种异端先是在罗马后是在米兰受到谴责，不久就被否决，消亡了。大主教西里西乌（Siricius）就这个问题给米兰教会写了一些信，圣安波罗修（Ambrose）就主持米兰会议（Synod of Milan）讨论，把答复寄给他。其实哲罗姆（Jerome）早已驳斥过约维尼安，但据说为了捍卫独身的优点，他把婚姻给彻底否定了。奥古斯丁认为在讨论贞洁的卓越性之前，最好先阐明婚姻的益处，免得也受到同样的指责或诽谤。

本文大约完成于公元 401 年，不仅从《订正录》的顺序来看如此，而且从他始写于此年的《论〈创世记〉》里也可找到佐证。他在《论〈创世记〉》第九卷第七章里论到婚姻的好处，说："这有三重好处，忠诚、子孙、圣礼。就忠诚来说，不会与婚姻之外的男人或女人偷欢；就子孙来说，充满爱心地迎接他，耐心地喂哺他，虔敬地培养他；就圣礼来说，不可破坏婚约，男人或女人离婚后即使为了生儿育女也不可再嫁。可以说，这就是婚姻的法则，有了这样的法则，就使生养成为合乎礼仪的事，把放荡纳入秩序范围之内。对此，我们在刚刚出版的《论婚姻的益处》里作了详尽的讨论，同时还区分了寡妇的自制和童女的美德，各有其不同的价值，所以这里就不再赘述了。"

编者按：编者意识到带着盲目的好奇心阅读以下这样的作品是很危险的，所以恳请读者若是不能完全确定自己的目标是正确而圣洁的，就不要去浏览本文。同时千万不可忘记，要使关于圣洁的已婚状况的思想得到净化，所需要的绝不仅仅是避免与现代的高雅和矜持相冲突的主题。因此，认真注意到这一点，在整个题目里洞察到基督徒的职责所在，这样的人就必得坚固其心，抵挡得住邪恶的诱惑。

而且，推出这样一篇作品似乎是必要的，它能消除无端地扣在圣教父们头上的污名——说他们把婚姻看作是不洁的，是对基督徒的玷污和贬低，几乎与摩尼教徒的婚姻观无二。没错，他们确实认为童贞高于婚姻，但如圣奥古斯丁所说的，那是"两善之中的更善"，而不是一个是善，另一个是恶。

在评价作品和作者时，必须考虑到写作的时代背景，不可把时代的需要看作是作者本人或者他的宗教的过错。也许为另一时代所写的作品能为我们提供指南，增加对当时环境的了解。早期作品的风格和方式已经蒙上了一层面纱，这多少影响了作品最初留给读者的那种新鲜和活力，但比起某种较现代的说话方式，它更有可能使读者自由地使用呈现在眼前的内容。愿读者能正当而谨慎地使用那样的自由，这样才会有好的阅读效果。

1. 因为每个人都是人类的一部分，人的本性具有一定社会性，还拥有友谊的力量，一种伟大而合乎本性的善，因此神决定从一人造出众人，好叫他们不仅通过种族的相似性，还要通过亲属纽带保守在自己的社会里。人类社会的第一种自然纽带就是夫妻。神造他们不是分别造，然后把他们联合起来，似乎把两个不同的东西合在一起；神造他们乃是从一个造出另一个，还在肋旁立有标记，表示她从这里出来形成，这是合一的力量所在。① 因为他们是肩并肩彼此联合的，一同朝着同一个方向行。然后，有了父母与孩子的亲属关系，孩子是两性结合的唯一尊贵的果子，不是男女合一的果子。因为即使没有这样的两性结合，也应存在两种性别的关系，这是一种友好并真正的联合，一者管制，另一者顺服。

2. 对于第一对人（first men），神早已祝福他们，说："要生养众多，遍满地面。"②然而，鉴于他们犯罪后身体成为必死的，而只有在必死的身体之间才有两性的结合，由此，如果他们没有犯罪，他们能繁衍后裔吗？关于这个问题存在几种不同的看法，如果我们要一一检查，看哪一种更符合神的圣经真理，那得花很多篇幅，所以，我们现在没有必要对此详尽探讨，提出明确的观点。诚然，他们若没有犯

---

① 《创世记》2：21、22。
② 《创世记》1：28。

罪,就不会有两性结合,但是他们是否会以另外某种方式生儿养女,从全能的造主得恩赐?因为他也是从无造出他们的,他能在童女的肚腹里形成基督的肉身,(甚至可以对不信主的人说)他能让蜜蜂没有性爱而得后代。或者许多事情都是照着比喻和奥秘的方式说的,我们对经上所记的话"遍满地面,治理这地"要从另外的意义上去理解,也就是说,是指生命和力量的完全和成就,因而对"生养众多"要理解为心灵的进步,美德的丰富,如《诗篇》里所说的,"你们要多多加增我的灵魂和美德"①。至于后代子孙,并没有赐给人,只是由于犯罪,此后就必然有死亡和离世。或者这两人的身体并没有一开始就造成属灵的,而是属血气的,好叫它借着顺服的功课在后来变成属灵的,得着不朽,不是死后得着。死是由于魔鬼的恶意引入世界的,是对罪的惩罚;乃是经历那种变化后得着——使徒指明了这种变化,他说:"以后我们这活着还存留的人必和他们一同被提到云里,在空中与主相遇。"②——由此,我们就可以明白第一对人的身体在最初形成时是必死的,但如果他们没有犯罪,就不会死。神曾以死来告诫他们,他甚至可以用伤痛来告诫,因为身体是容易受伤的,但若不是他们行了神所禁止的事,他们的身体连伤痛也不会受。因而,即使通过性的结合,使这样的身体得以代代相传,繁衍到某个数目,也不会变老,或者要变老,也不会有死亡,直到地上满了这有福的人口。须知,就连以色列人的衣服,神也让它们保持完好,四十年没有穿破③,更何况人的身体。只要遵守他的诫命,他更要让它们保守最幸福的性情,最稳定的状态,直到它们变得更好,不是通过人的死——

---

① 《诗篇》88:3(七十士译本)。
② 《帖撒罗尼迦前书》4:17。
③ 《申命记》29:5。

那是灵魂抛弃身体——而是通过一种有福的变化，从必死的变成不死的，从属血气的变成属灵的。关于这些观点，孰是孰非，或者是否还有另一种或另一些观点可以从这些话里引申出来，这是需要花很长时间研究和探讨的问题。

3. 现在我们只说，根据这种有生有死的状态——这是我们所知道的，也是我们被造时的状态——男女的婚姻结合是有一定益处的。圣经这样规定这种协议，只要丈夫还活着，妻子就不可离开丈夫再婚。同样，丈夫也不可离开妻子再娶，除非妻子死了离开了他。因而，关于婚姻的益处，主也在福音书里有所证实，不仅因为他禁止人休妻，除非因为淫乱的缘故①，而且因为他被请去赴婚宴②，所以有充分的理由问为何婚姻是一件好事。在我看来，这不只是因为生儿育女，还因为自然社会本身需要性别差异。否则，就老年夫妻来说，就不能称之为婚姻，尤其是那些失去了子女，或者不曾生育的人。事实上，就是老年人的婚姻也是好事，尽管男女之间的性的热情已经衰退，然而夫妻之间遵守贞洁之律，生活照样朝气蓬勃。越是良善的夫妻，就越早彼此协定要在性行为上守节，他们不是等到想做却没有能力做之后，无奈作罢，只能如此，而是在有能力做的时候就立志不做，这样的守节是值得赞美的事。因而，人要对荣誉、两性之间的彼此事奉保持良好信心，尽管双方的肢体已经衰弱，几乎像尸体，然而灵魂的肢体更好地联合在一起，贞洁③一如既往，越能经受考验就越纯洁，越能保持平静就越安全。婚姻也有这样的好处，属肉体的或青春的纵欲，虽然是不好的，但婚姻可以把它真诚地用到生育儿女上，这样，

---

① 《马太福音》19：9。
② 《约翰福音》2：2。
③ 也许是"慈爱"。

婚姻的结合就不啻是把邪恶的情欲转化为某种善事。其次，经过父爱母爱的锤炼，这种情欲得到抑制，只是以比较温和的方式蔓延。因为炽热的情欲之中加入了某种严肃性，当夫妻彼此结合时，他们记着自己是要为人父母的。

4. 还有，夫妻之间彼此负有义务，即使他们在要求这份义务时多少有点过分放纵，相互之间的忠信依然是一样的。使徒对这种忠信赋予高度的权利，甚至称之为"权柄"，说："妻子没有权柄主张自己的身子，乃在丈夫；丈夫也没有权柄主张自己的身子，乃在妻子。"①违反这种忠信便被称为通奸，无论是受自己欲望的激发，还是接受别人的诱惑，任何一方与他人发生性行为都是违背了婚姻协约，由此忠信破灭了。这样的忠信，即使是在属身体的事上，低级的事上，对灵魂也有莫大的益处，因而可以肯定，它应该甚至比身体的健康更可贵，就是我们此生的生命也包含在那里面。尽管与大量金子相比，一点糠秕算不得什么，但若能在糠秕这样的小事上也保持忠信，正如在大事上一样，那么忠信并不因为被保守在小事上而减少分量。当人把忠信用来犯罪的时候，我们若还称之为忠信，岂不显得奇怪？不论它是何种信心，如果行出来的行为也反对它，那就更糟了。唯有因此把它完全抛弃，才可能回到真正而适当的忠信上来。也就是说，纠正悖逆的意志，罪才可能得到改正。就如同有人因为独自无法实施抢劫，于是就找一个同伙共同犯罪，与他定下协议，一同干，共同分赃。但等到恶事做了之后，就把所得赃物独吞了，另一个就恼怒，抱怨说，他没有守信。然而，当他抱怨的时候，他应当想一想，他既然觉得那人在共同犯罪中不守信用是多大的不义，那他自己岂不更应当过良善生

---

① 《哥林多前书》7：4。

活，守人类社会的信约，不可行不义，实施抢劫。当然，前者因为在两方面都是个毫无信用的人，必然被论断为更可恶的。不过，假设他对他们所行的恶事感到很难过，因而不愿意与一同犯罪的伙伴分赃，以便能把东西如数还给那被抢劫的人，那么谁能说他是无信之人？就是毫无信心的人也不能说他是无信的。同样，一个妻子若是破坏婚姻信约，却与奸夫守信约，自然是邪恶的，但如果与奸夫也不守信，那就更坏了。再进一步说，如果她忏悔自己的罪，摒弃一切奸淫之约和决心，重守婚姻的贞洁，那么我想，就连奸夫本人也不会认为她是失信的人，若还有谁认为她是这样的人，那倒是奇怪的事。

5. 人们常常提出的还有这样一个问题，当一个男人和一个女人，男人不是女人的丈夫，女人也不是男人的妻子，他们走到一起，不是为了生儿育女，只是由于放纵情欲，追求性快乐，两人之间若有这种信约，男人不与别的女人有性关系，女人也不与别的男人来往，那么这种关系是否可以叫做婚姻。也许这种关系可以称为婚姻，这不是毫无理由，只要双方有这种至死不渝的决心，而且如果他们虽然不是为了生儿育女走到一起，但也不拒斥，因而有了孩子也不会不欢迎他出来，更不会借用某种罪恶的手段不让他出生。但如果这两个条件都不符合，或者其中一个不是这样，那我就不知道还能不能称之为婚姻了。须知，如果一个男人在一段时间对什么女人都有好感，直到找到另一个他认为可敬的、相配的人娶她为妻，那么在他心里他就是一个淫乱者，不是与他想要找到的女子行淫，而是与那听他谎话连篇、以便不娶其为妻的女子行淫。同样，她本人知道这一点，却愿意与那个与她没有夫妻之约的男人交往，当然也是行了不洁之淫事。但如果她对他守床笫之约，在他娶妻之后，自己也没有结婚的想法，于是准备完全禁欲，那么我可能不会轻率地称她为奸淫者。但人若知道她与某个不是她丈夫的男人有过性关系,谁能说她没有犯罪呢?再进一步假设,如果就她本人而言,与人发生性关系没有别的愿望,只是想要孩子,为此对无关生育的事虽然不情愿却仍然一一忍受,那么可以说有许多中老年妇女还不如她,她们虽然不能说是淫乱者,却迫使丈夫——大部分丈夫原是想要守节——满足肉体的自然需要,但不是出于生育的欲望,而是出于炽热的私欲,纵情利用她们的这种权利。然而,对她们来说,这件事,就是结了婚这件事,实在是件好事,正是因为结了婚,使欲望得到了法律的约束,不会无法无天地在野外肆虐。肉体本身是软弱的,无法自我约束,但婚姻的信约是不能解除的。肉体本身会受到纵欲的侵扰,但婚姻是贞洁生育的一种方式。尽管利用丈夫满足淫欲的目的是羞耻的想法,但除了丈夫不愿有别的性关系,除了与丈夫生儿育女,不为别人生养,这是可敬的。还有些男人不节制①到这样的程度,就是在妻子怀孕期间也不放过。因而,结了婚的人彼此之间无论行什么放纵的、可耻的、卑鄙的事,都是人的罪过,不是婚姻的过错。

6. 再者,就肉体的情欲比较强烈的情形来说,使徒没有用命令来禁止它们,而是允许它们,除了为生儿育女之外也可以有性行为。尽管恶习驱使他们如此纵欲,但婚姻能防止他们做出淫乱或通奸之事。也不是说纵欲是因为有了婚姻,而是说因为婚姻这样的事可得赦免。因而结了婚的人彼此之间不仅有性关系本身的信约,就是为了生儿育女,这是人类在这必死状态中最初的关系,而且在一定意义上,还有担当彼此的软弱这种相互义务,以避免非法的性行为。因而,虽然一

---

① Saint Augustine, Treatises on Marriage and Other Subjects, p. 16 (Fathers of the Church, Inc.) 译为 immodest。——中译者注

方喜欢恒常守节,但若不是彼此同意,就不可这样做。就此而言,"妻子没有权柄主张自己的身子,乃在丈夫;丈夫也没有权柄主张自己的身子,乃在妻子。"①同样,男人求婚姻,女人找丈夫,即使不是为了生儿育女,而是由于软弱和不能自制,两人一旦结合,就不能彼此否认,免得他们因为双方或一方的不能自制,在撒旦的试探下陷入可恶的淫乱之中。为了生儿育女的婚姻关系没有错;为了满足情欲,但只是与丈夫或妻子发生性关系,虽然有错,却情有可原,而通奸或淫乱那是致命的错误。就此而言,克制自己,不行任何性行为,实在是比婚姻中的性关系,也就是为了生育而发生的性关系更好的。也就是说,自制是大德,尽婚姻的义务也毫无过错,超越生儿育女所必需的性行为也不算严重过错,但行淫乱或通奸之事则是要受到惩罚的罪行。已婚者在求贞洁时要小心谨慎,免得为自己求更大的荣耀,却导致另一半被定罪。"凡休妻的,若不是为淫乱的缘故,就是叫她作淫妇了。"②婚姻之约意味着某种神圣之事的开始,就是分离也不能使之失效,所以只要丈夫还活着,妻子被他休弃,万一她与另一男人结婚,她就犯了奸淫;而休她的丈夫则是这一恶行的罪魁祸首。

7. 令我疑惑的是,如果妻子淫乱,就可以休了她;她既已被休,就可以再嫁。圣经在这个问题上引发了难点,因为使徒说,根据主的吩咐,妻子不可离开丈夫,若是离开了,也不可再嫁,或是仍同丈夫和好。③ 没错,若不是丈夫犯了淫乱,妻子不可离开他,与别人再婚,免得她的离开,使原本不是淫乱者的丈夫犯淫乱罪,她就是祸因。她也可能因为丈夫变得可以忍受,或者已经改过自新,而与他重

---

① 《哥林多前书》7:4。
② 《马太福音》5:32。
③ 《哥林多前书》7:10、11。

修于好。但我不明白,为何妻子若是犯了淫乱罪,丈夫就可以休妻再娶,而丈夫若是淫乱者,妻子离开他却不可以再嫁。事实上,已婚男女的婚姻纽带非常坚固,虽然它是因为生儿育女的缘故连在一起的,但就是为了生育的原因也不能解除。尽管男人有能力休了不能生育的妻子,再娶一个女人生子,然而,这是不允许的。如今在我们的时代,遵行罗马的惯例,谁也不可结多次婚,不可有多妻的生活。可以肯定,假若丈夫或妻子离开淫乱的对方之后,丈夫可以再娶,妻子可以再嫁,那就很可能会生出更多的人口来。然而,既然神圣律法规定,这样做是不允许的,试想,有谁能比这律法教他更深切地知道,如此强大的婚姻之约究竟意味着什么?倘若它不是为人的这种软弱必死状态采取了某种更大的圣礼,只要人企图抛弃它,解除它,就会受到坚决的惩罚,若不是这样,我绝不会认为它会有如此巨大的益处。既然婚姻之约并没有因为离婚的介入而失效,那么夫妻就是分手之后,也仍然是婚约中的双方。也就是说,即使离婚之后,无论是妻子另嫁,还是丈夫再娶,都是与新人一同犯了淫乱罪。然而,除了在我们神的城中,在他的圣山上,其他地方关于妻子的情形并非如此。① 外邦人的律法不是这样规定的,这谁人不知,哪个不晓?在他们,只要离了婚,无论是妻子还是丈夫,都可以与自己所愿的人再婚,人不觉得这有什么冒犯之处。由于以色列人心硬,摩西似乎也曾允许类似于这种习俗的事存在,写休书打发妻子离开夫家,再嫁别人。② 在这个问题上,对于休妻显然更多的是指责,而不是赞同。③

---

① 《诗篇》48:1。
② 《申命记》24:1。
③ 《马太福音》19:8。

8. 因而,"婚姻,人人都当尊重,床也不可污秽。"①我们称之为善,不是因为把它与淫乱相比而言的,否则,恶就有两种,只不过后一种更大;或者淫乱也成为一种善,因为与通奸相比,它还好一点,通奸是更大的恶,因为背弃婚姻比与妓女行淫更可恶。按此类推,通奸也可以成为善,因为乱伦比它更恶——与母亲同房当然比与别人的妻子行淫更可恶。等我们推到了那些事,那些如使徒所说的"提起来也是可耻的"②事,那些恶到极点的事,与此相比,其他一切事都可以说是善的。但谁会相信这种无稽之谈?因而,不能说婚姻与淫乱是两种恶,只是后者更恶,而要说婚姻与自制是两种善,只是后者更善。正如不能说暂时的健康和疾病是两种恶,后者更恶,而要说健康与不朽是两种善,后者是更高的善。同样,不能说知识与虚妄是两种恶,后者更恶,而应说知识与仁爱是两种善,仁爱是更高的善。因为如使徒所说的,"知识也终必归于无有",只是现在还必不可少,而"爱是永不止息"。③ 因而这世人的生育,因婚姻而来的事,也必归于无有,而摆脱一切性行为的自由既是此世天使般的作为,也将持续到永远。正如义人进食比渎神者禁食更好,同样,忠贞者的婚姻高于不敬者的独身。然而就前者而言,不是说进食比禁食可取,而是说公义胜过渎神。同样,在这里,不是婚姻比独身好,而是说守信比不敬好。因为义人在必要的时候进食,目的在于:作为良善的主人,他们要给予自己的奴仆,即身体正当应得的东西。但渎神者禁食则是为了事奉魔鬼。同样,忠诚的人结婚是为了能够与丈夫一同贞洁,但不敬的人守身却是为了行淫事,远离真正的神。因而,马大(Martha）

---

① 《希伯来书》13:4。
② 《以弗所书》5:12。
③ 《哥林多前书》13:8。

服侍圣徒,她所行的事是善的,但她的姐妹马利亚(Mary)坐在主脚边听神的道,这是更善的。因而我们赞美苏姗娜(Susanna)贞洁的婚姻①,却把寡妇亚拿的善②列在她之前,而童女马利亚的善就更是大得多。③ 凡用自己的财产服侍基督及其门徒的人,他们所行的事是善的,但那些舍弃一切财产,以便更自由地跟随主的人更善。但就这两种善来说,不论这两种善是什么,或者不论马大和马利亚所行的事是什么,若没有前者的善被超越、被抛弃,就不可能成就后者更大的善。由此我们必须明白,我们不可认为婚姻是恶,因为若没有婚姻,就不可能成就寡妇的贞洁,童女的纯洁。因此马大所行的并非恶事,因为她姐妹若不超越它,就不可能成就更善的事。接纳义人或先知进家里也不是恶,因为立志跟从基督到底的人为要做得更好,甚至连家也不应当有。

9. 没错,我们必须认为,神所给予我们的事物,有些是以其自身为目的的,比如智慧、健康、友谊;有些是为获得其他东西所必不可少的,比如学习、饮食、睡眠、婚姻、性爱。这些事物中,有的是获得智慧所必不可少的,比如学习,有的是为了健康的目的,比如饮食和睡眠,还有的是为了建立友谊,比如婚姻或性爱。婚姻是维系人类的繁衍生息,而友谊则是一种大善。因而,这些为达到其他目的而必不可少的事物,人若不是出于其特有目的使用它们,就会成为罪,只不过有些情形是轻罪,可以原谅,有些情形则是重罪,要受到惩罚。但人若出于这样的目的使用它们,就会适得其用。这样说来,对于不是迫切需要它们的人,就应当不使用它们,这样做是更好的。当我们

---

① 《苏姗娜传》第 22、23 节。
② 《路加福音》2:37。
③ 《路加福音》1:27、28。

有需要时，就希望获得它们，这不是坏事，但我们若连想也不想它们，那就是更大的善，因为我们若不把它们视为必不可少的，就处于一种更善的状态。由此而言，结婚是好事，因为生养儿女，治理家务；但不结婚更好，因为不求这样的事，只求人与人之间的友谊本身，这是更大的善。按人类现在的状态（其他人往往情不自禁，不仅把大量精力放在婚姻上，有许多人甚至还肆无忌惮地三妻四妾，但良善的造主要从他们的恶里产生出善的结果），不会没有众多的子孙，大量的后代，所以更要追求圣洁的友谊。由此看来，在人类最初时候，我们结合起来主要是为了繁衍神的子民，借着他们使万民的王和救主得到预表并降生。利用婚姻的这方面好处乃是圣徒的职责，不是追求婚姻本身，而是把它看作实现别的目的的必要手段。然而现在，为了开始追求圣洁而纯真的团契，世界各地，各族各民中盛行一种属灵的亲属关系，就是那些只为了传宗接代的缘故谈婚论嫁的人也得到告诫说，他们更应当利用自制，它的益处更大。

10. 但我知道有人会嘟哝说：如果所有人都禁欲，没有任何性行为，那么人类将如何存续？倘若所有人都这样，全在爱里，"这爱是从清洁的心和无亏的良心、无伪的信心生出来的"①，那么神的城将会更快地成就，世界的末时就会更快地到来。显然，当使徒说"我愿意众人像我一样"②时，他所论及的不就是这个主题吗？他还有一段话说："弟兄们，我对你们说，时候减少了。从此以后，那有妻子的，要像没有妻子；哀哭的，要像不哀哭；快乐的，要像不快乐；置买的，要像无有所得；用世物的，要像不用世物；因为这世界的样子将

---

① 《提摩太前书》1：5。
② 《哥林多前书》7：7。

要过去了。"接着又说:"没有娶妻的,是为主的事挂虑,想怎样叫主喜悦;娶了妻的,是为世上的事挂虑,想怎样叫妻子喜悦。妇人和处女也有分别。没有出嫁的,是为主的事挂虑,要身体、灵魂都圣洁;已经出嫁的,是为世上的事挂虑,想怎样叫丈夫喜悦。"①因而在我看来,那些在此世不能克制自己的人应当结婚,因为如这位使徒所说的:"倘若自己禁止不住,就可以嫁娶。与其欲火攻心,倒不如嫁娶为妙。"②

11. 婚姻对这些人自己而言并不是罪。只是如果在婚姻与淫乱相比之下选择婚姻,岂不是显得婚姻也是罪,只不过比起淫乱来是小罪而已?然而使徒所说的话何其清楚,我们能拿什么话来反驳他呢?他说"她可以做自己想做的事,她若嫁人,也不是犯罪"③;又说:"你若娶妻,并不是犯罪;处女若出嫁,也不是犯罪。"④因而可以肯定,婚姻无罪,这一点不可怀疑。使徒不认为婚姻是"可宽恕的"事,谁能说,得了"宽恕"的人就没有犯罪,这岂不是荒谬至极?但他承认性行为是"可宽恕"的事,也就是不只是为了生儿育女,更是因为纵欲而发生的性行为,有时则根本不是为了生儿育女这个目的。不是婚姻迫使这样的行为发生,而是婚姻使这种行为获得宽恕。然而前提是它没有过分到妨碍应当为祷告留备的东西,也没有变成违背自然的逆性用处,使徒在论及不洁不敬之人的极端败坏时,对这个话题无法保持沉默。因为唯有为生儿育女所必不可少的性行为才是无可厚非的,唯有它本身是与婚姻相配的。那超出这种必然性范围的,就不再是听

---

① 《哥林多前书》7:29—34。
② 《哥林多前书》7:9。
③ 《哥林多前书》7:36。(和合本此节经文为:"若有人以为自己待他的女儿不合宜,女儿也过了年岁,事又当行,他就可随意办理,不算有罪,叫二人成亲就是了。"——中译者注)
④ 《哥林多前书》7:28。

从理性，乃是随从情欲。① 不过，这与婚姻的特点有关，不是一味强求，而是使它顺从配偶的要求，免得他行淫乱，犯大罪。但若是双方都被这样的情欲支配，那么他们所行的就完全不是婚姻之事了。然而，只要他们在纵欲行事时爱的是真诚的东西，而不是虚假的东西，也就是说是婚姻范围的事，而不是无关乎婚姻的事，那么根据使徒权威，他们也可得赦免。他们在婚姻里犯这样的错，但婚姻并不是唆使他们去行这样的事，而是恳请赦免这样的罪过，只要他们没有远离神的仁慈，能在某些日子禁欲，脱身出来祷告，通过这样的禁欲，如同通过禁食，使他们的祷告得到称赞；或者没有把顺性的用处变为逆性的用处，那样的事行在夫妻之间就更可恶了。

12. 那种顺性的用处，如果超出了婚姻之约，也就是不是为了生育，就妻子来说还可宽恕，妓女却是罪不可赦。而逆性的事，妓女行了是可恶的，妻子行了就更可恶。造主的法令是如此大能，世界的秩序是如此伟大，在允许我们使用的事上，就是超越了一定的限度，也远比那些不允许的事更可容忍，即使后者只是越过了一点点，甚至根本没有越过。因而，在允许的事上，夫妻之间缺乏节制②是可容忍的，免得情欲爆发演变成不允许的事。同样，频繁接近妻子的人远比偶然行淫乱的人罪轻。但是，人想要使用妻子的肢体，妻子却不从，这是比在别的女人身上遭到拒绝更羞愧的事。因为婚姻的装饰是贞洁的生育，顺服适度情欲的信约，这也是婚姻的功用，就是使徒想方设法捍卫的事物，他说："你若娶妻，并不是犯罪；处女若出嫁，也不

---

① 《罗马书》1：26、27。
② Saint Augustine, Treatises on Marriage and Other Subjects, p. 25 (Fathers of the Church, Inc.) 译为 immoderation。——中译者注

是犯罪。""让她做自己想做的事;她若出嫁,也不是犯罪。"①人在婚姻内即使是超过节制的界限②,要求过度的性行为,基于以上我所说的理由,也是可宽恕的。

13. 使徒说:"没有出嫁的,是为主的事挂虑,要身体、灵魂都圣洁",我们不可认为这话隐含这样的意思,一个贞洁(chaste)的基督徒妻子的身体是不圣洁的。对一切信主的人有话这样说:"岂不知你们的身子就是圣灵的殿吗?这圣灵是从神而来,住在你们里头的。"③因而,已婚者的身子也是圣洁的,只要他们彼此信守,并信靠神。这种圣洁,就是其中一方不信,也不能妨碍它,反倒从它得到恩益,妻子的圣洁使不信的丈夫受益,丈夫的圣洁使不信的妻子受益,使徒保罗就是见证,他说:"不信的弟兄就因着妻子成了圣洁,并且不信的妻子就因着弟兄成了圣洁。"④然而,未嫁娶的,其圣洁大过嫁娶的,因而其得到的奖赏也是更大的,一个是善,另一个是更大的善,因为她心里只有一个念头,就是怎样使主喜悦。倒不是说信主的妻子,保守婚姻贞洁的妻子就不挂虑主的事,不想怎样使主喜悦,而是说她肯定会想得比较少,因为她挂虑的是世上的事,想的是怎样使丈夫喜悦。使徒会这样说她们,在一定意义上,她们发现自己负有婚姻的义务,必须挂虑世上的事,思想怎样使丈夫喜悦。

14. 至于他这是指一切出嫁的女子,还是指非常多几乎可以认为是全部女子,这样的疑问并不是毫无道理的。因为他论及未嫁处女

---

① 《哥林多前书》7:28、36。
② Saint Augustine, Treatises on Marriage and Other Subjects, p. 16 (Fathers of the Church, Inc.) 译为 immoderate departure。——中译者注
③ 《哥林多前书》6:19。
④ 《哥林多前书》7:14。(和合本中"弟兄"译为"丈夫"。——中译者注)

所说的"没有出嫁的,是为主的事挂虑,要身体、灵魂都圣洁"①并不是指一切未嫁女子,有些寡妇好宴乐,就是正活着的时候也是死的。② 然而,未嫁娶的与已嫁娶的之间有一定分别,并且可以说,各有自己的特点。那不出嫁,也就是说,不行可行之事,却行各种过犯,奢侈、傲慢、猎奇、唠叨,这样的女人理应为人唾弃;而出嫁的女人只要顺服婚姻生活,没有别的念头,只想怎样使神喜悦,不以编发、黄金、珍珠和贵价的衣裳为妆饰③,而是通过有益的谈话,成为表里虔敬的女人,就很少会有人厌恶。这样的婚姻实在是使徒彼得的诫命里所描绘的。他说:"你们作妻子的要顺服自己的丈夫。这样,若有不信从道理的丈夫,他们虽然不听道,也可以因妻子的品行被感化过来,这正是因看见你们有贞洁(chaste)的品行和敬畏的心。你们不要以外面的编头发、戴金饰、穿美衣为妆饰,只要以里面存着长久温柔、安静的心为妆饰,这在神面前是极宝贵的。因为古时仰赖神的圣洁妇人,正是以此为妆饰,顺服自己的丈夫,就如撒拉听从亚伯拉罕,称他为主。你们若行善,不因恐吓而害怕,便是撒拉的女儿了。你们作丈夫的也要按情理和妻子同住,因她比你软弱,与你一同承受生命之恩,所以要敬重她,这样,便叫你们的祷告没有阻碍。"④这样的婚姻岂能不挂虑主的事,不思想怎样使主喜悦呢?但这样的婚姻实在不多,谁能否认这一点呢?因为它们确实很少,所以几乎凡是这样的人都不是为了成为这样的人才结合在一起,而是已经结合在一起之后成为这样的人的。

---

① 《哥林多前书》7:34。
② 《提摩太前书》5:6。
③ 《提摩太前书》2:8、9。
④ 《彼得前书》3:1—7。

15. 我们时代有什么样的基督徒摆脱了婚姻的束缚，有能力克制自己，拒斥性行为，认为现在不是"怀抱"之时，而是"不怀抱"之时，如经上所记载的①，不愿选择守童女或寡居的自制，宁愿（既然没有了对人类社会必尽的义务）忍受肉身的痛苦，没有肉身婚姻当然无从谈起（更不要说使徒所宽恕的其他事了）。但是当欲望作王时，他们应当联合在一起，才可能克服它，而婚姻的纽带一旦系上，就不可解除——当然不系是可以的。他们拥有彼此信守的婚姻，就要彼此协力上升到更高的圣洁程度；假若不是双方都能这样做，那么能做到的一方不能强求对方像他一样，而要顺服义务，在一切事上都遵守贞洁（chastity）而虔敬的和谐。但在那些时代，由于我们救恩的奥秘还隐藏在先知的圣礼里面，所以就是那些未进入婚姻的人，也出于生儿育女的职责订姻聘婚，这不是受情欲支配，乃是由虔敬引导，对他们来说，如果可以做出选择，有新约的启示里所给予的选择权利——主说"谁能领受，就可以领受"②，那么谁也不会怀疑，他们必会认真仔细地领会丈夫如何使用妻子的话，满怀喜悦地预备领受它。在那样一个男人可以娶几个妻子的时代，丈夫与多位妻子的关系也比现在与一位妻子的关系更贞洁（chastly），我们知道使徒准许这些人做什么事。③ 因为那个时代的人致力于生儿育女的事，不是"放纵私欲的邪情，像那不认识神的外邦人"④。这是多么了不起的一件事，就是今天对许多人来说也是如此，终身禁欲比较容易，而如果结合成婚姻，同时遵守只为生儿育女之故而行房事，那是比较困难的。诚然，我们

---

① 《传道书》3：5。
② 《马太福音》19：12。
③ 《哥林多前书》7：6。
④ 《帖撒罗尼迦前书》4：5。

有许多弟兄和朋友得了节欲的属天产业,无论是尝试过婚姻生活的,还是完全没有涉及性关系的,这样的人实在是数不胜数。然而,在我们与他们的亲密交谈中,我们可曾听到有谁,无论是那些现有家室的,还是曾结过婚的,向我们宣称除非为了怀胎生子的缘故,他从未与妻子同过房的?因而,众使徒都告诫已婚者,这是婚姻所当行的,但准他们行可宽恕的事,或者妨碍祷告的事,婚姻不是迫使他们行,乃是忍受。

16. 假设有这样的事(我不知道是否会发生,宁愿认为它不会发生,但万一发生),一个男人曾有一段时间与情妇苟合,他这样做必只是为了求子,但即便如此,仍然不能说这种苟合比婚姻可取,就是娶了行这种事的女子也比那样做好,因为这样的婚姻是可宽恕的。我们要考虑到什么是属于正当的婚姻,而不是注重这样的女子,因为她们缺乏对于婚姻应有的自制。①如果每个人都开始不当、无度地使用土地,尽管从他们的果子里拿出大部分作救济物,也不能因此证明这种掠夺行为是正当的。如果另一人出于贪婪,对自己所继承的或者其他合法得来的财产整天盘算,忧心忡忡,我们不能因此指责公民法为何使他成为合法的财主。一个暴君即使对臣民非常仁慈宽厚,也不能使他的暴虐悖逆的错误行为成为可称颂的;同样,即使暴君暴怒、残忍,也不能说王权的秩序是该诅咒的。显然,想要把不义的权利用到义上是一回事,想要利用正当权利干不当之事则是另一回事。因而所姘的情妇,即使是为了生子,也不能使她们的情妇身份成为合法的;明媒正娶的妻子,即使与丈夫荒淫过度,也不能说她们破坏了婚姻的秩序。

---

① Saint Augustine, Treastises on Marriage and Other Subjects, p. 30 (Fathers of the Church, Inc. 1955)译为 intemperately。中译文把 temperance 和 continence 都译为自制。——中译者注

17. 先是有人与人之间不当结合的婚姻出现，然后定出正当的法律，这是显而易见的。但在我们神的城里，就是从两人，男人与女人最初的结合起，婚姻就带着某种神圣的特点，婚姻一旦在这样的地方开始，就是永恒，除了一方的死，绝不会彼此分离。尽管若是确证双方或一方不能生育，借婚姻组织起来的家庭就无法存续，但婚姻的纽带始终存在。所以如今，当夫妇得知他们不会有孩子时，如果彼此分手并与另外人结合，即使是为了生子的缘故，也是不合法的。他们若是这样做了，就是和那些与他们发生关系的人通奸，因为原来的夫妻之间仍然存在夫妻关系。显然，在古代，妻子出于好意，纳另一女子，从她得子作为夫妻共同的孩子，这种行为借靠着一方的性行为和精子，但也出于另一方的权利和权力，这在列祖中间是合法的。至于现在是否还合法，我不想草率下论断。因为现在已经没有当时那种传宗接代的迫切需要，那时，即使妻子能生育，为了生育更多的子孙，再娶其他妻子也是允许的，而在今天，这当然是不合法的。各个时代有不同的特点，这种特点对各自时代当行与不当行之事具有巨大的影响力。如今人若不是情不自禁，难以克制，就不娶妻，这是更值得赞美的行为。而那时，就是娶好几房，也无可指责。其实就那些人来说，若不是那个时代虔敬对他们有另外的要求，他们完全可以克己禁欲。正如智慧的义人（保罗），情愿离世与基督同在，认为这是好得无比的，但他还是选择进食，以便在肉身里活着，这是为他人使用所必不可少的，这不是出于活在此世的欲望，乃是出于尽职，于人有益的职责。同样，对古代的圣人来说，行婚姻之事与女子同房，不是出于情欲，乃是出于职责。

18. 食物是人维持生命的必需品，性交是人类繁衍生息的必须行为，两者不是没有一点肉体愉悦，但这种愉悦被降低，通过克制降低到本性之用，而不能变成情欲。①但是，为维系生命有时会吃一些不当食物，为求家族繁衍也会行不当性事，就是淫乱或通奸。不当食物是肚腹与咽喉的奢侈，不当性行为是出于情欲，不是为了家族。正如有些人过分贪吃的食物仍属于合法食品，同样，夫妻之间的过分性行为仍属于可宽恕之事。同样，与其吃拜偶像的食物，不如饿死；与其为传宗接代行不当性事，不如至死膝下无子。但人不论是生于何等家庭，只要不跟从父母的恶，正当拜神，都应该是正直而可靠的。因为人的精子，不论出于怎样的人，都是神的造物，尽管有些人使用不当，把结果弄得很糟，但它本身在任何时候都不是恶。不过，正如通奸者的好子女无法为通奸者辩护，同样，结婚者所生的恶子也不能指控婚姻本身是不当的。正如新约时代的先祖出于维生之需进食，虽然进食时有肉身上的自然愉悦，但绝不能与那些贪吃祭献之食的人的愉悦，或者那些虽然吃洁净之食，但不守节制②的人的愉悦相提并论。同样，旧约时代的列祖出于维系种族的职责而同房，然而他们的本性之乐绝不会放任到不合理、非正当的情欲，不能与可恶的淫乱或者夫妻的纵欲相提并论。诚然，借着同样仁爱的帕子，现在是灵，那时是肉体，为母亲耶路撒冷生子是一项职责，但不同的列祖之所以有不同的工作，这只是时代的不同要求而已。因而，就是先知，虽然不是按肉体生活，也必须按肉体结合在一起；就是使徒，虽然不是按肉体生活，也当按肉体的需要进食。

19. 如今同样有很多女子，经上的话对她们说："倘若自己禁止不

---

① 《订正录》(*Retract*) b. ii. c. xxii. 2. "这意味着只要对情欲正当使用，恰到好处，它就不再是情欲，正如恶意利用好事是恶，同样，好意利用恶事就是好的。"
② Saint Augustine, Treastises on Marriage and Other Subjects, p. 33（Fathers of the Church, Inc. 1955）译为 immoderately。——中译者注

住，就可以嫁娶"①，这样的女子不可与那时的圣洁女子相提并论，即使是出嫁的。诚然，婚姻本身在一切民族中都是为了同一个目的，即生儿育女，不论后来的婚姻具有什么特点，它本身就是为了这样的目的建立的，好叫子孙后代出生在适宜而正当的秩序之中。男人若是情不自禁，就真诚地娶妻结婚，可以说，这是上升到婚姻。而那些敬虔的人，毫无疑问能够自禁，但由于时代的需要，就在一定程度上下降到婚姻。由此说来，这两种婚姻，就它们是婚姻来说，因为都是为了生育，都同样是好的。但这些结婚的人不能与那些娶妻的人相提并论，因为这些人有准许做的事，就是允许有超出生育目的的性行为，这是由于婚姻是正当的，但不是婚姻所固有的。即使现在能够偶然发现，有人在婚姻里除了行婚姻固有的行为之外，既不追求也不向往其他任何事，他们也不能与那些人相提并论。因为在这些人，求子的欲望是属肉体的，但在那些人，这种欲望是属灵的，它适应当时的圣礼。如此，凡是在敬虔里得完全的人，没有人去求子，除非在属灵的意义上；但那时，即使在属肉体的意义上生子，也正是虔敬本身的工作，因为那个民族的生育充满着将来之事的标记，与所预言的神意内在相关。

20. 当然不能由此说，男人可以有几个妻子，女人也可以有几个丈夫，以防万一女人能孕，男人却不育，甚至出于家庭之故也不可以这样。显然不能这么说，因为根据一条神秘的自然律法，居首位的事物喜欢是独一的，而顺服在下的，不仅可以是一，即一对一，如果自然秩序或社会秩序允许，也可以是多，即一对多，这样并不是不能成就美。比如没有一个奴仆有多个主人的，唯有一个主人有多个奴仆

---

① 《哥林多前书》7：9。

的。因而我们不曾读到有圣洁女人同时事奉两个或更多丈夫的,我们所读到的是,在那个民族的社会环境允许,时代目标要求时,有多个女子事奉一个丈夫,因为这并不与婚姻的本性相悖。我们知道,多个女人都可以从一个男人怀孕,但一个女人不可能同时从多个男人怀孕(这是居首位之事物的权能);就如多个灵魂可以同时顺服一位神,一个灵魂却不能顺服多个神。因而,灵魂唯有一位真正的神,若有多个神,那就是假神,灵魂就可能行淫乱之事,但这样的事不会有结果,只能是徒劳。

21. 但将来要从众多的灵魂中出现一个城,在这城里,唯有一心一意①专对神的,那就是完成在异地他乡的这种旅行之后,我们众人合一的完全状态,届时,众人的思想不会彼此隐藏,任何问题也不会相互对立。在这个意义上,我们时代的婚姻圣礼已经归结到一夫一妻,因为能得任命做教会的监督的,唯有只作一个妇人的丈夫的人②,否则就是不合法的。有些人的观点更尖锐,他们认为,在作慕道友或异教徒时有第二个妻子的人也不可任命。③ 但这是圣礼问题,不是罪的问题。在洗礼中,一切罪都已经除去。使徒既说"你若娶妻,并不是犯罪;处女若出嫁,也不是犯罪"④,又说"她可以做想做的事,若是出嫁,不算犯罪"⑤,就非常清楚地表明,婚姻不是罪。只是由于圣礼的圣洁,作为一个女人,虽然是在作为慕道友时遭受了强暴,但洗礼后仍然不可能祝圣为属神的童女。所以,规定娶妻

---

① 《使徒行传》4:32。
② 《提摩太前书》3:2。
③ 《提多书》1:6。
④ 《哥林多前书》7:28。
⑤ 《哥林多前书》7:36。(和合本此节经文为:"若有人以为自己待他的女儿不合宜,女儿也过了年岁,事又当行,他就可以随意办理,不算有罪,叫二人成亲就是了。"——中译者注)

数目超过一的人不可作监督,这一点也不荒谬,并不是他犯了什么罪,乃是他失去了某种圣礼——不是良善生活所必不可少的,而是传道的任命仪式所特有的记号——所规定的法则。因而,古代列祖的多妻指明我们将来天下的各教会都要顺服一个丈夫——基督,同样,我们的大祭司,只作一位妻子的丈夫,也表明万民的合一,顺服于一位丈夫——基督,到那时,主要照出暗中的隐情,显明人心的意念;到那时,各人要从神那里得着称赞。① 现如今,争执四起,有些显明,有些隐藏,就是在彼此相爱,要结合为一,在一中联合的人之间,也难免会引起争执;到那时,这一切必然毫无立足之地。因而,那个时代一夫多妻的婚姻圣礼表明了众多人要在此后顺服于地上万民之神,同样,我们时代一夫一妻的婚姻圣礼也表明我们众人要合一顺服于神,此后要在同一个属天的城里。因而事奉两个或多个,从而离开还活着的丈夫与别人结合,这在那时是不合法的,在现在也不合法,将来永远都是不合法的。无论如何,背弃独一神,迷信另一神,这永远是一种恶。因而,我们的圣徒们甚至没有为了更多人口做据说罗马人加图(Cato)所做的事②,即在有生之年抛弃自己的妻子,去另一人的家里增丁添子。实在的,在一夫一妻的婚姻里,这圣礼的圣洁比生养众多子孙还要有效。

22. 其实,就是那些只是出于生育的目的——婚姻制度就是为这样的目的建立的——联合成婚姻的人,也不能与列祖相提并论,因为列祖求子孙是以一种完全不同的方式求的。就如亚伯拉罕,虽然受命杀死自己的儿子,却仍无惧、敬虔,不爱惜自己的独生子,这儿子可

---

① 《哥林多前书》4:5。
② Cato minor, cf. Plutarch. p. 771.

是在他极端绝望时领受的，只为他能保存自己的血脉；当他按照神的命令把独生子献上时，神又阻止了他。这故事留给我们的思考是，我们，至少我们中间克制守节的人，是否可以与那些娶妻的列祖相提并论。也许有人能胜过他们，但迄今为止我们还没有看到有这样的人能与他们相媲美的。因为在他们的婚姻中有一种更大的好处，是婚姻本身所没有的；婚姻本身的好处，与自制的好处相比，毫无疑问后者更可取。但他们从婚姻求子不像现在的人那样是出于义务，而是由于对必死的本性有一定认识，所以要求香火延续，以免人类灭绝。谁若不承认这是善的，就是对神——一切良善之物的造主，从天上之物到地上之物，从不朽之物到可朽之物的造主一无所知。若不是出于这种生育意识，连兽类和大部分鸟类也不会合在一起。讲到鸟类，我们立即想到它们对筑巢的精心，以及与婚姻的某种相似性，合在一起乃是为了生育和哺养。当然，那些人的思想要圣洁得多，远远超越于可朽者的这种情感，除了对神的敬拜之外，还有贞洁本身，如有些人所理解的，最初结出果子是三十倍。他们为基督的缘故结婚生子，以便把肉身属神的民与其他民区分开来，甚至神自己也喜悦地命令说，这民在其他民之上，要应验关于他的预言，因为关于将来道成肉身时他要成为哪一民、哪一国的肉身，都已作了预言。因而这是比我们中间的信徒的贞洁（chaste）婚姻更大的益处，先祖亚伯拉罕在自己的腿股里就知道这一点，他命令仆人把手放在那里，好叫仆人就他儿子要娶的妻子发一个誓。把手放在某人的腿股下，以天上神的名义发誓①，他这样做，不就是表明天上的神将成为那肉身，将从那腿股出来吗？因而婚姻是好的，而已婚的人，只要他们以更大的贞洁和忠心敬畏神，那

---

① 《创世记》24：2—4。

便是更好的，尤其是他们按肉身欲求的众子，若能按圣灵来养育，就更是如此了。

23. 尽管律法规定男人与妻子行房事之后要洁净自身，但这并不表明这行为是罪恶的，除非原本允许的事借着宽容变本加厉，成为阻碍祷告的事。然而，由于律法规定了许多圣礼里的事，和将来之事的影子，就如同无形无状的精子，一旦得到形式就会发育成人的形体，这精子所意指的就是无形体而未开化的生命，人应当借形式和丰富的教义脱离这种无形状态，所以律法规定遗精之后要洁净，作为这种脱离的记号。同样，睡眠中发生这样的事也不是罪，但律法也规定梦中遗精之后要洁净。倘若有人认为这应当是罪，认为若不是出于某种情欲（毫无疑问是错误的），就不会遗精，那么请问，难道妇女的月经也是罪吗？不然，该古老的律法为何规定，要她们赎罪以洁净经血？这唯一的原因只能是，受孕之后，无形的质料本身就开始协助孕育身体，但在它未得形式、任意流淌时，律法拿它比喻为没有形式规范的灵魂，不适当地流淌，毫无约束。所以，它规定身体的这种血流要洁净，意指无形的东西应当接受形式。最后，什么？死，这难道也是一种罪吗？或者埋葬死者，这难道不是仁慈的好行为吗？但就是关于这些情形律法也规定要洁净，当然不是因为它们是罪，死尸本身，虽然生命离开了它，但并不是罪恶的，律法只是拿它表示被义抛弃的灵魂是罪恶的。①

24. 我说，婚姻是善的，并且也许有充足的理由驳斥一切污蔑中伤。但我要问的不是什么样的婚姻，而是什么样的自制，能与圣洁列祖的婚姻相提并论，或者毋宁说，这不是婚姻与婚姻相比，因为对所

---

① 《民数记》19：11。

有必死的人来说，婚姻是任何情况下都同等的恩赐，但使用婚姻的人，就我所看到的，没有一个能与那些在另一种属灵的意义上使用婚姻的人相提并论，所以我们必须探讨是否有什么克制守节的人能与那些已婚的人相媲美。我看，除非亚伯拉罕不能为了天国的缘故守节不娶（否则，没有人能与他媲美），然而，他为了天国能够无畏地舍弃自己的独生子，而婚姻正是因为子孙的缘故才为人所求！

25. 自制实在是一种美德，不是身体的，乃是灵魂的。灵魂的美德有时显明在作为中，有时隐藏在习惯里，如殉道的美德，就是通过忍受苦难闪现出来的。然而，有多少人虽具备这种心灵上的美德，却是没有经历磨难的？那些隐藏在里面的，存在于神面前的，唯有借着磨难才能在人的面前显现出来，不是为了叫人存在，只是为了叫人知道。约伯已经大有耐心，神原是知道的，也为此作了见证，但要成为人所知的，则要借着磨难的试探①；隐藏在里面的东西就是还没有产生、只是借着那些从无创造出来、显现在人面前的事物表现出来的东西。同样，提摩太肯定有戒酒的美德②，所以保罗不是叫他不要喝酒，而是建议他稍微用点酒，"因你胃口不清，屡次患病"，否则，他就是教他非常糟糕的做法，为了身体的健康，就会丧失灵魂的美德，但因为他的建议与那种美德无损，自制的习惯始终保守在他的灵魂里，所以喝酒对身体唯有产生好处。正是因为有了这样的习惯，什么时候有需要，什么时候事就成；事若不成，那就是没有需要。然而，这样的习惯，也就是禁欲不行性事的习惯，他们没有，所以经上有话对他们说："倘若自己禁止不住，就可以嫁娶。"③但有这种习惯的

---

① 《约伯记》1：8。
② 《提摩太前书》5：23。
③ 《哥林多前书》7：9。

人，经上另有话对他们说："谁能领受，就可以领受。"①也就是说，完全的心可以使用地上的事物，这是实现目的所必不可少的手段，但应当养成这种自制的习惯，免得受制于地上的事物，好叫它需要的时候使用它们，一旦不再需要，就能弃之而去。人若没有能力使用它们，就不可能把它们用到善上。对许多人来说，干脆禁欲，不行性事，倒更容易一些，而既要使用它们，又要克制，用得恰到好处，恐怕就比较难了。但人若不能克制地使用它们，也就不可能明智地使用它们。论及这种习惯，保罗也说："我知道怎样处卑贱，也知道怎样处丰富。"②忍受缺乏、卑贱诚然是所有人必不可少的能力，但知道怎样忍受卑贱却是伟人才有的能力。同样，处丰富，谁不能呢？但唯有那些不为丰富所败坏的人才知道怎样处丰富。

26. 为了更清楚地说明美德即使不在作为中也仍然保留在习惯中，我举个例子，这个例子没有哪个大公教会的基督徒会有怀疑。我们的主耶稣基督在真实的肉身里感到饥渴，真实地吃喝，凡是信主的，没有谁会怀疑这是福音书真实的记载。那么，施洗约翰所有不吃不喝的禁食美德，在主却没有，这是怎么回事呢？"约翰来了，也不吃，也不喝，人就说他是被鬼附着的；人子来了，也吃也喝，人又说他是贪食好酒的人，是税吏和罪人的朋友。"③对我们的列祖，主家里的人，就他们以另一种意义使用属地之事物，即性行为来说，人岂不是会对他们说同样的话吗？——"看，淫乱不洁的人，贪恋女人、情妇的人。"但在主，尽管他确实没有像约翰那样也不吃，也不喝的，但他不是贪食好酒的人，他自己说得非常清楚而明确："约翰来了，也

---

① 《马太福音》19：12。
② 《腓立比书》4：12。
③ 《马太福音》11：18—19。

不吃，也不喝；人子来了，也吃也喝"。同样，这些列祖也不是这样的人，虽然现在来了基督的使徒，也不婚，也不育，教外人都说他是巫师；而那时有基督的先知，也嫁娶，也生子，摩尼教徒说他是贪恋女人的人。然而主说："智慧之子，总以智慧为是。"①他们不明白，禁欲的美德应当存在于灵魂的习惯之中，只是根据不同时代的不同时机，才通过行为表现出来。就像圣殉道者的忍耐美德也表现在行为中，但其他同样圣洁的人的忍耐则保守在习惯里。因而，虽然彼得忍受了痛苦，而约翰没有，但他们的忍耐美德并无不同。同样，约翰没有尝试婚姻，亚伯拉罕结婚生子，但他们禁欲功绩并没有什么不同。因为不论是前者的独身，还是后者的婚姻，都是战士对基督的侍奉，只是时代不同，所分派的形式不同而已。当然，约翰的禁欲还表现在行为上，而亚伯拉罕的保守在习惯中。

27. 因而，那个时代，律法——一直延续到宗主教（Patriarchs）时代都如此——规定②，不在以色列中生育后代的，要受诅咒，甚至能生育但没有生育的人也要受诅咒。但自从时候满足③之时——那时可以说"谁能领受，就可以领受"④——以来，直到现在，从现在直到末了，谁若愿意，就作为；谁若不愿意作为，就不要说谎言，说他愿意。有些人怀着虚枉徒劳的诡计，用滥交来败坏善行⑤，他们用这种方式对守自制、拒婚姻的基督徒说，那么，你有什么比亚伯拉罕更好的呢？但请他不要一听到这话就感到不安；他既不可放胆说"更好"，也不可迷失自己的方向，因为他若说自己更善，那不符合事实，

---

① 《马太福音》11：19。
② 《申命记》25：5—10。
③ 《加拉太书》4：4。
④ 《马太福音》19：12。
⑤ 《哥林多前书》15：33。

他若迷失方向就是没有行正当之事。他应当说，我确实没有什么比亚伯拉罕更好的，但独身的贞洁比婚姻的贞洁更善；亚伯拉罕使用了一种贞洁，同时保持着两种贞洁的习惯。他在婚姻里保持贞洁状态，而且他有能力守独身不娶的贞洁，但按那个时代的要求，他不能这么做。亚伯拉罕得使用婚姻，而我可以比较自在地选择独身，不使用婚姻，因而我比那些因心灵放纵无法像我这样做的人更好；但不比那些由于时代的需要没有像我这样做的人更好。因为我现在所做的，他们那个时代若是也可以做，就完全可能比我做得更好；而他们所做的，即使现在的情形下可以做，我也不会去做。或者，如果他感到并知道（自制的美德一直保守在他心灵的习惯里，以防出于某种宗教职责的需要，他得屈尊使用婚姻），自己要成为这样的丈夫，这样的父亲，就像亚伯拉罕那样，那他就要勇敢地对爱找岔子的提问者给予清楚的回答，说，我确实没有在自制这种美德上胜过亚伯拉罕，因为他并非没有这种美德，只是没有表现出来而已，而我也并非拥有他所没有的美德，只是行出了他所没有行出的事。他应当这样明确地说出来，就算他想要夸口，也不会成为傻瓜，因为他说的是实话。但他若禁止不说，恐怕有人把他看高了，过于在他身上实际看见听见的①，那他就该从自己身上除去问题的症结，并且不是就人，而是就事情本身回答说，谁若有这样大的能力，就像亚伯拉罕一样了。当然情形也可能是这样，亚伯拉罕使用了婚姻，他没有使用婚姻，他心里的自制美德倒是小的；使用婚姻但坚守婚姻之贞洁的，心里的自制美德反而是大的。同样，那未出嫁的女子，所挂虑的是主的事，要身体、灵魂都圣

---

① 《哥林多后书》12：6。

洁①，当她听到那无耻的质问者说，什么，那么你比撒拉更好吗？她就当坦然回答说，我比那些没有自制美德的人要好，而撒拉，我相信绝不缺乏这样的美德；她按那个时代所需要的方式坚守这种美德，而我不受那个时代制约，所以她在心里保守的美德，我还在自己的身体上行将出来。

28. 我们若是拿事情本身来比较，那绝不会怀疑自制的贞洁比婚姻的贞洁更好，当然两者都是好的；但我们若是比较个体的人，那么有大善的人比有小善的人更好。再说，有大善的人，也应当有小善，而只有小善的，肯定没有大善。比如，六十当然包括了三十，但三十并不包括六十。人所拥有的美德并一定行出来，不是因为缺乏美德，而是因为不同职责的分派；没有找到可怜的人好让他给予仁慈的帮助，这不能说他没有仁慈的美德。

29. 还可以进一步说，在人与人之间比较某一种善是不恰当的。因为可能出现这样的情形，此人有这个，彼人没有这个，却有另一个，并且是被敬为更有价值的。顺服之善比自制之善更好。因为我们的圣经权威没有一处责备过婚姻，但对不顺服，却没有一处宣告它是无罪的。如果我们面前有这样两个人，一个准备永远不出嫁，做处女，但悖逆，而另一个出了嫁，不再是处女，但顺服，那么我们该说哪个更好呢？我们岂不会说，如果后者是处女，就更值得赞美，前者尽管是处女，却是该责备的？同样，如果拿醉酒的处女与持重的妻子作比较，谁会说判决不是同样的？实在的，婚姻与童贞都是善，只是一个更大；而持重与醉酒，以及顺服与顽梗，一个是善，一个是恶。只要拥有的都是善，就算是较小的善，也比大善与大恶一并拥有更

---

① 《哥林多前书》7：34。

好。就身体的益处来看，宁愿做个子矮却健康的撒该，不要做魁梧却患热病的歌利亚（Goliah）①。

30. 显然，正确的做法不是拿各方面悖逆的处女与顺服的妻子相比，而应当是拿不很顺服的与非常顺服的相比，因为婚姻的顺服也是童贞，因而也是善，只是比起童贞的贞洁（virginal chastity）稍逊一筹。比如，有两个人，一个在顺服之善上大大不如另一个，但在贞洁之善上大大超过另一个，拿他们比较，叫人判断哪个更可取。那么判断者首先就会拿贞洁本身与顺服相比，因为他知道顺服在一定意义上是一切美德之母。因而，出于这样的原因，就可能会有无童贞的顺服，因为童贞是属于忠告的事，不是诫律所要求的。而顺服，我称之为遵守诫律的基础。因而，可能有顺服诫律但不守身的人，这样的人并非没有贞洁。因为顺服诫命，不去行淫乱之事，不犯通奸之罪，不被任何不法性行为玷污，这都是与贞洁相关的；凡不遵守这些事的，就是悖逆神的诫命行事，那就完全丧失了顺服这种美德。但也会有守贞洁却不顺服的，因为女人有可能接受守童贞的忠告，坚守童贞，但怠慢律令，我们甚至知道许多处女多嘴多舌、爱管闲事、醉酒、好打官司、贪婪、傲慢，所有这些都是与律令背道而驰的必致死，甚至夏娃本人，也被悖逆之罪杀死。因而，不仅顺服比悖逆可取，而且顺服的妻子也比不顺服的处女可取。

31. 那位先祖并非没有妻子，但正是出于这样的顺服预备失去独生儿子②，并要亲手杀死他。我称他为唯一的儿子并不是没有正当理

---

① 《撒母耳记上》中记载的非利士族巨人，为大卫所杀。——中译者注
② 《订正录》第2卷第22章第2节，"我不太赞成这样的说法；因为我们更应当相信，他其实相信儿子将复活，回到他身边，如我们在《希伯来书》里所读到的。"

由的，先祖听到主这样对他说："从以撒生的，才要称为你的后裔。"①既然他接受这样的命令，那么多久之后他又会听到另一个命令说，他甚至要失去妻子？所以我们有理由时常这样思考，有些夫妻，禁行一切房事，以如此大的热情接受不再使用允许之事的忠告，却在守诫律上疏忽大意，心不在焉。我们时代的男男女女有谁能与那些圣洁的列祖列宗生育子孙的美德相提并论呢？即使前者禁行一切性事，在顺服美德上仍是稍逊一筹的，即使前者在行为中显明出来的美德，那些人并没有在心灵习惯里坚守，他们也是胜人一筹的。因而让这些人跟从羔羊，男子唱着新歌，如《启示录》里所记载的："这些人未曾沾染妇女"②，唯一的原因是他们始终是童身。但这些人也不可因为列祖按照婚姻的样式使用了婚姻（可以这么说），而自己始终是童身，就自认为比他们更好。就使用婚姻来说，如果借着性行为出现了超出生育之必需的事，那么虽然在一定意义上这是可宽恕的，却已经有了污秽；如果超越行为根本没有引起任何污秽，那又何必宽恕赎罪呢？如果跟随羔羊的男子没沾染任何污秽，那么他们若不始终是童男，岂不显得奇怪。

32. 因而，全世界全人类的婚姻的益处在于生育，以及对贞洁的信守。但就属神的百姓来说，还在于圣礼的圣洁，据此，妻子就是被休之后，只要丈夫还活着，就仍然不可以离弃丈夫嫁与别人为妻，即使出于生育的目的也不可这样做。而生儿育女仍是婚姻发生的唯一原因，即使婚后没有生育，也不能解除婚姻的纽带，除非丈夫或妻子死了。同样，如果出于组建会众的目的举行了牧师受职仪式，那么即使

---

① 《创世记》21：12。
② 《启示录》14：4。

没有把人组织起来，接受任职仪式的人仍然保留了受职圣礼；如果因为犯错，职位被革除，他也不是没有主的圣礼，因为这是一次性的、终身的圣礼，尽管他还要进而被定罪。因而婚姻是为了生儿育女而发生，使徒为此作了见证，他说："我愿意年轻的寡妇嫁人。"然后就好像有人询问他"为什么？"他接着说："生养儿女，治理家务。"①而以下的话是关于圣洁的信约的，"妻子没有权柄主张自己的身子，乃在丈夫；丈夫也没有权柄主张自己的身子，乃在妻子。"②关于圣礼的圣洁又另外有话说："妻子不可离开丈夫，若是离开了，不可再嫁，或是仍同丈夫和好。丈夫也不可离弃妻子。"③因为婚姻是好事，所以所有这些都是好事：子孙、信心、圣礼。但如今，在这个时代，不是追求属肉体的子孙，乃是借此获得某种永久的自由，摆脱这类事，按照属灵的方式顺服于唯一的丈夫基督，可以肯定，这是更美好，更圣洁的。也就是说，只要人使用自由得当，如经上所说的，是为主的事挂虑，想怎样叫主喜悦④；也就是说，任何时候都只想着那样的自制，任何事上都不缺乏顺服。这种美德，作为美德的根基和摇篮（如人们习惯称呼的），显然是普遍存在的，是古代的圣先祖践行的，而禁欲自制则是他们守在心里的习惯。他们借着顺服成为义的和圣洁的，出于这样的顺服，甚至预备行各样善事，即使受命禁行一切性行为，也照样遵行不误。对他们来说，只要神一声命令，一个告诫，出于顺服甚至能够杀死自己的独生儿子，而他们使用性事的唯一动机就是生育这样的儿子。既然如此，那么神若说不可使用性行为，他们要做到又是何等

---

① 《提摩太前书》5：14。
② 《哥林多前书》7：4。
③ 《哥林多前书》7：10—11。
④ 《哥林多前书》7：32。

容易呢？

33. 这样的例子足以回答那些异端了，不论他们是摩尼教徒，还是其他错误地指责旧约圣经里的列祖的人，说他们娶了好几个妻子，认为这是表明他们放荡的证据。我们要让这些异端分子知道，那根本不是罪，既不违背本性，因为他们使用那些女子不是为了放任欲望，而是为了生儿育女；也不背离习俗，因为那时这种做法是通行的；也不违反律令，没有任何法律禁止他们这样做。而如果不当使用女子，那些经书里就有神圣句子审判他们，或者整个文本都要把他们放在我们面前，定他们的罪，叫我们避而远之，不可与之同流合污。

34. 对于我们中那些娶了妻的人，我们极力建议，不可用他们自己的软弱来论断圣洁的列祖，如使徒所说的，他们自己度量自己，用自己比较自己①，因而不明白灵魂具有多大的力量，事奉公义，拒斥私欲，不接受诸如此类的属肉体的念头，或者容忍它们滋长、超越生育之界限，恣情纵欲，超越自然的秩序、习俗的做法及律法的规定。正是出于这样的原因，人才对那些先祖生出这样的怀疑，因为他们自己是出于纵欲才选择婚姻，就是在使用妻子上毫无自制。然而，让自制的人，不论是死了妻子的男人，还是死了丈夫的妻子，或者夫妻双方彼此同意，发誓向神守节，知道对他们实在有比婚姻贞洁所要求的更大的报偿。但就圣先祖的婚姻来说，因为他们是照着预言的方式结合的，根本不追求性行为本身，只是为了求子；其实也完全不是为了子孙本身，而是为了推进此后基督在肉身里的到来，所以人不仅不可以根据自己的目的鄙视他们，而且要毫不犹豫地认为他们比他自己的目的更好。

---

① 《哥林多后书》10：12。

35. 我们首先要告诫真正童贞、献身于神的童男童女，要注意必须同时以极大的谦卑保护他们在地上的生命，知道他们所发誓的东西有多少是属天上的。因而经上有话说："不论你有多大，都要在一切事上多降卑自己。"①论说他们的伟大是我们的事，他们自己则应心存大谦卑。因而，除了某些人之外，那些圣洁的先祖虽然嫁娶，却比这些没有嫁娶的人更善，所以，这些没有嫁娶的人如果嫁娶，那就更加不能与之相提并论了。但是他们可以相信，他们在自制美德上超越于这个时代的其他人，不论是嫁娶了的人，还是尝试过婚姻的人；不是亚拿对苏珊娜的那种超越，而是马利亚对她们两人的超越。我是在说与肉体的圣洁本身相关的东西，谁不知道，马利亚所有的不就是这样的美德吗？因此让他们在这个高尚的目标之外再加上适当的行为，好叫他们确确实实地拥有胜过一切的奖赏。要知道这样一个真理，他们以及一切忠心的，主所爱的，被拣选的基督的肢体，有些从东边来，许多从西边来，虽然各人所做的工不同，彼此闪耀的荣光也不同，但这伟大的恩赐要同样地给予他们，叫他们在天国里与亚伯拉罕、以撒和雅各一同坐席。②亚伯拉罕、以撒和雅各作丈夫和父亲，不是为这个世界，乃是为基督。

---

① 《便西拉智训》3 章 18 节。
② 《马太福音》8：11。

论圣洁的童贞

《订正录》第二章第二十三节:"我写完《论婚姻的益处》之后,又希望我写论圣洁的童贞的文章,我不敢怠慢。我能完成此文,正是出于神的恩赐,这是多大的恩赐,又是以怎样的谦卑看护的恩赐。"

1. 我们刚刚出版了一册《论婚姻的益处》,在文中我们告诫过、现在再次告诫基督的童女,不可基于她们所领受的更大恩赐,自己与自己比较,轻看神的子民的先父先母;不可因为那些人①(使徒比喻为橄榄,说嫁接的野橄榄不可夸口)事奉的是将来要到来的基督,为此甚至生儿育女,就认为他们的功德不如自己。虽然按照神圣权利来说,守节比嫁娶更好,敬虔的童贞比婚姻更好,然而我们要知道,原来在他们里面预备并孕育着将来之事,如今我们看到,这些事令人惊异而卓有成效地应验了;他们的婚姻生活也是预言性的,因而不是出

---

① 《罗马书》11:17、18。

于人习以为常的愿望和快乐，而是出于神深奥的旨意，在有些人，多子多孙的得荣耀，在另一些人，不孕不育的也能为人父母。但在这个时代，对那些经上有话对他们说"倘若自己禁止不住，就可以嫁娶"①的人，我们不可使用安慰，而要用劝勉。而对那些经上所说的"谁能领受，就可以领受"②的人，我们既要劝勉他们不必惊慌，也要警告他们不可自傲。因而我们不仅要提倡童贞，叫人爱它，而且必须告诫它，免得它自高自大起来。

2. 这就是我们本文要讨论的问题。愿基督帮助我们，他是童女所生的圣子，是童女的配偶，从肉身说，是从童女的肚腹出生，从圣灵说，是融入了童贞的婚姻（virginal espousal）。可以说，教会本身就是一位童女，配与唯一的丈夫基督③，如使徒所说；整个教会在信心里保守这一点，而它的肢体就是在肉身里也保守，所以，这样的肢体该得多大的荣耀啊！教会效仿她丈夫的母亲，也就是她主的母亲。其实，教会既是一位母亲，也是一位童女。她若不是童女，我们寻求的又是哪位童女的纯洁？她若不是母亲，我们又讨论谁的子孙？从肉身讲，马利亚生了这身体的头，从圣灵说，教会生了这身体的肢体。无论从哪个意义上讲，童贞都没有妨碍生养，生养也没有取消童贞。因而，整个教会在体上和灵上都是圣洁的，只是就童女来说，唯有在灵上是童女，在体上不是。它若是在体上和灵上都是童女，那它在这些肢体上该会有多么圣洁呢？

3. 按福音书的记载，当有人告诉基督说，他的母亲和弟兄，也就是他属肉身的同胞，站在人群外面，要与他说话时，他却回答说："谁

---

① 《哥林多前书》7：9。
② 《马太福音》19：12。
③ 《哥林多后书》11：2。

是我的母亲？谁是我的弟兄？"就伸手指着门徒说："看哪，我的母亲，我的弟兄。凡遵行我天父旨意的人，就是我的弟兄、姐妹和母亲了。"①这话教导我们的，不就是说，我们按照圣灵的出身比由肉身而来的血缘更重要吗？人不是因为与公义、圣洁的人有血缘关系而得福，而是由于他们顺服、遵从，在言行上信靠主才蒙福。因而马利亚领受了基督的信，比她生育了基督的肉身更有福。对有人所说的"怀你胎的和乳养你的有福了"，他亲口回答说："是，却还不如听神之道而遵守的人有福。"②他的弟兄，也就是他肉身上的同胞，若不相信神，那么那种血缘于他何益呢？同样，马利亚若不是在她心里按一种比在她肉身上更有福的方式生育了基督，她作为母亲的身份与她也不会有任何益处。

4. 因而，她的童贞也是更为神所悦纳的，因为不是基督怀在她体内，预先救她脱离可能会违背童贞的丈夫，亲自保守它，相反，在她还未怀他之前她就选择了童贞，献身于神，这才是她受孕怀他的原因。这可以从马利亚回答天使的话里体现出来，当天使宣告她要怀孕生子时，她对天使说："我没有出嫁，怎么有这事呢？"③她若不是先前早就向神发誓作童女，又怎会说出这样的话。只是由于以色列人的习惯里还没有这种做法，所以她被许配给一个义人，他不会用暴力夺走她早已发过誓的东西，反而会保护她免受残暴的人伤害。但是，倘若她出嫁的目的是为了行性事，即使她只说"怎么会有这事呢？"而没有说"我没有出嫁"，也肯定不会问，她作为一个女人，如何会生育所应许的子。神也完全可以命令她继续守身做童女，好叫神子在她里面

---

① 《马太福音》12：46—50。
② 《路加福音》11：27—28。
③ 《路加福音》1：34。

以适当的神迹接受仆人的样式,但她作为圣洁童女的典范,甚至没有性行为就得以受孕,为防止有人以为唯其如此她必须成为童女,所以在她还不知道自己会怀什么胎之前,就已经将自己的童贞献给了神,好叫在属地的、必死的身体上效仿天上生命是出于誓言,而不是出于命令,是由于选择的爱,而不是事奉的必然性。因而,生育基督的童女既在还不知道自己要生育谁之前就已经立意守身,生于这样的童女的基督就决定赞美圣洁的童贞,而不是命令人守这样的童贞。因为就是他在其里面取了仆人之样式的女子本身,他也希望她的童贞是出于自主,不是强迫的。

5. 因此,神的童女没有任何理由忧愁,因为她们是自己守童贞,不可能成为肉身之母。童贞所能生出的,唯有带着独特属性的主,他的出生无可比拟。然而,这位圣洁的童女生育了主,这种生育是一切圣洁童女的装饰,她们与马利亚一起全是基督的母亲,只要她们遵行他天父的旨意。马利亚也因这样的原因是基督的母亲,享有更完全的赞美和祝福,如以上提到的他自己的话所表明的。"凡遵行我天父旨意的人,就是我的弟兄、姐妹和母亲了。"他以一种属灵的方式表明,他所救赎的子民与他本身之间存在着这种亲密的同源关系:只要他们全都承继天上的产业,同为嗣子,这些圣男圣女们就是他的弟兄姐妹。他的母亲就是整个教会,因为就是她生育了他的肢体,也就是他的忠实信徒。他的母亲也是每一个敬虔的灵魂,以最丰富的爱遵行他天父的旨意,为那些他称为小子的人再受生产之苦,直等到基督成形在他们心里。① 因而,从肉身上说,马利亚遵行神的旨意,只是基督的母亲,但从圣灵上讲,她既是基督的母亲,也是他的姐妹。

---

① 《加拉太书》4:19。

6. 由此说来,那位女子既是母亲,又是童女,不仅按圣灵说如此,按肉身说也是这样。诚然,按圣灵来说,她不是我们的头的母亲,也就是救主本人的母亲;按圣灵说,毋宁说她是从救主而生的,因为凡是信他的人,包括她自己在内,都可以称为"新郎"①的孩子;但她显然是他的肢体也就是我们的母亲,因为她借爱做工,好叫忠实的信徒在教会里出生,这些信徒都是那头的肢体;另外,按肉身来说,她也是头本人的母亲。因为出于一个令人瞩目的神迹,我们的头要从一位童女的肉身出生,以便由此表明他的肢体将按圣灵出生,是教会这位童女的肢体,因而唯有马利亚不论在圣灵上还是在肉身上,都既是母亲又是童女;既是基督的母亲,又是基督的童女。而教会,就将拥有神之国的圣徒来说,就圣灵来说,既完全是基督的母亲,也完全是基督的童女;但就肉身来说,不完全如此,只是在一定程度上是基督的母亲,一定程度上是基督的童女。因而不论是信主的已婚妇人,还是献身于神的童女,都以贞洁的方式,出于清洁的心和无亏的良心、无伪的信心生出来的爱,在属灵意义上成为基督的母亲,因为她们都遵行天父的旨意。而那些在婚姻生活中按照肉身的方式生儿育女的人,不是向基督生育,而是向亚当生育,好叫这样延续下来的子孙已经在主的圣礼里得了浸染,由此她们也可能成为基督的肢体,因为她们知道自己是向谁生育的。

7. 我这样说,是以防万一,防止有人胆敢拿婚姻的果子与童女的童贞相提并论。我又论及马利亚本人,论及神的童女,说她的肉身上有两样东西是配得荣耀的,一是童贞,一是果子,因为她始终保持童贞,同时又生育了子。而我们把这种幸福分离了,因为我们无法同时

---

① 《马太福音》9:15。

拥有它们，既作童女又作母亲；你在生育之事上有欠缺，那就让你所保守的童贞成为一种安慰。同样，就我们来说，生育上的收获是对我们丧失童贞的一种弥补。无论如何，这番关于信主的已婚妇女如何作圣洁童女的话，将会永久存续，只要她们在肉身上所生育的都是基督徒。唯有如此，唯有借着童贞，马利亚在肉身上结的果子才是更加优秀的，因为她生育了这些肢体的头，而他们都是那头的肢体。但如今，虽然根据这话，按这种理解出现了婚姻，妻子与丈夫同房，以便繁衍后裔，但关于后裔他们没有别的念头，只想为基督生子，并且要尽可能多多生子。当然，基督徒不是从肉身生就的，而是后来成为的，是教会给予他们这样的身份。因此，在属灵的意义上，教会是基督所有肢体的母亲。同样，从属灵意义上说，教会是基督的童女。这样的母亲，虽然没有在肉身上生育基督徒，却是这种圣洁（holy）生育上的同工，她们知道不可能借肉身上的生育成就的事，借着这样的生育，一同做工，就能使自己成为基督的童女和母亲，也就是说，"使人生发仁爱的信心才有功效"①。

  8. 因而，肉身上的果子没有一个能与圣洁的童贞包括肉身上的童贞相提并论的。童贞并不因其是童贞就是可敬的，而是因为它是献给神的；虽然童贞是在肉身上，但它是通过圣灵的敬虔和忠诚守的。借着这样的方式，即使是身体上的童贞，也成为属灵的，发誓守这样的童贞是出于虔敬的自制。正如若不是罪先怀胎在灵里，没有人会过分使用身子。同样，若不是贞洁早已根植在灵里，没有人能守身体的自制。进一步说，婚姻生活的自制虽然是在身体上持守，但仍然归于灵魂，不归于肉身，正是在灵魂的规范和指导下，肉身才把自己的活动

---

① 《加拉太书》5：6。

限制在特定的婚姻状态中，不涉足其外。既然这种自制使肉身誓守童女的纯洁，而且是为那造出灵魂和肉体的造主守的，那我们岂不更该把它算为灵魂的美德，并且给它更大的荣耀！

9. 但是，在这个时代，那些人即使在婚姻里寻求的唯有生儿育女，并把他们归于基督，我们也不认为他们肉身所结的果子能抵消所丧失的童贞。在先前的时代，肉身上的繁衍本身确实必不可少，为要建成一个所预言的强大民族，归于成肉身到来的基督；但如今，人的每一族类，每一国家，凡属基督的肢体的，都可以成为神的子民，归到天上神的国度，所以谁能领受圣洁的童贞，就让他领受；唯有不能持守的，自己禁止不住，可以嫁娶。① 若是还有富有的妇女在这善事上花很多钱财，从不同的国家赎回奴隶，使他们成为基督徒，她岂不是为基督提供了更多的肢体，这种方式岂不是比怀胎生育更丰富、数量上更多，也更伟大吗？而且她不敢拿自己的钱财与所献的童贞相提并论。要是为了使人成为基督徒，肉体结的果子就完全有理由抵消童贞的丧失，那么按照这种说法，这件事必然比一个人怀胎生育——不论她能生出多少——结出的果子更多，因为按上面的说法，只要能赎回更多的孩子成为基督徒，即使花很大的代价，失去童贞也是值得的。然而，这样说显然是非常可笑的，所以信主的已婚女子应当保守自己应有的善。对此我们已经在另一篇文章里作过讨论，而且要进一步践行她们更大的善，甚至要像她们还是圣洁童女那样去正确践行，这种善就是我们现在所探讨的童贞。

10. 已婚者所生的诚然是童女，但就是在这一点上，他们也不可拿自己与禁欲者的功德相比，因为这不是属于婚姻的善，而是属于本

---

① 《马太福音》19：12；《哥林多前书》7：9。

性的善。这原本就是神命定的，人类两性的每一个性行为，无论是适当、真诚的，还是卑鄙、不当的，所生出的女子没有哪个不是童女，但没有一个童女生来就是圣洁的童女。所以可以这样说，就是从淫乱行为也可以生出童女，但婚姻生活却不一定能生出圣洁的童女。

11. 所谓童女，不是因为我们说她们是童女，她们就是童女，而是因为她们以敬虔的自制献身于神，所以是童女。我完全可以这样说，在我看来，一个已婚女子比一个还未出嫁的童女更快乐，因为后者还在向往之中，前者已经拥有，尤其是还未与任何人订婚的童女，就更是如此。前者学习使一人喜悦，就是她所交托的人；后者则要取悦于多人，不知道她将交托给谁，由此她必须心守节制，警惕人群，知道自己在人群中不是找通奸者，而是找丈夫。因而，要有充分的理由把童女置于已婚女子之前，童女就不能致力于寻找众人来爱，而是从众人中寻找一人来爱；找到了这人之后，也不能把自己预定给他，只为世上的事挂虑，只"想怎样叫丈夫喜悦"①，而是要爱那"比世人更美"②的主，因为她即使不能像马利亚那样在自己的肉身里领受他，也要在心里领受他，为他保守肉身上的童贞。这样的童女在身体上没有结任何果子，没有属肉体的后代。如果要找她们的母亲，那就是教会。唯有圣洁的童女才会生出圣洁的童女，因为她许配给了唯一的丈夫，把童贞献给基督。③ 她不仅身体上完全是童女，灵上也完全是，所以从她所生的，是身体和灵上都圣洁的童女。

12. 婚姻自有其好处，但不在于生儿育女，而在于夫妻坚守彼此的信誓，不违背婚姻的贞洁，真诚地、适当地、节制地、在同甘共苦

---

① 《哥林多前书》7：34。
② 《诗篇》45：2。
③ 《哥林多后书》11：2。

的灵里生育儿女。生了之后，又同心协力地教育他们，给他们良好的教义，为他们树立远大的目标。然而，所有这些都是人的职责，而童贞的贞洁（virginal chastity）以及借敬虔的控制摆脱一切性行为的自由，则是天使的作为，是可朽肉身里永远不败坏的一种行为。一切肉身的果子，一切婚姻生活的贞洁（chastity）都得对此甘拜下风；前者不是人力所为，后者不是永恒之为；自由选择没有肉身的果子，天上没有婚姻生活的贞洁。可以肯定，那些已经在肉身上拥有非肉身的东西的人，除了拥有人所共有的不朽之物，还将获得更大的奖赏。

13. 有些极其愚蠢、毫无智慧的人认为，这种自制的美德不是天国所必需的，只是为了现世的需要。他们说，已婚的人在各方面被世俗的忧虑弄得筋疲力尽，而童女和禁欲的人则没有这种困扰。唯因如此，不嫁娶是更好的，可以逃避现世的这种困难窘境，但不是因为它对将来的生活有什么益处。他们这种无聊的观点似乎不只是从自己虚妄的心里想出来的，而是拿使徒的话作见证，使徒说："论到童身的人，我没有主的命令，但我既蒙主怜恤能作忠心的人，就把自己的意见告诉你们。因现今的艰难，据我看来，人不如守素安常才好。"①他们说，看哪，使徒表明"因现今的艰难"，而不是因将来的永恒，"人不如守素安常才好"，似乎使徒只为现今的情形考虑，而不是着眼于将来。他们不知道，他的一切讨论都只是为着永生。

14. 我们确实要摆脱现世的这种艰难和需要，它多少是将来之好事的一种障碍。婚姻生活也是出于这种需要，不得不挂虑世上的俗事，丈夫想着怎样使妻子喜悦，妻子想着怎样使丈夫喜悦。不是说这些行为有罪，离弃了神的国，否则就是必须禁行的事，没有商量余

---

① 《哥林多前书》7：25—26。

地,因为主一旦发出命令就要遵行,不遵行就必被定罪;而是说,在神的国里,如果更多地想着如何使神喜悦,就能更多地拥有属神的念头,就如少想婚姻的义务,就必少挂虑属世之事。因而他说:"论到童身的人,我没有主的命令。"①若是命令的事,谁不遵行命令,就有罪,要受惩罚。但嫁娶不是罪(它若是罪,主就会有"命令"禁行),因此关于童身,主没有命令。只是由于我们避开罪或者赦免了罪之后,必然走向永生,那里有一种或者更大的荣耀分派给人,但不是给所有得永生的人,只是给那里的一部分人;为了获得这种荣耀,光是摆脱罪是不够的,还必须向那赦免我们罪的主发誓,没有发誓并不是过错,但发誓并遵行是可称颂的,因而他说:"但我既蒙主怜恤能作忠心的人,就把自己的意见告诉你们。"我能作忠心的人不是出于自己的功劳,而是蒙神怜恤,所以我不应当吝惜真诚的意见。"因现今的艰难,据我看来,人不如守素安常才好。"②他说,关于童身,我没有主的命令,而是提出这样的意见,由于现世的需要,我认为原本怎样就怎样,这样才好。我知道现世的什么需要,就是婚姻所满足的需要,迫使人没有足够的心思挂虑神的事,以获得那样的荣耀,就是尽管所有人都住在永生和救恩里,但并非所有人都能得着的那种荣耀;因为"这星和那星的荣光也有分别。死人复活也是这样"③,因而,"人不如守素安常才好"。

15. 这话之后,使徒又说:"你有妻子缠着呢,就不要求脱离;你没有妻子缠着呢,就不要求妻子。"④他所提出的这两种情形中的第一

---

① 《哥林多前书》7:25。
② 《哥林多前书》7:26。
③ 《哥林多前书》15:41—42。
④ 《哥林多前书》7:27。

种是出于命令，不按这样行就是非法的。因为主亲口在福音书里说了，若不是为淫乱的缘故，休妻是犯罪行为。① 但他所说的"你没有妻子缠着呢，就不要求妻子"，是一种建议，不是出于命令，因而娶妻也不违法，但不娶妻更好。最后，他又说："你若娶妻，并不是犯罪；处女若出嫁，也不是犯罪。"② 但是他并没有继前面的话"你有妻子缠着呢，就不要求脱离"，说"你若脱离了，也不是犯罪"，为什么呢？因为他上面早已说过，"至于那已经嫁娶的，我吩咐他们，其实不是我吩咐，乃是主吩咐说，妻子不可离开丈夫，若是离开了，不可再嫁，或是仍同丈夫和好"③，因为她离开可能不是她自己的过错，而是丈夫的过错。然后他说："丈夫也不可离弃妻子"，因为这是他按主的命令立下的，所以也没有接着说，他若离弃了，也不是犯罪。这既是一个命令，违背了就是犯罪；不像意见，你若不愿意采纳，不过是少得到些益处，不是行恶。因此，他先是说，"你若没有妻子缠着呢，就不要求妻子"。他不是命令这样做，否则就是行恶，而是提出建议，以便人行更好的事。然后，他又立即接着说："你若娶妻，并不是犯罪；处女若出嫁，也不是犯罪。"

16. 但他又说："然而这等人肉身必受苦难，我却愿意你们免这苦难。"④ 他以这种方式劝勉人保守童贞，坚持自制，叫人对婚姻也有些许警惕，但不是如同警惕邪恶、非法的事那样，而是如同当心一种负荷和苦难一样。因为肉身蒙耻辱与肉身受苦难是不一样的，前者是犯罪，后者是受累，人避免受累甚至基本上不是为了非常高尚的目的。

---

① 《马太福音》19：9。
② 《哥林多前书》7：28。
③ 《哥林多前书》7：10—11。
④ 《哥林多前书》7：28。

但在现今世代,婚姻家庭、生育繁衍对将要到来的基督已经毫无作用,所以娶妻嫁夫从而忍受肉身的苦难——如使徒预言的,结了婚就要受那等苦难——是极其愚蠢的事。使徒这样预言,乃是叫不自制的人心生恐惧,免得他们在撒旦的诱惑下陷入可怕的罪中。但他又说,那些他预言要受肉身苦难的人,他宽恕他们,这话在我看来最恰当的解释莫过于,他曾向那些虽然选择婚姻,但彼此猜忌,因为害怕无子,因而生养子女的人预告肉身的苦难,对于这种完全一样的苦难,他不想再用语言来描绘。当人给自己戴上婚姻的枷锁之后,能有几个不被这些情感啃噬折磨的?但我们不可夸大这种苦难,免得使徒认为可以宽恕的人,我们倒不宽恕。

17. 我简单写下这些话,好叫读者当心,防止有人因为使徒说"然而这等人肉身必受苦难,我却愿意你们免这苦难",就错误地指责婚姻,认为这话是间接定婚姻的罪,似乎他不愿意直接说出责备的话,只说"我却愿意你们免这苦难"。果真如此的话,那他在赦免他们时,却没有赦免自己的灵魂,因为说了这样错误的话:"你若娶妻,并不是犯罪;处女若出嫁,也不是犯罪。"人若这样来理解圣经,那么可以说,他们就是为自己的谎言预备退路,或者为自己的悖逆观点辩护。无论哪种情形,他们所持的观点都不符合真理的要求。如果有人引用圣经里一目了然的话来驳斥他们的错误,他们却拿它作随身盾牌,为自己辩护,敌挡真理,那么他们就是把自己暴露在魔鬼的魔掌之下,说经书的作者对这种情形没有说实话,有时候是为了帮软弱者开脱,有时候则是为了告诫高傲者,比如怎样怎样的一个例子,想方设法为自己错误的观点辩护。这样看来,他们宁愿固守己见,不愿改正错误,企图破坏圣经的权威,然而,唯有圣经才能折断一切傲慢而顽梗者的脖颈。

18. 所以我要告诫一切遵从恒常守节和圣洁童贞的男人女人，要把自己的美德置于婚姻之前，但不可论断婚姻是一种恶；叫他们明白使徒所说的绝不是欺人之话，乃是实实在在的真理："这样看来，叫女儿出嫁是好，不叫她出嫁更是好"；"你若娶妻，并不是犯罪；处女若出嫁，也不是犯罪"；稍后又说："然而按我的意见，若常守节更有福气。"①而且这意见原不该是人设想出来的，所以他又补充说："我也想自己是被神的灵感动了。"这就是主的教义，众使徒的教义，是真实而适合的，因而要选择更大的恩赐，但选择小的，也不会被定罪。神的真道，在神的经书里，比人心里的童贞更好。让贞洁的东西（what is chaste）成为人人所爱的，就如真实的东西没有人能否认。凡相信使徒的话，就是他举荐身体的童贞的话，未受谎言败坏的，很可能不会有什么邪念，甚至对自己的肉身也没有邪念。因而，首先并且最主要的，要选择童贞这种善，坚定地相信圣经没有一句虚言；因而经上所说的以下这话也是正确的："你若娶妻，并不是犯罪；处女若出嫁，也不是犯罪。"我们绝不可以为，如果婚姻不是一种恶，童女的童贞就会变得没那么高尚。恰恰相反，她应当由此感到更加自信，相信有更大的荣耀之冠为她预备，同时也不必担心，万一她出嫁就会受到责备，而如今她既没有出嫁，就可指望领受更荣耀的冠冕。因而，人若愿意守身不嫁，那就不要把婚姻看作是罪的陷阱，唯恐避之不及；而应把它看作一种小善，就像一座小山头，翻越它，然后去信靠更大的山峰——自制。人正是这样停留在这座小山上的，所以不可随心所欲地离弃它。因为"丈夫活着的时候，妻子是被约束

---

① 《哥林多前书》7：38、28、40。

的"。① 然而从这里上升到寡居的自制，还只是上升了一步，要达到童身的自制，就必须拒绝追求者，把婚姻置之一旁，或者预见到追求者而采取必要措施，越过婚姻。

19. 有人会认为这两种作为，好的和更好的，其所得的奖赏必是同等的。鉴于此，我们必须驳斥那些错误理解使徒所说的"因现今的艰难，据我看来，人不如守素安常才好"②的人，他们以为这话是说童贞不是为了天国之用，只是为了现时之用，似乎在那永生中，那些选择了这更好部分的人不会比其他人获得更多的奖赏。在这个讨论中，当我们论及使徒所说的"然而这等人肉身必受苦难，我却愿意你们免这苦难"③时，我们遇到了另一些争辩者，他们极其反对把婚姻与永久贞洁相提并论，完全贬损婚姻。然而，不论把婚姻等同于圣洁的童贞，还是完全否定婚姻，两者都是错误的。这两种错误都是从一个极端走向另一个极端，两者相互冲突，因为他们都不愿坚持真理。然而从可靠的理性和圣经的权威来看，我们发现婚姻既不是一种罪，也不等同于童女甚至寡妇的童贞。④有的人致力于童贞，痛恨婚姻，甚至以为它与淫乱同样可恶；而另一些人捍卫婚姻，认为婚姻的贞洁堪称高尚的恒常守节，似乎苏珊娜的善与马利亚的善可以相提并论，或者马利亚的大善使苏珊娜成为该被定罪的。

20. 因而，当使徒对嫁娶的或将要嫁娶的这样说："我却愿意你们免这苦难"时，绝不意味着他不愿说及已婚者在来世当受的惩罚。但

---

① 《哥林多前书》7：39。
② 《哥林多前书》7：26。
③ 《哥林多前书》7：28。
④ 这里寡妇的"童贞"有些令人费解。然而据上下文只能作如此处理。可能奥古斯丁所强调的是前半句的童女的"童贞"。寡妇的"童贞"当指她们寡居后的"持守独身"生活而言。—— 中译者注

以理既使她免除现世的审判，保罗怎么可能把她打入地狱！她只要对自己的选择信守坚贞，就不可错误地指控她通奸，拿她丈夫的床在基督的审判台前审判她，说她该遭什么危险，甚至该死！经上说："我宁可落到你们手里，也不在神面前犯罪"①，如果神因为她出嫁打算定她的罪，而不是因为她守婚姻的贞洁准备释放她，那么说这样的话又是为了什么呢？圣经的真理岂不是时时证明婚姻的贞洁是合理的，处处驳斥对婚姻的种种诽谤和指责？圣灵一次又一次地为苏珊娜辩护，驳斥伪证，使她一次又一次摆脱错误指控，免于巨大麻烦。那时反对一位已婚妇女，现在却反对一切已婚妇女；那时指责偷偷摸摸见不得人的通奸，如今却指责真诚而公开的婚姻。那时唯有一位妇女，邪恶的士师审判她，如今所有的夫妻都受到指控，但使徒不会定他们的罪。于是反对婚姻者说，他不是说"我却愿意你们免受苦难"吗？这正表明（你们有罪，只是）他不想说。然而，这话是谁说的？不就是早已说了以下这话的人说的吗？"你若娶妻，并不是犯罪；处女若出嫁，也不是犯罪。"②他是出于庄重保持沉默，你们却怀疑这是对婚姻的指责；而他明明白白说出来的话，你们却为何看不出这是对婚姻的辩护？他既说这些话认可他们，他的沉默又怎么可能是责备他们呢？不然，岂不是指责使徒的教义是虚言吗？这比指责苏珊娜——不是指责她结婚，而是指责她通奸——有过之而无不及。倘若纯洁的婚姻不是那样理所当然无可指责，就如同圣经毫无疑问不可能说谎一样，那么在这样的艰难时世里，我们能做什么呢？

21. 这里有人会说，这与圣洁的童贞，与恒常守节，与这样的讨

---

① 《苏姗娜传》23 节。（本节根据英文直译。——中译者注）
② 《哥林多前书》7：28。

论有什么关系呢？对此我首先要用我上面提到的话回答他们，即大善的荣耀之所以更大，原因在于，为了获得这样的大善，必须超越婚姻生活的善，而不是把婚姻当作恶，避而远之。否则，如果婚姻是一种罪，那么对恒常守节来说，只要不受到指责就够了，不奢求得到特别的赞美。其次，人必须接受这种杰出的恩赐，这不是出于人的论断，而是出于圣经权威的论断。我们不可用陈词滥调的话语或者随随便便的态度祈求，因为圣经本身在任何问题上对任何人都没有虚谎。那些人通过贬损婚姻来迫使童女守节，这不是劝勉她们，而是使她们沮丧。因为倘若她们认为"叫他的女儿出嫁是好"这话是错的，又怎么叫她们相信后面的话"不叫她出嫁更是好"①是真实的呢？相反，她们若是毫无疑问地相信圣经说的是婚姻的好处，相信以上说的圣言是千真万确的，那么就会以炽热而自信的热情去追求自己更大的善。关于这个问题已经说得很多，我们已经尽我们所能表明，使徒所说的话"因现今的艰难，据我看来，人不如守素安常才好"②不能理解为：在今生，圣洁的童女比忠心的出嫁女更好；在天国里，在将来的生命里，两者是同等的。同样，论到嫁娶之事所说的话，"然而这等人肉身必受苦难，我却愿意你们免这苦难"③，也不能理解为他对婚姻的罪和责备宁愿不说，保持沉默。这两种错误虽然彼此相反，原因却是一样的，就是对这两个句子没有理解。关于现今的需要，他们按自己的利益来解释，认为结婚与不结婚是一样的；但对"我却愿意你们免这苦难"此话，他们又认为是在指责婚姻。我们根据对圣经的信心和正确的教义，既认为婚姻不是罪，也认为已婚者的现今需要是他们

---

① 《哥林多前书》7：38。
② 《哥林多前书》7：26。
③ 《哥林多前书》7：28。

获得奖赏的一种障碍,当然不是就永生来说,而是就更大的荣耀和尊贵来说,后者是为恒常守节的人保留的;而且在如今世代,婚姻只是为不能自禁者预备的权宜之计。肉身的苦难源自肉身的情欲,没有情欲,就不可能有不能自禁者的婚姻,使徒既不想对此沉默不语,预先告诫真道是必不可少的,也不想讲得太多,因为考虑到人的软弱。

22. 这是我们记忆中所能记得的最直接的圣经见证,说得更清楚一点,就是说我们应当选择恒常守节,不是为了今生此世,乃是为了将来所应许的天国里的生命。但我们必须谨守使徒稍后所说的话,他说:"没有娶妻的,是为主的事挂虑,想怎样叫主喜悦;娶了妻的,是为世上的事挂虑,想怎样叫妻子喜悦。妇人和处女也有分别。没有出嫁的,是为主的事挂虑,要身体、灵魂都圣洁;已经出嫁的,是为世上的事挂虑,想怎样叫丈夫喜悦。"①他当然不是说没有出嫁的只想着主的事,对这个世界毫不关心;也不是说未嫁的童女与出嫁的妇人之所以不同,有分别,是因为未嫁童女为了避免现时的患难,也就是已婚妇女所无法避免的苦难,才不挂虑属世的事;他乃是说:她"是为主的事挂虑,想怎样叫主喜悦;为主的事挂虑,要身体、灵魂都圣洁"。万一有人说,不是为了天上的国,只是为了现时的世界,我们才想要"叫主喜悦",或者说正是为了今生,不是为了永生,她们才要"身体、灵魂都圣洁",那就是愚蠢之极了。若是这样,那还有什么比人更可悲不幸的?如使徒所说的:"我们若靠基督只在今生有指望,就算比众人更可怜。"②不是吗?你分饼给饥饿的人,你这样做若只是为了今生,你岂不是一个傻子吗?假若你知道将来在天国里一无

---

① 《哥林多前书》7:32—34。
② 《哥林多前书》15:19。

所获，那么你能谨慎如旧，甚至身体恒常守节，不愿有婚姻来玷污身子吗？

23. 最后，让我们来听听主自己对这个问题所作出的最直接的论断。他论述了夫妻之间应如何以神圣而敬畏的方式结合，若不是因为淫乱，不可彼此分离，他的门徒就对他说："人和妻子既是这样，倒不如不娶。"①他回答说："这话不是人都能领受的，唯独赐给谁，谁才能领受。因为有生来是阉人，也有被人阉的，并有为天国的缘故自阉的。这话谁能领受，就可以领受。"还有比这更正确，更清楚的吗？基督，也就是真道，神的大能和智慧，说，出于敬虔的目的没有娶妻的，是为天国的缘故自阉的；人的虚妄却不敬而鲁莽地驳斥说，他们这样做，只是为了避免婚姻生活的现时艰难，而在天国不会比别人得到更多奖赏。

24. 论到阉人，神借先知以赛亚说，他必使他们在他殿中、在他墙内有记念、有名号，比有儿女的更美②，这不就是对那些为了天国的缘故自阉的人说的吗？就这些人来说，肉身的器官没有生育能力，不可能生育（比如财主或国王的太监就是这样），但完全可以相信，当他们成为基督徒之后，谨守神的诫命，心里不免仍有这样的想法，如果可能，他们也愿意娶妻，与神家里的其他忠心之人——也就是因敬畏神而结婚，根据法律和贞洁之约生儿育女，组建家庭，教导子女以神为盼望的人——平起平坐，但不是要领受比有儿女的更美的恩赐。因为他们不娶妻结婚，不是出于灵魂的美德，只是出于肉身的限制。有人以为先知是就那些身体上受了伤残的阉人预言这样的事的，就是

---

① 《马太福音》19：10、11、12。
② 《以赛亚书》56：4、5。

那样也有助于我们所讨论的话题。因为神不是拿这些阉人与那些在他家里没有立足之地的比较,而是与那些持守婚姻生活的美德、生儿育女的人比较,说更喜悦前者。他说,"我必使他们……比有儿女的更美",由此指出,已婚者也有一席之地,只是要低微得多。因而,神的家里必然有以上所说的肉身上阉割的人,他们不属以色列百姓,因为我们看到,这些人从其出身来看并不是犹太人,但成了基督徒;先知所说的不是他们,因为他们禁欲守节不是为了求婚姻,而是为了天国的缘故自阉。人若违背真理认为这样阉割自己肉身的太监比结婚的人在神的家里占有更美的位置,并且认为出于敬虔的目标守节,洁净身子,以至鄙视婚姻,不是在肉身上,而是在情欲之根上自阉,虽然处在属世必死的状态,但行天上天使之行为的人,与已婚者的功德是可以同日而语的。作为一个基督徒,当基督赞美那些不是为这个世界而是为天国的缘故自阉的人时却否认基督,断言这只是出于现世生活之用,不是为了将来之生命,岂不是疯狂之极?这样的人,想必也只能作出这样的论断:天国本身就是属于现世生活,也就是我们现在所是的生命的一部分。还有比这种论断更疯狂的吗?缺乏理性的假设岂能不导致这种疯狂?虽然有时候教会被称为天国,就是现在也如此,但这样称呼显然是因为教会聚集起来是为了将来的永生。因而,它不仅应许今生,也应许来生,但它的一切美善作为不是"顾念所见的,乃是顾念所不见的,因为所见的是暂时的,所不见的是永远的"①。

25. 其实,圣灵并非没有论说应当怎样公然而坚决地反击这些人,这些毫无羞耻,极其顽梗的人,怎样利用牢不可破的防御工程击退他们野兽般的攻击。因为神论及阉人先是说:"我必使他们在我殿

---

① 《哥林多后书》4:18,《提摩太前书》4:8。

中、在我墙内有记念、有名号，比有儿女的更美"，然后为防止有人以为从这些话可以指望什么暂时的事，他立即又补充说："我必赐他们永远的名，不能剪除。"①就好像他是说，你们这不敬而无知的人，为何退缩了？你们为何在明丽的真理（之天空）覆盖你们的悖逆之云？为何在如此伟大的圣经之光里追求布满陷阱的黑暗？为何只对守节的圣人应许暂时的益处？"我必赐他们永远的名"，这些人远离一切性行为，禁行这样的事，心里挂虑的是主的事，想怎样使主喜悦，对这样的人，你们为何只给他们属地的益处？"我必赐他们永远的名。"你们为何认为天国，就是那些圣人为其自阉的天国，只能理解为在今生今世？"我必赐他们永远的名。"这里你们若是想方设法把永远这个词理解为持续很长时间，那么我再进一步说，它也"不能剪除"。你们还要寻求什么？还要说什么？这永远的名，不论是什么，都归于属神的阉人，必表明一种独特而不朽的荣光，虽然在同一个国里，同一个家里，却必然与许多人殊异。也许正因为如此，把它称为"名"，它才使那些得这名的人与其他人区别开来。

26. 他们说，那么当葡萄园里的工作做完之后，各人都得了一钱银子，这一钱银子又是什么意思呢？它是给那些从第一个时辰就开始做工的人呢，还是给那些只做了一个小时的人呢？②它所表示的意思显然是说，所有人都将拥有同样的事物，比如永生本身，天国本身，神已预先定下，众人在天国里都将得称为义，为荣耀，此外还会有别的意思吗？"这必朽坏的总要变成（'变成'原文作'穿'，下同）不朽坏的，这必死的总要变成不死的。"③这就是那银子，众人的工钱。

---

① 《以赛亚书》56：4、5。
② 《马太福音》20：9、10。
③ 《哥林多前书》15：53。

然而,"这星和那星的荣光也有分别。死人复活也是这样。"①也就是说圣徒各有不同的功绩。如果那银子表示天,那么难道不是所有的星辰都同样在天上吗?是的,然而,"日有日的荣光,月有月的荣光,星有星的荣光。"②如果那银子代表身体的健康,只要我们健康状况良好,岂不是所有的肢体都是一样的?只要这种健康一直持续到死,岂不是在所有的器官上都显得一样而同等吗?是的,然而,"神随自己的意思把肢体俱各安排在身上了"③,整个身子既不只是眼睛,也不只是耳朵,不是只有嗅觉、味觉;不论什么肢体,每一个都有自己的特性,但与其他所有肢体拥有同样的健康。同样,因为永生对众人是一样的,所以众人都得到了一钱银子;但又因为在那永生里,各种功绩所闪现出的光有分别,所以在我父的家里有"许多住处"④。就此而言,那银子没有不同,此人不会比彼人活得更长,但在父的许多住处里,人得的荣光不同,此人比彼人得更大的荣光。

27. 因而,守素安常吧,神的圣徒们,少男少女们,男人女人们,未婚的人们,守素安常,直到末了。越是甜美地赞颂主,就越能完全地思考他;越是快乐地盼望他,就越能时时事奉他;越是热烈地爱他,就越能尽心使他喜悦。你们腰里要束上带,灯也要点着,等候主人从婚姻的筵席上回来。⑤要带新歌到羔羊的婚筵,要弹起你的琴吟唱。这显然不是全地都唱的歌,经上有话说到全地都唱的歌:"你们要向耶和华唱新歌,全地都要向耶和华歌唱"⑥;但这样的歌除了

---

① 《哥林多前书》15:41—42。
② 《哥林多前书》15:41。
③ 《哥林多前书》12:18。
④ 《约翰福音》14:2。
⑤ 《路加福音》12:35、36。
⑥ 《诗篇》96:1。

你，没有人能唱。因而我们在《启示录》里看到你是羔羊最爱的一个，常常靠在他的胸口，常常畅饮神的话，心里涌出赞美之辞①，神道之奇胜过天上一切奇迹。他看到你们十四万四千弹琴的圣人，身体未曾沾染妇女，心里未曾违背真理；他论及你们说，羔羊无论往哪里去，你们都跟随他。这除了你们没有人敢跟随的羔羊，他要到哪里去？我们认为他要去哪里？去什么样的沼泽地和青草地？我想，那里的青草就是喜乐，不是这世上的徒然欢喜、虚假疯狂，也不是在神的国里才有的其他未守童贞的人所有的喜乐，乃是完全不同于其他一切喜乐的喜乐。这喜乐是基督之童女的喜乐，从基督来，在基督里，与基督同在，跟从基督，借着基督，并为了基督。这基督之童女独有的喜乐，不同于那些虽然属于基督但不是童身之人的喜乐。不同的人有不同的喜乐，但没有人有这种喜乐。所以，跟随羔羊，进入这样的喜乐，因为羔羊的肉身也必然是童身。因此他长大之后仍然保守这肉身，没有舍弃他从圣母的怀胎生育所得的肉身。所以，无论他往哪里去，以你们童贞的身心跟随他，这是你们应得的奖赏。所谓跟随是什么意思呢？不就是效法吗？因为如使徒彼得所说的，基督为我们受过苦，给我们留下榜样，叫我们跟随他的脚踪行。② 我们各人跟随他，是为了效法他，这不只是就他是神子，万物借他而造的神子而言的，而是就他是人子而言，他以身师表，叫我们效仿。在许多事情上，他树立榜样叫众人效仿，但肉身的童贞不是对所有人的要求，对已经不是童身的人，不论他们怎么做，都不可能再成为童身。

---

① 参见《诗篇》45：1。
② 《彼得前书》2：21。

28. 因而其他已经失去童贞的忠心者也当跟随羔羊，但不是他到哪里就跟随到哪里，而是尽力而为。除了羔羊行在童贞之荣光里时他们不能跟随外，其他地方都能跟随。"虚心的人有福了"①，这样的人当效法他，因为"他本来富足，却为你们成了贫穷"②。"温柔的人有福了"，这样的人当效法他，因为他说："我心里柔和谦卑，你们当负我的轭，学我的样式。"③"哀痛的人有福了"，这样的人当效法他，因为他为耶路撒冷"哀哭"④。"饥渴慕义的人有福了"，这样的人请效法他，因为他说："我的食物就是遵行差我来者的旨意。"⑤"怜恤人的人有福了"，这样的人请效法他，因为当人被强盗打得半死，丢在路上，陷入绝境时他前去帮助他。⑥"清心的人有福了"，这样的人请效法他，因为"他并没有犯罪，口里也没有诡诈"⑦。"使人和睦的人有福了"，这样的人请效法他，因为他替逼迫他的人说："父啊，赦免他们！因为他们所作的，他们不晓得。"⑧"为义受逼迫的人有福了"，这样的人请效法他，因为他"也为你们受过苦，给你们留下榜样，叫你们跟随他的脚踪行"⑨。凡跟随他的，都在这些事上效法他，学他的榜样。显然，就是已婚的人也可以跟随这些脚踪，尽管他们不可能完全踩着基督的脚印，但总是能行在同样的道上。

29. 然而，看啊，羔羊走上了童贞之路，那些已经失去了绝不可恢复之物的人，叫他们怎样跟随他？而你们是他的童女，请问，你们

---

① 《马太福音》5：3—10。
② 《哥林多后书》8：9。
③ 《马太福音》11：29。
④ 《路加福音》19：41。
⑤ 《约翰福音》4：34。
⑥ 《路加福音》10：30—35。
⑦ 《彼得前书》2：22。
⑧ 《路加福音》23：34。
⑨ 《彼得前书》2：21。

能跟随他吗？无论他往哪里去，你们都跟随他吗？我们可以劝告已婚的人在任何其他神圣的恩赐上跟随他，唯独在这种他们已经丧失、不可能恢复的事上不能。那么，你们是否坚守发誓要守的事，跟随他的脚踪？你们既然没有失去童贞之善，就尽你们所能跟随吧，要知道，这样的善一旦失去了就不可能重新获得。其他信众，那些在这一点上不能跟随羔羊的人，他们必看见你们，但不会忌恨你们，反而要与你们一同欢喜雀跃，他们自身里所没有的，将因你们而拥有。那新歌也是这样，是你们自己的，他们不可能唱出来，但他们并非听不到。既能听到，就必对你们如此非凡的善感到喜悦。但你们，既能唱也能听，你们要高唱这歌，自己也必听到，就必得享更大的快乐，得沐更大的喜悦。他们虽然没有这种大喜大乐，却也不会因你们的大喜而难过。无论那羔羊去往哪里，你们都将跟随，对于你们能跟随，而那些人不能跟随的事，他必不赏赐不能跟随的人。我们所说的羔羊是全能的。他既会在你们前面行，也不会离弃他们，因为那时神在万物之上，为万物之主。① 他们会少一点荣光，但不会心怀不悦地与你们分离，因为只要没有嫉妒，差异就能和谐共处。你们既发誓要为主你们的神常守节，就诚心诚意、坚定不移、持之以恒地守节，不是为了这个世界的缘故，乃是为了天国的缘故。

30. 那不曾发这样的誓的，谁能领受，就可以领受。② 坚毅地向前奔跑，你就可能得赏。③ 你们各人要拿供物来进入主的院宇④，不是出于不得已，乃是自己作主决定的事。⑤ 因为论到杀人或奸淫，可

---

① 《哥林多前书》15：28。
② 《马太福音》19：12。
③ 《哥林多前书》9：24。
④ 《诗篇》96：8。
⑤ 《哥林多前书》7：37。

以像经上所说的："不可奸淫，不可杀人"①，但对婚姻，不能说"不可结婚"。前者是命令，后者是建议。如果后者得到遵行，就可得奖赏；前者若不遵行，就被定罪。就前者来说，那是主命令我们当做的事；就后者来说，倘若你们多做一点，等他再临时必给你们回报。想一想（不论是什么），他的墙内"有名号，比有儿女的更美"②，想一想那里"永远的名"。③ 谁能透露那是怎样的名？不论它是怎样的名，它必是永远的。你们只要对这样的名心存信、望、爱，就有能力，不是把婚姻作为禁止的事躲避，而是视之为应允的事超越。

31. 因而对这样伟大的事奉，我们的意见是按照自己的力量去担当。它越是非凡、神圣，我们就越是注意不要性急，不仅要宣扬某事极荣耀的贞洁，还要考虑到最安全的谦卑。一旦立誓永守贞洁，拿自己与已婚的人比较一下，就会发现，根据圣经，其他人无论在做工上还是在工钱上，无论在誓约上还是赏赐上，都比他低，但同时当立即想起经上所记的话："你越是伟大，在一切事上就越要谦卑，好叫你在神的面前得恩惠。"④各人伟大到什么程度，就要谦卑到什么程度。对自己的荣耀自高自满，那是最危险的。人越是伟大，隐蔽在暗处的陷阱就越大。因为大名生嫉妒，这是自然而然的事，就像人生儿女一样。同样，大名也生高傲，这两者向来就是她的儿女和伴侣。借着傲慢和嫉妒这两种恶而来的就是魔鬼。因此基督教的整个教规主要就是与傲慢争战，它是嫉妒之母。教规教导谦卑，谦卑才能获得爱，并保守爱。论及这爱，使徒说："爱是不嫉妒"⑤，然后似乎考虑到我们会

---

① 《出埃及记》20：14、13。
② 《以赛亚书》56：5。
③ 同上。
④ 《便西拉智训》3 章 18 节。（本节根据英文直译。——中译者注）
⑤ 《哥林多前书》13：4。

问为什么爱就是不嫉妒,于是他立即又说:"爱是不自夸",似乎他是说,它之所以不嫉妒,就是因为它不自夸。因而谦卑之师基督首先"虚己,取了奴仆的形象,成为人的样式。既有人的样子,就自己卑微,存心顺服,以至于死,且死在十字架上"。① 但无论他的教义本身怎样谆谆教导谦卑,无论它如何真诚而时时发出这样的诫命,谁能轻而易举地把这个问题的所有证据收集起来并展现出来呢?谁若是想要专门写一篇论谦卑的作品,就让他尝试去做,或者立马就去做吧。但本文另有目的,它所讨论的问题非常重要,因为主要就是防止傲慢。

32. 于是我开始注意到,基督关于谦卑的教导中有一些见证,主屈尊把它们告知于我,也许这于我的目标已经足够。他第一次向门徒详尽传讲教义是这样开始的。"虚心的人有福了,因为天国是他们的。"②我们认为这话毫无疑义就是要人谦卑。由此他称赞百夫长的信心,说这么大的信心,就是在以色列中也没有遇见过,因为百夫长以极大的谦卑相信主,以至说:"主啊,你到我舍下,我不敢当。"③同样,《马太福音》里说他"来见"耶稣(但《路加福音》里非常清楚地指出,他不是自己来到主面前见他,而是派了他的朋友来)不是出于别的原因,只是由于他极为忠诚的谦卑,他才亲自来到主面前,而不是派其他人来。先知也是这样,"耶和华虽高,仍看顾低微的人,他却从远处看出骄傲的人"④,显然没有进到主面前来。他还对那迦南妇人说:"妇人,你的信心是大的,照你所要的,给你成全了吧"⑤,他前面称她为狗,并回答她说,不好拿儿女的饼丢给她。对此她非

---

① 《腓立比书》2:7—8。
② 《马太福音》5:3。
③ 《马太福音》8:5—10;《路加福音》7:6、7。
④ 《诗篇》137:6。
⑤ 《马太福音》15:22—28。

常谦卑地说:"主啊,不错,但是狗也吃它主人桌子上掉下来的碎渣儿。"这样看来,她不停哭喊没有得到的,仅靠谦卑的认信就得到了。同样,那两个上殿祷告的人,一个是法利赛人,一个是税吏,是为告诫那些仗着自己是义人,藐视别人,在认罪之前先罗列自己功绩的人。显然,法利赛人感谢神是由于使他感到非常满足的那些事。他说:"神啊,我感谢你,我不像别人勒索、不义、奸淫,也不像这个税吏。我一个礼拜禁食两次,凡我所得的,都捐上十分之一。"那税吏远远地站着,连举目望天也不敢,只捶着胸说:"神啊,开恩可怜我这个罪人。"但是最后神的审判却说:"我告诉你们:这人(税吏)回家去比那人(法利赛人)倒算为义了。"①那么为什么呢?为什么税吏倒算为义了?原因在于:"因为,凡自高的,必降为卑;自卑的,必升为高。"因此可以说,各人都既要避开真正的恶,又要在自身里反思真正的善,并为这些善感谢"众光之父":"各样美善的恩赐和各样全备的赏赐都是从上头来的,从众光之父那里降下来的。"②如果自高自大,这种骄傲的罪就会使他拒斥众光之父,即使只是在心里这样想,在神面前,也侮辱了其他罪人,尤其是在告罪时,不应当对他们傲慢地申斥,而应当谦卑地怜悯,不露一点失望之色。当主的门徒们问他,他们中间谁为大时,主便叫一个小孩子来站在他们面前,说:"你们若不回转,变成小孩子的样式,断不得进天国"③,这是什么意思呢?他主要的意思不就是赞美谦卑,把它算为最大的奖赏吗?当西庇太的儿子想要在高处坐在他的左右,他回答说,他们更应当想想必喝

---

① 《路加福音》18:11—14。
② 《雅各书》1:17。
③ 《马太福音》18:1—3。

他的苦杯的事①，也就是说，想想他自己如何卑微，以至于死，且死在十字架上②，而不应存着骄傲的念头，要求先于别人被拣选；他这样说岂不是表明，那些最先视他为谦卑之师而跟随的人，他要赐给美好的言辞吗？如今，当他即将去领受自己的苦难时，他洗了门徒的脚，并极其直接地教训他们说，他，就是他们的主和夫子为他们所做的，他们也当为其他同为门徒的，同为仆人的人做。他所命令的谦卑何其大啊！③ 为了立这样的诫命，他还选择了那样的时间，当他马上就要赴死，而他们以极大的渴望仰望着他的时候。显然这时刻特别令他们记忆深刻，记住他们的夫子，他们要效法的人吩咐他们的最后一件事。当然他在那个时刻所做的事，他也可以在此之前的其他时间做，在与他们谈话时告诫这一点；在其他的时间做，不是不可以，不过肯定不会像现在这样为他们所领受。

33. 因而，所有基督徒都必须保守谦卑，因为他们被称为基督徒，正是出于基督，唯有认识到他是一位谦卑之师的人才能认真思考基督的福音，尤其是那些在其他大善上都胜过别人的人，更要成为这种美德的跟随者和守护者，好叫他们对我开始时所引用的话大为警醒："你越是伟大，在一切事上就越要谦卑，好叫你在神面前得恩惠。"④因为恒常守节，尤其是童贞，在神的圣徒是一种大善，所以他们必须十分警醒，免得这种大善被骄傲败坏了。

34. 使徒保罗指责邪恶的未嫁女人，说长道短，好管闲事，并说这缺点是出于懒惰。"并且她们又习惯懒惰，挨家闲游；不但是懒

---

① 《马太福音》20：21、22。
② 《腓立比书》2：8。
③ 《约翰福音》13：1—17。
④ 《便西拉智训》3章18节。——中译者注

惰，又说长道短，好管闲事，说些不当说的话。"关于他上面说的这些人，"至于年轻的寡妇，就可以辞她，因为她们的情欲发动，违背基督的时候，就想要嫁人。她们被定罪，是因废弃了当初所许的愿"①，也就是没有持守当初所发的誓。然而他不是说她们嫁人，乃是说"想要嫁人"。因为她们中许多人不嫁人不是出于什么崇高的目的，而是因为惧怕公然的羞辱，这本身也是出于人的骄傲：人更担心的是使人不快，而不是使神不悦。因而，这些人想要嫁人，但出于这样的原因又没有嫁人。这样的人，与其欲火中烧，也就是说，与其让隐藏的欲火毁坏她们的良知，还不如嫁人更好，因为她们后悔自己的宣称，对自己的认信感到恼火，这样的人，不可能不受到神的惩罚，她们若不洗心革面，借对神的敬畏重新克服自己的欲望，就必要算为死人。不论她们是欢欢喜喜地度过一生，如使徒所说的："那好宴乐的寡妇，正活着的时候也是死的"②，还是终生劳苦禁欲的，只要心术不正，劳苦与禁欲也是徒劳，与其说是为了正心，不如说是为了炫耀。就我来说，对那些已经用良知挫败骄傲，把它打得血迹斑斑的人，我不会劝他们如此看重谦卑。对那些醉酒、贪婪或者患有无论哪一种致命疾病、同时还宣称守身体之节，以悖逆的方式与自己的名相冲突的人，我也不会劝他们如此关心敬虔的谦卑，除非他们放肆到在这些恶上自我炫耀，对这样的人，推迟这些事上的惩罚是不够的。还有些人，心里虽有某种取悦的目标，但不是以如此伟大的宣称所要求的方式，而是以华服、以束头——无论是使头发高耸入云，还是用非常柔软的头巾装饰，连精美的纹路也清晰可见——这些招惹人的方式

---

① 《提摩太前书》5：13、11—12。
② 《提摩太前书》5：6。

取悦，对这些人，我们必须提出诫律，不过不是关于谦卑，而是关于贞洁本身，或童女应有的端庄和虚己。唯有当我遇到的是宣称恒常守节的人，行为举止完全没有以上这些缺陷和污点的人，对这样的人我才担心他的骄傲，对这样的人我才留心避免傲慢的膨胀是多大的善。人越是因为骄傲只想取悦自己，我就越担心他会因此而不想使神喜悦的事，"神阻挡骄傲的人，赐恩给谦卑的人"。①

35. 我们当然应该在基督本身里思考问题，他是童贞的最大导师和典范。关于谦卑，我还能提出比他对众人所说的话更好的诫律吗？"我心里柔和谦卑，你们当……学我的样式。"②他先提到自己的伟大，然后，为了表明他如此伟大，却为了我们的缘故成为如此渺小，就说："父啊，天地的主，我感谢你！因为你将这些事向聪明通达人就藏起来，向婴孩就显出来。父啊，是的，因为你的美意本是如此。一切所有的，都是我父交付我的。除了父，没有人知道子；除了子和子所愿意指示的，没有人知道父。凡劳苦担重担的人，可以到我这里来，我就使你们得安息。我心里柔和谦卑，你们当负我的轭，学我的样式。"③父已经给了他一切，除了父，没有人知道他，也唯有他知道父，他没有说"你们当学我"创造世界，或者使死人复活，而是说学"我心里柔和谦卑"。怎样救人的教导啊！必死者——死因骄傲之杯临到他们头上——的老师和主，他自己所不是的，不会教导他们，他自己没有做的，不会要他们做。美善的主啊，你打开了我的信心之眼，让我看见了你，你在人群里高喊着说："来到我面前，学我的样式。"神子啊，万物借你而造，人子啊，与万物中被造的同一的人

---

① 《雅各书》4：6。
② 《马太福音》11：29。
③ 《马太福音》11：25—29。

子，恳请你告诉我，我们来到你面前，要学你的什么样式？他说："因为我心里柔和谦卑。"是不是说，所积蓄的在你里面藏着的一切智慧和知识的宝贝① 都显现出来，叫我们学习你这伟大的一点，就是你的"柔和谦卑"？是否谦卑如此伟大，除非如此伟大的你使人谦卑，否则人根本学不来谦卑呢？一点不错，唯有如此。因为要使灵魂安宁，没有别的办法，唯有彻底消除骚动不安的骄傲之心，它若不在你面前保持谦卑，就会自高自大起来。

36. 凡追求你的仁慈和真道的，让他们聆听你，让他们来到你面前，让他们学你的柔和谦卑，向你，而不是向他们自己而活。让那劳苦、负重、被担子压垮的人聆听这话，好叫他连举目望天也不敢，只是远远地站着，只捶着胸。② 让那不配请你进他舍下的百夫长③ 聆听这话。让税吏长撒该来聆听，若讹诈了谁就还他四倍。④ 让那城里的女子，那个罪人来聆听，她先前越是远离他的脚踪，如今就越是用更多的眼泪湿他的脚。⑤ 让税吏和娼妓来聆听，他们要比文士和法利赛人先进天国。⑥ 让所有被指责与罪人同吃的人来听，正如健康的人用不着医生，你来也不是为召义人，乃是为召罪人悔改的。⑦ 所有这些人，一旦归信于你，就很容易变得柔和，在你面前谦卑，注意到自己最罪恶的生活，知道你最宽宏的慈爱，因为"罪在哪里显多，恩典就更显多了"⑧。

---

① 《歌罗西书》2：3。
② 《路加福音》18：13。
③ 《马太福音》8：8。
④ 《路加福音》19：2—8。
⑤ 《路加福音》7：37—38。
⑥ 《马太福音》21：31。
⑦ 《马太福音》9：11—13。
⑧ 《罗马书》5：20。

37. 至于童身之军，圣洁的童男童女，这类人已经在你的教会里训练有素，已经从其母体的胸口为你绽开花苞；已经为你的名舒展口舌说话，你的名如同它婴儿时的奶，它已得浇灌和吸吮，没有一个能说："我从前是亵渎神的，逼迫人的，侮慢人的，然而我还蒙了怜悯，因我是不信、不明白的时候而作的。"① 更有甚者，你并没有命令，只是作为建议提出来，可以采纳，说："这话谁能领受，就可以领受"，他们就采纳了，发誓了，并为了天国的缘故自阉了，但你并没有胁迫他们，只是劝勉他们这样做。② 你向他们高喊着，让他们来聆听你，因为你"心里柔和谦卑"。让这些人无论多么伟大，都在一切事上使自己谦卑，好叫他们在你面前得恩典。他们是义的，但他们并没有像你那样使罪人称义，难道不是吗？他们是童贞的，但他们在母亲怀胎的时候就有了罪。③ 他们是圣洁的，但你乃是圣中之圣。他们是童身，但他们并没有生育童身。他们的身心全是童贞的，但他们并不是成了肉身的道。④ 所以他们当学习，不是向那些你赦免了罪的人学习，而是向你本人学习，因为你是神的羔羊，除去世人罪孽的⑤，因为你"心里柔和谦卑"。

38. 那些灵魂虔敬、贞洁，没有任肉欲在其身上作王，甚至不将自己置身于允许婚姻中的人，没有放纵身体以至要生儿育女为你传宗接代的人，保持属世肢体高高在上，使它们适应天国的人，我不派你们这样的人去税吏和罪人——他们倒要比骄傲的人先进天国——那里，学习谦卑；我不派你们到这些人那里去，因为他们已经摆脱不洁

---

① 《提摩太前书》1：13。
② 《马太福音》19：12。
③ 《诗篇》51：5。
④ 《约翰福音》1：14。
⑤ 《约翰福音》1：29。

的深沟，用不着派给他们无瑕的童贞作他们的榜样。我派你们去天上的王那里，他是造人的主，却为人置身于被造的人中间；他比世人更美①，代表世人却被世人鄙视；他统率着不朽的天使，却不轻视事奉必死的人。他无论如何都没有罪，出于完全的爱，降卑自己，"爱是不自夸，不张狂……不求自己的益处"②；"因为基督也不求自己的喜悦。如经上所记：'辱骂你人的辱骂都落在我身上。'"③那么就去到他面前，学他的样式，因为他"心里柔和谦卑"。那由于罪的担子，不敢抬眼看天的人，你们不是要走到他跟前，而是要来到那出于爱从天上降下来④的主跟前。那用眼泪洗主的脚，以求赦免其大罪的女人，你们不必走到她跟前，而要来到那应允赦免一切罪，为他自己的门徒洗脚的主⑤面前。我知道你们高贵的童贞，我不指望你们效法税吏咒诅自己的罪，但我担心你们效法法利赛人，夸口自己的功绩。⑥我不说你们要像她那样，就是圣经上所说的"她许多罪都赦免了，因为她的爱多"⑦，但我担心你们会以为自己没有什么罪要赦免，所以就爱得很少。

39. 我说，我很为你们担心，当你们夸口说，无论羔羊去向哪里，你们都紧紧跟随的时候，我担心你们由于膨胀的骄傲不能跟随他的脚踪。童贞的灵魂啊，因为你是童女，所以就要完全保守你已经重生的心，保守你生来的肉身，这对你有好处，但要心怀对主的敬畏，生出救恩的灵。⑧的确，如经上所记："爱里没有惧怕；爱既完全，

---

① 《诗篇》45：2。
② 《哥林多前书》13：4、5。
③ 《罗马书》15：3。
④ 《约翰福音》6：38。
⑤ 《约翰福音》13：5。
⑥ 《路加福音》18：10—14。
⑦ 《路加福音》7：47。
⑧ 《以赛亚书》26：18。见七十士译本。

就把惧怕除去"①，即除去对人的惧怕，而不是对神的惧怕；除去对暂时的恶的惧怕，而不是对末日审判的惧怕。"你不可自高，反要惧怕。"②你要爱神的圣善，怕他的严厉，无论如何不可自高自大。有了爱你就会惧怕，担心自己会大大冒犯你所爱并爱你的。最大的冒犯莫过于你的骄傲使他不悦，因为他是为你才被那些高傲的人所厌恶。那心里所挂虑的，不是世上的事，不是怎样使配偶喜悦，所挂虑的只是主的事，想的是怎样叫主喜悦的人③，哪里还有比他的"清洁的惧怕"更能"存到永远"④的？其他惧怕不是出于爱，而这种清洁的惧怕不会脱离爱。如果你没有爱，就会惧怕自己毁灭；只要有爱，就不会担心使主不悦。爱驱散那种惧怕，这种惧怕里面运行着爱。使徒保罗也说："你们所受的不是奴仆的心，仍然害怕；所受的乃是儿子的心，因此呼叫：'阿爸，父！'"⑤我相信他所说的就是那种惧怕，就是旧约里所给予的惧怕，防止暂时的善丧失，这些善是神应许给那些人的，他们不是恩典下的儿子，而是律法下的奴仆。还有一种惧怕就是对永火的惧怕，事奉神以避免这种惧怕显然还不是出于完全的爱。因为想要得报偿是一回事，惧怕惩罚是另一回事。"我往哪里去，躲避你的灵？我往哪里逃，躲避你的面？"⑥这种说法与"有一件事，我曾求耶和华，我仍要寻求；就是一生一世住在耶和华的殿中，思想怎样叫主喜悦，在他殿里得到保护"⑦是不同的，"不要向我掩面"与"我羡慕渴想耶和华的院宇"也是两种不一样的说法。前一类说法，是那

---

① 《约翰一书》4：18。
② 《罗马书》11：20。
③ 《哥林多前书》7：32。
④ 《诗篇》19：9。（和合本此节经文译为："耶和华的道理洁净，存到永远。"——中译者注）
⑤ 《罗马书》8：15。
⑥ 《诗篇》139：7。
⑦ 《诗篇》27：4。（和合本经文："……瞻仰他的荣美，在他的殿里求问"。——中译者注）

不敢抬眼看天的人当说的,也是那用眼泪洗主脚,以求赦免其大罪的女人该有的;但你们是挂虑主事的人,在身体和灵魂上都圣洁的人,就应当说后一类话。那些话伴随的是折磨人的惧怕,唯有完全的爱才能驱散这种惧怕;而这些话所伴随的是对主清洁的惧怕,是存到永远的敬畏。而"你不可自高,反要惧怕"①这样的话必是对两类人说的,人既不可袒护自己的罪,也不可自以为义而高傲自大。保罗自己也说:"你们所受的不是奴仆的心,仍旧害怕"②,乃是伴随着爱的敬畏,说:"我在你们那里,又软弱,又惧怕,又甚战兢。"③我上面提到过一个比喻,即嫁接的野橄榄枝不可轻视折下来的枝子,他利用这一比喻说:"你不可自高,反要惧怕",以此告诫基督里的一切肢体,说:"当恐惧战兢,作成你们得救的工夫;因为你们立志行事,都是神在你们心里运行,为要成就他的美意。"④这似乎不是指旧约里所写的:"当存畏惧侍奉耶和华,又当存战兢而快乐。"⑤

40. 属圣体——也就是教会——的肢体,若能宣称这种童女的圣洁,还有什么需要更多留意的?圣灵必会住在他们里面。圣灵若是发现哪里不是属于自己的地方,又岂能住在里面?还有什么能比谦卑的心更适宜他去充满,而不是退避;去提升,而不是压倒的?经上已经说得非常清楚:"我的灵要住在谁身上?就是谦卑而静心、对我的话战兢的人。"⑥你已经行得公义,已经活得敬虔,已经是虚己的、圣洁的,有童女的贞洁的;然而,因为你还住在这里,听到"人在世上岂

---

① 《罗马书》11:20。
② 《罗马书》8:15。
③ 《哥林多前书》2:3。
④ 《腓立比书》2:12—13。
⑤ 《诗篇》2:11。
⑥ 《以赛亚书》66:2。(和合本经文:"但我所看顾的,就是虚心痛悔、因我话而战兢的人。"——中译者注)

无试探吗"①这样的话岂能不谦卑?"这世界有祸了!因为将人绊倒"②,这样的话能不把你从趾高气扬的傲慢中拉回来吗?你岂能不战兢,害怕被算为许多"只因不法的事增多","爱心渐渐冷淡"③的人中的一个?当你听到"所以,自己以为站得稳的,须要谨慎,免得跌倒"④这样的话,岂能不捶胸顿足吗?既有这些神的警示和人的危险,我们还认为劝说圣洁的童女谦卑是很难的事吗?

41. 难道我们真的应当以为,神容忍你们信主的人中混杂着许多准备堕落的男男女女,是出于别的原因,而不是借这些人的堕落叫你们的惧怕增加,从而压制骄傲?难道神不是最恨恶骄傲,为此至高无上的神亲自降卑为人吗?除非你们真的毫无惧怕之心,越发自高自大,自诩从小就生活在诚实、敬虔之中,充满虔敬而圣洁的贞洁,几乎没有什么事需要神来赦免,所以对那爱你至深,甚至为你舍己的主⑤ 爱之甚少。他赦免罪人,只要信靠他,无论犯了什么罪,他都赦免,但为了不让你们陷入那些罪中,他亲自受苦上十架,这样的主,你们难道真的不应该以更大的激情去爱他吗?或者那法利赛人⑥ —— 以为自己得赦免的是很小的事,因而爱也很小 —— 之所以被这种错误蒙骗,难道还有其他原因,而不是因为他不知道神的义,想要立自己的义,就不服神的义⑦吗?但你们是被拣选的,是被拣选者中的被拣选者,跟随羔羊的童男童女,甚至你们"得救是本乎恩,也因着信。这并不是出于自己,乃是神所赐的;也不是出于行

---

① 《约伯记》7:1。(和合本经文:"人在世上岂无争战吗?"——中译者注)
② 《马太福音》18:7。
③ 《马太福音》24:12。
④ 《哥林多前书》10:12。
⑤ 《加拉太书》2:20。
⑥ 《路加福音》7:36—47。
⑦ 《罗马书》10:3。

为，免得有人自夸。我们原是他的工作，在基督耶稣里造成的，为要叫我们行善，就是神所预备叫我们行的。"①你们既从他得着如此多的恩赐装饰，却为何爱他如此之少？愿他亲自除去如此可怕的疯狂！既然大道已经说了实话，赦免少的人，其爱也少，那么为了使你以满腔的热情爱他——你摆脱婚姻的束缚不就是为了自由地爱他吗——无论什么恶，就是因着他的管治没有行出来的恶，也算在一起，全部赦免你。因为"你的眼目时常仰望耶和华，因为他必将你的脚从网里拉出来"②；"若不是耶和华建造房屋，建造的人就枉然劳力。"③论到自制本身，使徒说："我愿意众人像我一样；只是各人领受神的恩赐，一个是这样，一个是那样。"④谁给予这些恩赐呢？谁按己意分给各人独特的恩赐呢？⑤ 在神，没有任何不义的⑥，他借此以公平之心使这个这样，那个那样，在人，要了解这一点若不是不可能，也是极其困难的，但他的公平是毋庸置疑的。因而，"你有什么不是领受的呢？"⑦你既从他领受那么多，为何爱他那么少，这是出于什么样的悖逆呢？

42. 因而，要穿戴谦卑，首先就不可有这样的想法，以为她能作神的童女是出于她自己，恰恰相反，这全备的"赏赐都是从上头来的，从众光之父那里降下来的，在他并没有改变，也没有转动的影儿"⑧。如此她就不会认为神赦免她的很少，使她的爱也很少，不知

---

① 《以弗所书》2：8—10。
② 《诗篇》25：15。（这里的"你"在和合本里为"我"。——中译者注）
③ 《诗篇》127：1。
④ 《哥林多前书》7：7。
⑤ 《哥林多前书》12：11。
⑥ 《罗马书》9：16。
⑦ 《哥林多前书》4：7。
⑧ 《雅各书》1：17。

道神的义，倒想要立自己的义，就不服神的义了。西门就犯了这样的错误，那妇人反倒超越了他，因为她爱得多，因而得赦免的也很多。其次，她应有更谨慎而正确的思想，也就是说，我们应当认为所有的罪都从神得了赦免，神原本就不让我们犯那些罪。证据就是圣经里敬虔的祷告，这些话表明，就是神所命令的那些事，也唯有借着他，也就是发命令的神的恩赐和恩助才能成就。倘若我们不需要神恩典的帮助就能做成，那么追求这些事就是一大错谬。而神所命令的最普遍最主要的一件事就是顺服，借顺服才能谨守神的诫命。然而我们发现人的愿望是这样的。他说："你曾吩咐我们，为要我们殷勤遵守你的诫命。"然后又说："但愿我行事坚定，得以遵守你的命令。我依靠你的一切诫命，就不至于迷惑。"①他把神所命令的，置于一切之上，希望能够靠自己的力量成全。若是没有罪，这样的愿望肯定能成就；但既然有了罪，命令就要求人悔改，免得他这犯了罪的人，因袒护、开脱罪，不愿使自己所犯的罪在悔改中毁灭，就在骄傲中毁灭。这也是向神求的，好叫我们明白，若不是所求的得神应允了，事就成不了。他说："耶和华啊，求你禁止我的口，把守我的嘴。求你不叫我的心偏向邪恶，以致我和作孽的人同行恶事。"②因而，既然顺服——我们借此谨守神的诫命，和悔改——我们借此不为自己的罪开脱——都是企求而盼望的，那么显然，只要事成了，就是借神的恩赐才成的，借神的帮助才成的，然而经上更明白地说是借着顺服成的，"人的脚步被耶和华立定，他的道路也是耶和

---

① 《诗篇》119：4—6。（和合本经文为："耶和华啊，你曾将你的训词吩咐我们，为要我们殷勤遵守。但愿我行事坚定，得以遵守你的律例。我看重你的一切命令，就不至于羞愧。"——中译者注）
② 《诗篇》141：3—4。

华所愿意的"①；论到悔改，使徒说："或者神给他们悔改的心。"②

43. 关于自制本身，经上岂不也非常明确地说："我知道若不是神赐予，没有人能守节，知道它是谁的恩赐，这本身就是智慧的一部分"？③也许自制是神的恩赐，而智慧是人自己所得的，叫他明白那恩赐不是出于他自己，乃是出于神。是的，"耶和华开了瞎子的眼睛"④；"耶和华的见证可信，给卑微者以智慧"⑤；"若有缺少智慧的，应当求那厚赐与众人也不斥责人的神，主就必赐给他。"⑥聪明的童女拿着灯，同时不让她们的灯熄灭。⑦所谓的"聪明"，不就是"不要志气高大，倒要俯就卑微的人"⑧吗？因为智慧本身就曾对人说："敬畏主就是智慧。"⑨因而，你若一无所有，没有领受什么，就"不可自高，反要惧怕"⑩。爱不可很少，似乎神对你的赦免很少；恰恰相反，神给你的极多，所以要爱他多多。如果有人因债务被宽免而爱，那么那些白白领受的人岂不是更应爱神。因为凡是一开始就常守贞洁的，都是得到了神的引领；凡从不洁转变为贞洁的，都是得到了神的纠正；凡不洁到底的，乃是神所弃绝的。神行这些事可能会借着秘意，但绝不可能借着不义。神意之所以要隐而不露，也许正是为了叫人多一点惧怕，少一点骄傲。

---

① 《诗篇》37：23。（和合本经文为："义人的脚步被耶和华立定；他的道路，耶和华也喜爱。"——中译者注）
② 《提摩太后书》2：25。
③ 《所罗门智训》8章21节。（这是中译者根据英文原文所译。——中译者注）
④ 《诗篇》146：8。
⑤ 《诗篇》19：7。（和合本经文为："耶和华的律法全备，能苏醒人心；耶和华的法度确定，能使愚人有智慧。"——中译者注）
⑥ 《雅各书》1：5。
⑦ 《马太福音》25：4。
⑧ 《罗马书》12：16。
⑨ 《约伯记》28章。见七十士译本。
⑩ 《罗马书》11：20。

44. 人既然知道他成为自己的所是，乃是出于神的恩典，那就不可陷入另一个骄傲的罗网，因为得着神的恩典就自高自大，鄙视别人。由于这样的错谬，那个法利赛人既为自己所得的恩益感谢神，同时又自视高于悔罪的税吏。那么童女应当如何作为，应当如何思想，使她不自视其高，鄙视那些没有得到如此伟大恩赐的男女呢？她不可假装谦卑，而要自然谦卑，因为假装谦卑那是更大的骄傲。因而圣经为要表明谦卑应当是真正的谦卑，先是说："你越是伟大，在一切事上就越要谦卑，"然后又补充说："好叫你在神的面前得恩惠。"①也就是说，人绝不可以出于欺骗的目的使自己谦卑。

45. 那么我们该说什么呢？神的童女是否可以真正拥有某种思想，使她不敢把自己列于忠心的妇女，不仅是寡妇，也包括已婚者之前？我不是说堕落的童女，因为谁不知道顺服的妇女应当列于悖逆的童女之前？但就顺服于神的命令的女子来说，她是否会出于战兢惧怕，宁愿选择圣洁的童贞，而舍弃纯洁的婚姻，选择守身，舍弃嫁娶，选择一百倍的果子，而不是去求三十倍的果子？不仅如此，她应当毫不迟疑地选择前者，舍弃后者。但这样或那样的童女，当顺服并敬畏神，不可放胆把自己列于这个或那个同样顺服并敬畏神的妇人之前，否则，她就不是谦卑的，而是骄傲的，"神阻挡骄傲的人！"②那么，她会有怎样的思想呢？神隐蔽的恩赐，唯有通过磨难的考验才能叫人知道，甚至在人自身里面显现出来。别的不说，童女是否知道这样一点，不管她如何挂虑主的事，如何想着使主喜悦③，但可能由于她自己所不知道的某种心灵上的软弱，她还没有成熟到可以为主殉

---

① 《便西拉智训》3 章 18 节。
② 《雅各书》4：6。
③ 《哥林多前书》7：32。

道，而另一妇人，她原本笃定自己应列在其前面的一妇人，可能已经能够喝主羞辱的杯①了，主在仰慕高处时，把这杯放在他门徒面前，自己先喝了。我说，在这种情形下她是否意识到自己还不是泰克拉（Thecla），而另一个可能已经是克里斯比娜（Crispina）②。当然，若不是现时的磨难，就不可能有证明这一恩赐的证据。

46. 无论如何，这是何等的伟大，有些人会认为它就是一百倍的果子。教会的权威提供了最明显的见证，叫忠信的人知道殉道者在圣坛圣礼的演绎中居于什么地位，圣洁的已故修女又在其中居于什么地位。至于不同果子的含义，那些比我们更好地领会这些事的人应当能够回答。它的意思是否指：童贞的生活是一百倍的果子，寡居生活六十倍，婚姻生活三十倍；或者百倍的果子应归于殉道，六十倍归于自制，三十倍归于婚姻，或者童贞再加上殉道，满一百倍，不加殉道只有六十倍，而已婚者结三十倍果子，假如又是殉道者，则有六十倍。不过，在我看来，我们更应当这样来理解，神的恩赐很多，并且一个比一个更大、更好，正因为如此，使徒说："你们要切切地求那更大的恩赐。"③我们必须明白，它们比那些可以分别的不同类型更多。首先，我们不能说寡妇的自制是不结果子的，或者把它放在与已婚者的爱之功绩相当的层次上，或者将它与童女的荣光相提并论；也不能认为殉道的冠冕——不论是虽然没有实际磨难的证明但已经确立在心里的习惯，还是在实际的苦难中成就的殉道——加到那些纯洁之事上去，不会增添果子的倍数。其次，我们可以确定，有许多男女虽然守

---

① 《马太福音》20：22。
② 已婚女子，在非洲的泰伯士特（Thebeste）的戴克理先（Diocletian）和马克西米安（Maximian）的逼迫中被砍头。
③ 《哥林多前书》12：31。

贞洁，但并没有行主所说的事："你若愿意作完全人，可去变卖你所有的，分给穷人，就必有财宝在天上，你还要来跟从我"①，不敢与那些住在一起的人联合——在那些人中，没有人说什么东西是他自己的，而认为一切东西都是他们共同的。②那么对这样的神的童女，我们是否认为她们的果子毫无增加？或者神的童女既然不这样做，也仍然毫无果子？这样看来，恩赐有很多，有的明显，有的隐蔽；有的高级，有的普通，各不相同。有时候这人在少的恩赐上结果子，但结得更好；那个在低级的恩赐上结果子，但结得更多。有哪一个人敢说，在领受永恒的荣耀上，他们是以什么方式成为彼此等同的，又是以什么方式成为彼此殊异的？但有两点是显而易见的，其一，恩赐与恩赐之间差异很大；其二，更好的恩赐不是为现时的益处，乃是为永恒的益处。在我看来，主只想提到三类不同的果实，其他的就由人去理解。③同样，另一位传福音的使徒只提到一百倍的④，我们不应当由此认为他拒斥其他两类，或者根本不知道它们，而应当认为他是让人自己去理解其他两类，难道不是这样吗？

47. 但如我早已说过的，不论一百倍的果子是指献给神的童贞，还是要以另外的方式——或者是我们提到过的方式，或者是我们不曾提到过的方式——来理解果实之间的差异，我始终认为，没有人会胆敢取童贞而舍殉道，也没有人会怀疑，如果试炼的磨难还未出现，殉道这种恩赐就隐藏不显。因而，童女应有时刻挂虑的主题，这对她有益，好叫她谨守谦卑，免得违背了爱的诫命，这是一切恩赐中最大

---

① 《马太福音》19：21。
② 《使徒行传》2：44，4：32。
③ 《马太福音》13：8。
④ 《路加福音》8：8。

的，若没有它，无论她获得了怎样的恩赐，无论恩赐是多是少，是大是小，她都毫无疑问一无所是。我说，她有一个挂虑的主题，就是不可自高，不可骄傲。她怎能宣称童贞的益处比婚姻的益处要更大、更多，因为她根本不知道这个或那个已婚女子是否已经能够为基督受苦，说不定已经能够这样做，但她自己还不能，因而她未受试探，免得她的软弱经受不住磨难的考验。使徒说："神是信实的，必不叫你们受试探过于所能受的。在受试探的时候，总要给你们开一条出路，叫你们能忍受得住。"①因而，也许那些男女虽然只守一种可赞美的婚姻生活，却已经能够对抗不义的仇敌，甚至不惜抛头颅、洒热血；而这些男女虽然从小就禁欲，并为天国的缘故自阉，却仍然不能忍受这样的磨难，无论是为了义，还是为了贞洁本身。因为为了真理和神圣目标，不与引诱、谄媚的人同流合污，这是一回事，而任人折磨和打击也不屈服，这又是另一回事。这些品质藏在灵魂的权能和力量里，遇到考验就展现出来，在真实的试探面前显露出来。因而，各人不可因自己清楚地知道自己能做什么而自高自大，而应当谦卑地想一想，也许有某种更高尚的事是你所不能为的，只是你不知道，而有人既没有意识到，也不说他意识到了，却能够成就那样的事，也就是你自己不能成就的事。因而，要保守真正的谦卑，而不是假装谦卑，"恭敬人，要彼此推让"②，"存心谦卑，各人看别人比自己强"。③

48. 关于对罪的警惕和戒备，我该说什么呢？"谁能夸口他有洁净的心，谁能夸口他脱净了罪？"④圣洁的童贞诚然不是母亲的肚腹所能

---

① 《哥林多前书》10：13。
② 《罗马书》12：10。
③ 《腓立比书》2：3。
④ 《箴言》20：9。（和合本经文为："谁能说，我洁净了我的心，我脱净了我的罪？"——中译者注）

损坏的,但他说:"在神面前没有人是洁净的,连在地上只有一天生活的婴孩也不洁净。"①某种守在信心上的贞洁②也是不可侵犯的,好叫教会如同贞洁的童女与唯一的丈夫联合,但那唯一的丈夫已经教导说,不仅身心都圣洁的信徒,而且所有的基督徒,从灵性上的到肉身上的,从使徒到最后的悔改者,就如同从高高的天上到它的四方③,所有的基督徒都要一齐祷告,并在祷告中告诫他们说:"免我们的债,如同我们免了人的债"④;他要我们这样祈求,由此指出我们当记得自己的样式。那些债,是我们过去的生活所欠的,已经在借着他的平安所施的洗礼中得了赦免,他不是因为那些债才命令我们祷告,说"免我们的债,如同我们免了人的债",否则这样的祷告就是洗礼时教义问答所要求的祷告了。然而,这是已经受了洗的人所祈祷的,是统治者与百姓,牧师与会众之间的问答。我们已经充分表明,整个今生都是一个考验,在此生中,谁也不应自夸,好像他脱净了一切的罪。⑤

49. 神的童女也不例外。她们确实无可指责,"羔羊无论往哪里去,他们都跟随他",既完全洁净了罪,又坚守童贞——这童贞,一旦失去,就不可能恢复。向各人显明真道的《启示录》还在这点上赞美她们说:"在他们口中察不出谎言。"⑥然而,还是这《启示录》要求他们记住这样一个事实,那就是她们不敢说自己没有罪。写《启示

---

① 《约伯记》25:4。(和合本经文为:"在神面前人怎能称义?妇人所生的怎能洁净?"——中译者注)
② 有译为 virginal chastity (Saint Augustine, Treatises on Marriage and Other Subjects, p. 204, Fathers of the Church, Inc., 1955)直译成中文是"童贞的贞洁"。这可能是译者为了强调这种贞洁的绝对性。——中译者注
③ 《马太福音》24:31。
④ 《马太福音》6:12。
⑤ 《约伯记》7:1。(和合本经文为:"人在世上岂无争战吗?"——中译者注)
⑥ 《启示录》14:4、5。

录》的约翰正是因为看到了这一点,所以还在别处说:"我们若说自己无罪,便是自欺,真理不在我们心里了;我们若认自己的罪,神是信实的,是公义的,必要赦免我们的罪,洗净我们一切的不义。我们若说自己没有犯过罪,便是以神为说谎的,他的道也不在我们心里了。"①这显然不是只对这些或那些基督徒说的,而是对所有基督徒说的,因而童女也当认清自己的样式。这样,她们就毫无谎言,如在《启示录》所说的那样。这意味着,只要还没有完全达到属天的高度,唯有谦卑地认信,才能使她们无可指责。

50. 但考虑到由于这样的话,有人会变得极端自信,毫不警醒,任凭自己随波逐流,似乎只要轻轻松松认罪,罪就会消除,所以他立即又接着说:"我小子们哪,我将这些话写给你们,是要叫你们不犯罪。若有人犯罪,在父那里我们有一位中保,就是那义者耶稣基督。"②因而,任何人离弃罪时不可留有余地,似乎还要回复似的,也不可通过这种可以说是与不义的联盟协议来捆绑自己,以至不以躲避不义为乐,反倒以承认它为乐。然而,即使人时时紧张,刻刻戒备,防止犯罪,由于人的软弱,罪总会以一定方式悄悄潜入,不论多么小,多么少,总不可能完全没有;这样的人越是伟大,就越叫他们痛苦,免得他们在骄傲里罪孽增多、加重。但他们如果被虔敬的谦卑毁灭,就可以借着我们在天上的大祭司,很轻松地得洁净。

51. 至于那些认为人在此生的生活可以毫无罪恶的人,我不与他们争辩;我不争辩,也不否认。也许我们是从自己的不幸来衡量伟人,拿自己比较自己,乃是不通达的。③我知道一点,那些伟人,不

---

① 《约翰一书》1:8—10。
② 《约翰一书》2:1。
③ 《哥林多后书》10:12。

像我们，我们还没有证明自己是伟人，他们越是伟大，就在一切事上越是谦卑，好叫他们在神的面前得恩惠。因此，就让他们想要多大就多大，只是"仆人不能大于主人，差人也不能大于差他的人"①。显然，那说"一切所有的，都是我父交付我的"，就是主人，那说"一切劳苦的，到我这里来，学我的样式"的，就是差人的人，那么我们能学什么呢？"因为我心里柔和谦卑，"他说。

52. 这里有人会说，现在不是在讨论童贞，而是在讨论谦卑了。那么请问，我们所阐述的难道是任何一种童贞，而不是照着神的样式的童贞吗？这种善，我越是认识到它有多么伟大，就越是担心会失去它，怕骄傲这个盗贼毁了它。因而没有什么能保证这样的童贞之善，唯有给予这恩赐的神自己，因为神就是爱。② 所以，童贞的看顾者就是爱，而这看顾者的住处就是谦卑。他说，他无疑居住在那里，他的圣灵住在谦卑、虚心，因他的话而战兢的人里面。③ 因而，我既希望更加安全地保护我所赞美的善，就要同时尽心为看顾者也预备一个地方，这样岂是偏离了我的目标？何来跑题之嫌？我说话满有自信，也不怕他们会对我恼怒，反倒要尽心告诫他们与我一起为自己心存惧怕。谦卑的已婚者比骄傲的童女更容易跟随羔羊，不论他往哪里去，只要他们有力量，就尽力跟随。因为人若是不想靠近他，又怎么可能跟随他呢？人若不是来学他的样式，"因为我心里柔和谦卑"，又怎么能靠近他呢？因而，那些在羔羊带领下，无论他往哪里去，都跟随他的人，他首先在他们里面找到可以枕自己头的地方。有个骄傲但聪明的人曾对他说："夫子，你无论往哪里去，我要

---

① 《约翰福音》13：16。
② 《约翰一书》4：8。
③ 《以赛亚书》66：2。

跟从你。"①对此，他回答说："狐狸有洞，天空的飞鸟有窝，人子却没有枕头的地方。"他用狐狸谴责狡猾的诡计，用飞鸟指责膨胀的骄傲，在此，他找不到敬虔的谦卑可以安息的地方。因此，人若是发誓要跟从主，却不在某一点上有进步，完全只是盲目地跟随他从这里去那里，那他就根本没有真正跟随主。

53. 因而，神的童女，无论羔羊往哪里去，你们都应跟随，但首先要来到你们跟随的主面前，学他的样式，因为他心里柔和谦卑。你们若是爱他，就当以谦卑的智慧来到谦卑者面前，不可离弃他，免得跌倒。凡惧怕离开他的，都要祈求他说："不容骄傲人的脚践踏我。"②用谦卑的脚走上高贵的路吧，这路是主亲自以谦卑的智慧筑起的，好叫谦卑的人来践踏，他不认为降卑到这样的程度是一种痛苦。你们要为他保守他的恩赐，"你要为他保守你的力量"。③ 无论怎样，你们不可借他的看顾行恶，而要认为借他才能得赦免，免得你们认为自己得的赦免很少，因而爱也很少，就可怕地自夸起来，鄙视搥胸的税吏。对于你们已经受过考验的力量，要尽心保守，不可因为你们已经能够忍受什么而自高自大。至于还未受考验的，就当祷告，好叫你们所受的试探不过于你们所能受的。要想一想，有人实质上比你们优秀，而你们只是显得比他们良善。别人的好很可能是你们不知道的，你们若能善意地相信他们，你们所知道的自己的善不但不会因比较而减损，反倒因爱而加强。而你们如今还没有、所缺乏的东西，越是可以轻易获得，就越应谦卑地欲求。愿坚毅者成为你们的一个榜样，愿堕落者增添你们的惧怕。爱前者，你们就可以效法他的坚毅；怜后

---

① 《马太福音》8：19、20。
② 《诗篇》36：11。
③ 《诗篇》59：9。

者，你们就可以防止自高。不可立你们自己的义，要顺服于那使你们称义的神。赦免别人的罪，为自己祷告，将来的罪要靠警醒避免，过去的罪则借忏悔清洁。

54. 看啊，你们已经走到这一步，以后的所有行为也当与你们所宣称、所坚守的童贞相配。看啊，你们不仅已经杜绝了杀人、祭邪、恶习、偷盗、奸淫、欺诈、偏见、醉酒、一切奢侈和贪婪、憎恨、争竞、不敬、残忍；而且那些较轻或被认为很轻的恶，也在你们中间不见踪影，没有厚颜、迷茫、多舌，没有放肆的爆笑，粗俗的玩笑，不当的菜肴，不正的步态；你们已经不以恶报恶，以辱骂还辱骂。① 最后，你们已经成全了大爱，晓得为弟兄舍命。② 看啊，你们已经如此，因为你们应当如此。这些加上童贞，就向人展现出一种天使般的生命，在地上显明了到天上去的道路。但你们越是伟大，你们中无论谁已经如此伟大，"在一切事上就越是谦卑，好叫你们在神的面前得恩惠"。他阻止你骄傲，使你谦卑，不至抬高自己，他引导你避免陷于自高的困境，当然只要爱发出光芒，就不可能缺乏谦卑，所以焦虑是毫无必要的。

55. 因而，如果你们鄙视生儿育女的婚姻，就全心全意地爱主，他的样式比一切人更美。这样你们就得安息，你们的心就不受婚姻的束缚。凝视你们所爱者的美，想想他与父同等，也顺服于他的母；他甚至在天上作王，却到地上事奉；他创造了万物，却被造在万物之中。自高者嘲笑他这一点，你们要凝视这一点，它多么美，用里面的眼睛凝视他悬挂在十架上的伤口，他复活时还保留的伤痕，他临死所

---

① 《彼得前书》3：9。
② 《约翰一书》3：16。

流的血，为叫人信所付的代价，救赎所赢得的成果。想一想这些东西的价值有多大，在爱的天平上有多重。无论你们在婚姻上付出多少爱，都当向他偿还。

56. 他求你们里面的美，他给你们内在的力量，使你们成为神的儿女①；他不求你们有好的肉身，但求有好的行为，用这样的行为来支配肉身。他不是听人说诽谤你们的话，使人因嫉妒而忿恨的主。你们既然惧怕错误的怀疑会冒犯他，就当注意要以诚实的心去爱他。夫妻彼此相爱，因为他们相互看见；但他们所不见的东西，两人都惧怕，虽然对隐藏的东西，他们往往心生疑惑，但对可见的东西也仍然没有确定的喜乐。你们看他，不是用肉眼看，乃是用信心看，既没有真实的东西可指责，也不会担心会行错事冒犯他。这样说来，你们既然对丈夫有很多的爱，对他岂不更应有大爱吗？因为你们是为了他的缘故才没有丈夫的。他为你们被钉在十字架上，所以你们当让他确立在你们的整个心里，让他占据你们的整个灵魂，这样你们就不会被婚姻所占据。你们既为他的缘故不爱允许的东西，就不可只爱他一点点。所以，只要爱那心里柔和谦卑的主，我就全然不担心你们会骄傲。

57. 由此，本篇小文详尽论述了圣洁和谦卑，这样的圣洁完全可以使你们称为"圣徒"，这样的谦卑要求你们无论有多大的名，都不可自高。最后，让那三少年——他们全心全意爱主，主就让他们在火里重生——来告诫你们本篇小文所论述的主题，这是更有意义的。就字数来说，他们的话实在是非常之简短，但在权威性上又是多重的分量，因为这些字无一不是荣耀神的圣歌。它们既联合谦卑和圣洁来赞

---

① 《约翰福音》1：12。

美神,岂不是非常清楚地教导我们,一个人越是作了神圣的宣称,就越要注意不可被骄傲蒙住双眼。因而,你们虽然没有进入婚姻,也当赞美主,因为是他护佑你们在此世的火焰中间,却不至被火焚烧;同时也请为我们祷告。三少年的圣歌唱道:"谦卑而圣洁的人啊,赞美主,唱诗赞美他,荣耀永无疆。"[1]

---

[1] 《三童歌》(*Song of Three Children*) 65 节。本节参照《圣经后典》,张久宣译,商务印书馆,2004 年,但根据上下文作了修改。——中译者注

论寡居的益处

《订正录》没有提到本篇作品，很可能是因为它是一封信的缘故，波西底乌就是这样认为的（第七章）。但它仍是圣奥古斯丁的作品，因为它参考了他的其他作品，比如《论婚姻的益处》等（第十五章，《致普罗巴书》第二十三章）（cap. 15. Ep. to Proba, cap. 23.）。写作日期应该是413年，其标志是德米特里娅（Demetrias）①刚刚献身于主。朱利安娜（Juliana）感谢他的告诫（第188封书信），那告诫可能是针对帕拉纠主义（Pelagianism）的。

　　由于本文观点与公元398年第四次迦太基公会议（Council of Carthage）的第104条教规不一致，故遭到反对。该教规规定，寡妇献身于主之后再嫁人，就要被逐出教会，宣告她们犯有通奸罪，而本文第十节和第十一节则驳斥了认为这样的婚姻根本不算婚姻，她们应当回到禁欲状态的观点。然而，两者并非完全不可调和，因为这可能会引发类似于通奸的罪行，也可能受到如同逐出教会这样的惩罚，但婚姻

---

① 德米特里娅系朱利安娜之女。

仍然可以是有效的。卡尔西顿教规（Canon of Chalcedon）第十六条规定这样的事要受刑罚，唯有主教有权赦免。

1. 基督的仆人，基督众仆人中的仆人，主教奥古斯丁，致神敬虔的侍女，在众主之主里得健康。

我答应过你的要求，不想再亏欠于你，有负于基督的爱，所以尽管还有其他非常紧迫的事要做，我还是尽可能抽出时间给你写信，谈谈关于圣洁寡居之誓约的问题。这个问题是上次我来的时候，你再三恳请我谈谈的一个话题；我一直无法拒绝你，于是你常常写信要求我兑现诺言。不过，当你阅读我们这篇作品时，会发现有些东西与你本人或者与你们一起住在基督里的人完全无关。从严格意义上也没有对你的生活提出必不可少的建议，但你不可因此就论断它们是多余的。这封信虽然是写给你的，但并非只是为你而写的；因为我们当然不能忽视，借你让别人也受益，这一点是很重要的。因而，你在这里发现的，无论是任何时候都不是你所必需的，还是现在不是你所需要的，你都应知道，这些对别人可能是必不可少的，所以无论是给你自己的，还是给人读的，都不要忧愁，你的仁爱也可能对他人有益。

2. 在一切与生活和行为相关的问题上，不仅应当教导，而且劝勉也是必不可少的。教导可以启发我们，使我们知道什么事该做，劝勉可以激励我们，使我们不以做知道该做的事为负担。我所能教导你的，还能比我们所读到的使徒的话更深刻吗？圣经对我们的教导设立了一条规则，叫我们不敢"超过当有的聪明"①，如使徒本人所说

---

① 《罗马书》12：3。（和合本经文为："不要看自己过于所当看的，要……看得合乎中道。"——中译者注）

的,"要照着神所分给各人信心的大小",聪明得"合乎中道"。① 因而,我教导你的不是别的,就是对你阐述夫子说过的话,主怎样赐给我,我就怎样讨论它们。

3. 外邦人的导师、被拣选的器皿、使徒保罗说:"我对着没有嫁娶的和寡妇说,若他们常像我就好。"②对这句话我们必须这样理解,不可因为寡妇已经有过婚姻,就以为她们不应当称为没有嫁娶的,他用没有嫁娶的这个名称意指那些现在不受婚姻束缚的人,不论她们是否曾受这样的束缚。他在另一处明确指出了这一点,他说:"妇人和处女也有分别。"③显然,当他拿童女与未出嫁女子并列时,未出嫁女子就只能指寡妇,不可能是别的什么意思。同样,在下一句经文里,他用"没有出嫁的"一词把寡妇和处女都囊括在内,他说:"没有出嫁的,是为主的事挂虑,要身体、灵魂都圣洁;已经出嫁的,是为世上的事挂虑,想怎样叫丈夫喜悦。"④也就是说,他用"未出嫁的"这个词不仅指从未结过婚的处女,还包括已经摆脱了婚姻束缚、不再处于婚姻状态的寡妇。因此,除了有丈夫的,她不会称为出嫁的;有过丈夫,但现在没有的人,也不是出嫁的。这样说来,每一个寡妇都是没有出嫁的,但因为并非每个未出嫁的女子都是寡妇,处女也是未出嫁的,所以他说:"我对着没有嫁娶的和寡妇说",把两者都列出来,似乎是说,我对没有嫁娶的人所说的,不只是对处女说的,也是对寡妇说的,"若他常像我就好"⑤。

4. 看啊,只要有信心,你的益处就可以与使徒所说的他自己的好

---

① 《罗马书》12:3。
② 《哥林多前书》7:8。
③ 《哥林多前书》7:34。
④ 《哥林多前书》7:34。
⑤ 《哥林多前书》7:8。

处相提并论，是的，可以相提并论，因为有信心存在。这教义虽然很短，但不可因此轻视它，因为它简短却不是没有价值。正因为它短，才更容易记住，记得也更深刻。使徒以前明确认为胜过出嫁妇女之信心的善，这里他不会一一列出。但出嫁妇女的信心，也就是加入婚姻的信基督和虔敬女子的信心，是多大的善，可以从他命令人避免淫乱时所说的话看出来，因为这话显然也是对已婚的人说的，他说："岂不知你们的身子是基督的肢体吗？"①忠诚的婚姻是多大的善，就连肢体也是基督的肢体。然而，寡妇守节的善比这种善更大，倒不是说这种信誓的目标是让开明的寡妇高于基督的肢体，而是说在基督的肢体中，她所获得的位置比出嫁妇女要高。的确，这位使徒说："正如我们一个身子上有好些肢体，肢体也不都是一样的用处。我们这许多人，在基督里成为一身，互相联络作肢体，也是如此。按我们所得的恩赐，各有不同。"②

5. 由此，他告诫已婚者在当有的性行为上不可彼此欺诈，免得一方（婚姻的应有权利被拒斥）由于自身的不自制，受到撒旦引诱，陷入淫乱，他说："我说这话，原是准你们的，不是命你们的。我愿意众人像我一样，只是各人领受神的恩赐，一个是这样，一个是那样。"③你们知道，婚床的圣洁，基督徒婚姻的信誓，就是一种"恩赐"，并且是神的恩赐。因此，当肉身的淫欲超越性行为的准则，超越生儿育女的需要，这不是婚姻的恶，乃是由于婚姻的善而产生的可原谅的过错。使徒所说的"我说这话，原是准你们的，不是命你们的"这话不是关于婚姻，婚姻是为生儿育女所定的协议，不是指夫妻圣洁

---

① 《哥林多前书》6：15。
② 《罗马书》12：4—6。
③ 《哥林多前书》7：6—7。

的信心，也不是指双方的圣礼（只要双方还活着，就不可解除），所有这些都是善的；而是指对肉身的不当使用，这出于已婚者的软弱，但借着婚姻的益处是可以宽恕的。同样，当他说"丈夫活着的时候，妻子是被约束的；丈夫若死了，妻子就可以自由，随意再嫁，只是要嫁这在主里面的人。然而按我的意见，若常守节更有福气"①时，也充分表明了信实的妇女在主里是有福的，即使她丈夫死后她又嫁人，但寡居在主里更有福；用圣经里的例子来说就是，路得（Ruth）是有福的，但亚拿更有福。

6. 因而你首先应当知道，由于你所选择的善，第二次婚姻并不是可恶的，只是在荣耀上低了一等。正如你女儿所选择的贞洁这种善，不能谴责你的头次婚姻，同样，你的寡居也不能责备别人的二次婚姻。然而，卡达弗里格（Cataphryges）和诺瓦替安（Novatians）的异端非常猖狂，德尔图良也充塞着满口无耻而愚蠢的叫嚣，使徒中肯地认为再婚是完全正当的，他却咬牙切齿地抨击它是不当行为。所有的人，不论是有学识的，还是无学识的，都不可偏离这种合理的教义；也不可对自己的善自吹自擂，以至于把别人并非恶的行为也指责为恶。但你越是对自己的善欢欣喜乐，就越能看到，你不仅避免了恶，还超越了某些善。奸淫和通奸显然是恶，但人若是以自愿的誓言约束自己，也就是说，不是以律法的命令，而是以仁爱的建议约束自己，那就已经远远地抛弃了这些不当之事，甚至合法的事在她也不再是正当的。婚姻的纯洁是一种善，但寡居的自制是更大的善。所以，这更大的善以那种善的顺服得荣耀，而不是这更大的善得了赞美，那种善就该遭谴责。

----

① 《哥林多前书》7：39—40。

7. 使徒赞美没有嫁娶的男女的果子，因为他们挂虑主的事，想着怎样叫神喜悦，不过，他又作了补充，说，"我说这话是为你们的益处，不是要牢笼你们"①，也就是说，不是强迫你们，"乃是要叫你们行合宜的事"②。我们不可因为他说没有嫁娶的人的善是高贵的，就认为婚姻的信约是卑贱的，否则我们也该谴责第一次婚姻了。然而，就是卡达弗里格、诺瓦替安，以及他们最博学的支持者德尔图良，也不称之为卑贱的。但是当他说"我对着没有嫁娶的和寡妇说，若他们常像我就好"③时，显然是为"更好"确立"好"，因为凡是与好相比是更好的，毫无疑问就是一种好，它之所以称为更好的，不就是因为它是一种更大的好吗？但我们不可因此设想，他既说"若他们常像我就好"，就必然会得出结论说他们若是结婚，那就是恶。同样，当他说"乃是要叫你们行合宜的事"，他也不是表明婚姻是卑贱的，而是表明那是比另一件同样也是合宜的事——他称颂一切合宜的事——更合宜的。因为所谓更合宜，不就是更高层次上的合宜吗？所以更合宜的事必然也是合宜的。他还非常清楚地表明这事比那好事更好，因为他说："这样看来，叫自己的女儿出嫁是好，不叫她出嫁更是好。"④表明一个是有福的，另一个是更有福的，说："若常守节更有福气。"⑤因而，有比好更好的，比有福更有福的，同样，也有比他所称为合宜的事更合宜的。使徒彼得有话说："你们作丈夫的，也要按情理与妻子同住，因她比你软弱，与你一同承受生命之恩的，所以要敬重她"；又劝勉妻子要像撒拉一样顺服自己的丈夫："因为古时仰赖神的圣洁妇

---

① 《哥林多前书》7：35。
② 《哥林多前书》7：35。
③ 《哥林多前书》7：8。
④ 《哥林多前书》7：38。
⑤ 《哥林多前书》7：40。

人,正是以此为妆饰,顺服自己的丈夫,就如撒拉听从亚伯拉罕,称他为主。你们若行善,不因恐吓而害怕,便是撒拉的女儿了。"①所以婚姻远不是卑贱的。

8. 同样,使徒保罗论到没有出嫁的女子时所说的"要身体、灵魂都圣洁"②,我们也不可误解,以为忠心、圣洁并按照圣经顺服丈夫的已婚女子只是在灵魂上圣洁,在身体上不圣洁。因为灵魂既然是圣洁的,被圣洁的灵魂使用的身体就不可能不圣洁。不过,在人看来,我们似乎没有论证,只是用神圣的话语来证明这一点。因为使徒彼得提到撒拉时只说"圣洁妇人",没有说"身体上的"。所以我们再来看看使徒保罗论到禁行淫乱时所说的话:"岂不知你们的身子是基督的肢体吗?我可以将基督的肢体作为娼妓的肢体吗?断乎不可!"③因而谁都不可放胆说基督的肢体不是圣洁的,谁都不可放胆把忠心的已婚者的身体与基督的肢体分离。因而,稍后他说:"岂不知你们的身体就是圣灵的殿吗?这圣灵是从神而来,住在你们里头的;并且你们不是自己的人,因为你们是重价买来的。"④他说忠诚者的身体既是基督的肢体,又是圣灵的殿,这自然包括男女信徒。女子有已婚的,也有未婚的,其功绩各有不同,正如此肢体与彼肢体都是身体上的肢体,但有先后高低之别。因而,他论到没有出嫁的女子说"要身体和灵魂都圣洁",意指身体和灵魂上更完全的圣洁,但丝毫没有剥夺已婚妇女身体上的圣洁。

9. 因而要知道你的好,不,应当说要记住你已经知道的一点,即

---

① 《彼得前书》3:5—7。
② 《哥林多前书》7:34。
③ 《哥林多前书》6:15。
④ 《哥林多前书》6:19—20。

你的好更受赞美，因为还有另一种好，与之相比，你的是更好的，除非那是一种恶，或者完全不是好，否则在任何其他情况下你所拥有的都不可能不是善。眼睛在身子上有很大的荣耀，但如果唯有眼睛，而没有其他不如眼睛荣耀的肢体存在，其重要性就大为逊色。就是在天上，太阳的光胜过月亮，但并不责备月亮；这星与那星的荣光也有分别①，并没有因骄傲彼此不和。因而，"神看着一切所造的都甚好"②，不仅"好"，而且"甚好"，没有别的原因，只是因为"一切"。经上还论到其他一些工作，每一个"神看着都是好的"。但论到"一切"工作时，就加上"甚"这个修饰语，说："神看着一切所造的都甚好。"有些事比另一些事更好，但所有的事加起来比任何一些事都更好。因而，希望基督的正统教义能使你借着他的恩典在他的身体里成为忠实的，使你所拥有的在身体和灵魂上都比别人的更好，同时愿你这完全同一的灵魂支配身体，既不傲慢地夸口，也不茫然无知。

10. 我曾说路得是有福的，但亚拿更有福，因为前者结了两次婚，后者丈夫死后就守寡，活得很长。但你不可立即认为自己也比路得更好。因为先知时代圣洁的妇女有独特的使命，她们出嫁是出于顺服，不是出于情欲，是为了繁衍神的百姓，好叫基督的先知预先派遣到她们里面。而神的子民，由于预先出现在他们中间的那些事，不论就那些知道的人，还是那些对此一无所知的人而言，不是别人，就是基督的先知，基督的肉身也是从他而生的。因而，为了繁衍那样的民，凡不生育以色列后代的，按律法的规定就是可咒诅的。③ 这样说

---

① 《哥林多前书》15：41。
② 《创世记》1：31。
③ 《申命记》25：5—10。

来，那些圣洁的妇女的作为不是出于炽热的情欲，而是出于生育的敬虔。因而我们完全可以相信，假若还有其他方式能使家族绵延，她们就不会寻求性行为。丈夫可以拥有多个妻子，一夫多妻制的存在也不是出于肉身的欲望，而是预先考虑到生育的需要。事实上，我们看到，圣洁的男人可以娶多位妻子，但圣洁的妇女不可嫁多个丈夫，这就是明证，因为她们越是想要增加自己的果子，就越可能成为更加卑贱的。因而圣洁的路得由于没有生育子女，而那时在以色列生育是必需的，所以在丈夫死后，又找了第二个丈夫，生儿育女。但结婚然后守寡的亚拿比结了两次婚的路得更有福，因为她还成了基督的女预言家。关于她，我们应当相信，虽然她没有子女（对此圣经只字未提，所以她究竟有没有子女是个未知数），但她借着圣灵预先看到基督将从童女而来，因而他还是孩子的时候她就能认出他来，所以她就算没有子女（也就是说，假设她没有），也有充分理由拒不再嫁，因为她知道现在是事奉基督的更好时机，不是出于生育的职责，而是出于守节的热情，不是借着结婚生子的果实，而是借着守寡之举的圣洁。但如果路得也意识到借着她的肉身繁衍后代，是为了叫基督此后得肉身，并借结婚把她的这种知识付诸行动，那么我就不敢说亚拿的寡居是否真的比她的生育更有福。

11. 而你既有子女，又生活在世界的末了，因而如今不是抛掷石头而是堆聚石头的时候，不是怀抱，而是不怀抱的时候。① 显然，当使徒高喊着说："弟兄们，我对你们说，时候减少了。从此以后，那有妻子的，要像没有妻子"②时，你若寻求再嫁，就不会有对预言或

---

① 《传道书》3：5。
② 《哥林多前书》7：29。

律法的顺从，甚至不是出于成家的肉身欲望，而只能表明放纵的情欲。说实在的，你若那样做，就是成全了使徒所说的话，因为使徒说了"若他们常像我就好"之后，又立即补充说："倘若自己禁止不住，就可以嫁娶。与其欲火攻心，倒不如嫁娶为妙。"①他这样说是为了不让毫无约束的欲望之恶一头扎进犯罪的深渊，而让真诚的婚姻状态取而代之。但是感谢主，你生产了你自己不可能是的果子，你孩子的贞洁弥补了你所失去的贞洁。基督教教义对于这个问题孜孜以求，所作出的回答是，若非因不能自制，在现在这个时代第一次婚姻也是应当鄙视的。因为人既能说"倘若他们自己禁止不住，就可以嫁娶"，也可以说："倘若他们没有儿女，就可以嫁娶。"如今世代，经过了基督的复活和传道，所有的民族都有大量的儿女在属灵的意义上出生，倘若这样的时代也如初代那样，有义务生育肉身上的儿女，那就可以说那样的话。但在另一处他又说："我愿意年轻的寡妇嫁人，生养儿女，治理家务"，他以使徒的持重和权威赞美婚姻的益处，但并没有为了遵从律法把生育的责任强加给她们，甚至强加给那些"领受了"自制之善的人。最后，为说明他为何这样说，他又补充说："不给敌人辱骂的把柄，因为已经有转去随从撒旦的。"②我们可以这样理解这些话，那些他愿意她们再嫁的人，若能禁欲，就比嫁人更好；但转去随从撒旦，也就是远离守身或寡居之圣洁的崇高目标，回头去看后面的东西，从而毁灭，就不如再嫁更妙。因而，自己禁止不住的，就让她们在宣称自制前，在还未向神宣誓前就嫁人；她们若是宣了誓又不做，那就要被定罪。在另一处他就讲到这一点，"因为她们还

---

① 《哥林多前书》7：8、9。
② 《提摩太前书》5：14、15。

住在基督的喜乐里的时候,就想要嫁人。她们被定罪,是因废弃了当初所许的愿"①,也就是说,她们的目标从自制转向了婚姻。她们确实废弃了信誓,她们先前所许的愿,原因是她们不愿意坚持到最终的成全。因而,婚姻之善实在也是一种善,但在神的子民,嫁娶曾是出于对律法的遵从,如今则是治疗软弱的良药,在某些人,还是人性的一种慰藉。因为人的生儿育女不是公狗与母狗那样的随意乱交,而是靠忠诚的婚姻之约,我们不应指责人身上的这种感情。然而,基督徒的心灵,思想的是属天的事,以更值得赞美的方式超越并克服这种感情本身。

12. 但主又说,"这话不是人都能领受的"②,因而,能领受的,就领受它,不能自禁的,就嫁人;不曾开始的,要慎重,已经这样做的,就持之以恒;不给敌人任何话柄,给基督的奉献不可撤回。若在婚姻之约里守圣洁,就不怕被定罪;但更大恩赐的美德要在寡居和守身的禁欲中寻求。一旦开始寻求这种善,并且定了心意,发了誓,从此以后不仅涉足婚姻,就是没有嫁娶,只是想要嫁娶也是该定罪的。为表明这一点,使徒没有说"她们还住在基督的喜乐里的时候"就嫁人,而是说她们"想要嫁人。她们被定罪,是因废弃了当初所许的愿"③,虽然不是因为嫁人,只是想要嫁人而被定罪,但并不是说这种婚姻就是有罪的事,而是说她们所行的目标是可恶的,违背所发的愿是可恶的;不是指责她们用较低的善来求慰藉,而是指责她们偏离了更高的善。最后,她们之所以被定罪,不是因为她们后来进入了婚

---

① 《提摩太前书》5:11—12。(和合本经文为:"因为她们的情欲发动,违背基督的时候……"——中译者注)
② 《马太福音》19:11。
③ 《提摩太前书》5:11、12。

姻之约，而是因为她们没有成全最初所许下的守节之愿。为了用极少的话指明这一点，使徒不会说追求更圣洁目标的人嫁娶是有罪的（不是因为她们没有无罪，而是防止人认为婚姻本身是有罪的），而是在说了"想要嫁人"之后立即说"她们被定罪"。然后再说明原因："因废弃了当初所许的愿"，由此表明受谴责的是偏离目标的意志，不论其有无选取婚姻生活。

13. 有人说这样的婚姻不是婚姻，倒是通奸，在我看来，这样的人对自己所说的话实在有欠考虑，不够谨慎，他们实际上被表面真理误导，走入了歧路。因为出于基督徒的圣洁选择不结婚的人，可以说选择了基督的婚姻，因此有些人说，如果妻子在丈夫还健在时就嫁与别人，那就是淫妇，甚至主本人也在福音书里定下这样的规约。同样，人若选择了基督的婚姻，又在他还活着的时候——在他身上，死已不再作王——嫁给另一个男人，那么她也是淫妇。说这话的人诚然非常聪明，但却没有注意到，这样的推论中包含怎样的荒谬。因为就是在丈夫还活着的时候，妻子征得他的同意，可以发誓向基督守节，这是值得赞美的，但根据这些人的推论，谁也不可这样做，否则，妻子在丈夫还活着的时候就嫁给基督，就使基督本人成了奸夫，这样的假设是多么不敬啊。其次，第一次婚姻比第二次更好，圣洁的寡妇绝不会认为基督于她们就如同第二个丈夫。因为从此以后她们所拥有的基督（当她们顺服自己的丈夫并忠诚地事奉他们之后），不是按着肉身，乃是按着圣灵的丈夫，教会本身就是这位丈夫的妻子，而她们都是教会的肢体。凡借着完全的信、望和爱的，就是完全贞洁的，不论是童女，是寡妇，还是忠诚的出嫁妇女。使徒对普世教会——她们都属于教会的肢体——说："我曾把你们许配一个丈夫，要把你们如同贞洁的童女献给基督。"①但他知道如何使一位童女作妻结出果子,毫不损害贞洁,他的母亲就是在肉身上也能怀孕生子,而无损于贞洁。但由于这种不明智的观念(他们认为女子若是出嫁,偏离这一神圣目标,她们的婚姻就不是婚姻),引发极大的恶,让妻子与丈夫分离,似乎她们不是妻子,而是淫妇。他们这样做,原意是想恢复自制之善,结果却使她们的丈夫成了通奸者,因为他们在妻子还在世时就娶了别的女人。

14. 因而,我诚然不能说,偏离了更高目标的女子若是嫁人,她们的婚姻是通奸,而不是婚姻,但完全可以明确地说,离弃更神圣的洁净,也就是向主所发的誓,比通奸更可恶。倘若基督的一个肢体不守对自己丈夫的信约,毫无疑问就是对基督的冒犯;主原本不曾要求必须做的事,一旦自己提出要做,却又不向他守所立的誓约,岂不是对他更大的冒犯?越是并非出于诫命,乃出于忠告的事,人自主发愿要行,却又不能守所发的愿,就越显得他违背誓愿的行为之不义。因此我讨论这些问题,免得你认为二次婚姻是犯罪,或者认为凡是婚姻都是恶。要记住,你不是谴责它们,乃是鄙视它们。确实的,寡居贞洁的益处正越益显现出光明的前景,叫妇女许愿守寡,鄙视既宜人又正当的追求。一旦发了誓,许了愿,就必须坚持克制,抛弃宜人的东西,因为那对他来说不再是正当之事。

15. 人们常常会提出关于第三或第四次婚姻,甚至更多次婚姻的问题。从严格意义上讲,我既不敢谴责任何婚姻,也不敢对它们的次数之多感到羞愧。但我这样回答过于简单,有可能会使某些人不高兴,所以我预备听听反对者比较详尽的讨论。因为也许他能说出一定理由,说明为何第二次婚姻可以不定罪,第三次就要定罪。就我来说,如在本文开

---

① 《哥林多后书》11:2。

头所提出的警告，不敢比当有的聪明更加聪明。①我是何许人，使徒都没有界定的问题，我能说必须界定吗？使徒说："丈夫活着的时候，妻子是被约束的。"②他并没有说到她的第一次，或第二次、第三次、第四次婚姻，而是说"丈夫活着的时候，妻子是被约束的；丈夫若死了，妻子就可以自由，随意再嫁，只是要嫁这在主里面的人。然而按我的意见，若常守节更有福气。"就这一问题来说，我不知道还需要对这些话增减什么。其次，我要聆听众使徒以及我们的主本人的话，当撒都该人问他，一个妇人不是嫁了一次或两次，而是嫁了七个人，复活之后她该是谁的妻子？他驳斥他们说："你们错了，因为不明白圣经，也不晓得神的大能。当复活的时候，人也不娶，也不嫁"③；"因为他们不能再死，和天使一样。"④因而，他提到他们的复活，他们复活是要得永生，而不是为了得惩罚。由此，他可能会说，你们错了，因为不明白圣经，也不晓得神的大能。当复活的时候，不可能有人嫁好多丈夫；然后补充说，那时，没有人嫁娶。但如我们看到的，他在这句话里并没有露出嫁过多次的女人是有罪的意思。因而，我既不敢违背天生的羞愧之感，说丈夫死后，妻子可以想嫁几次就嫁几次；也不敢无视圣经的权威。依照我的看法，根据婚姻的次数而定罪。但我对只嫁过一个丈夫的寡妇所说的，也是对每一位寡妇说的：你若恒常守节，就会更有福气。

16. 以下也是人们常常提出的问题，绝不是愚蠢的问题，谁都会提出来，即哪个寡妇的功绩更大：是曾有过一个丈夫，与丈夫生活了

---

① 《罗马书》12：3。（和合本经文为："不要看自己过于所当看的，要……看得合乎中道。"——中译者注）
② 《哥林多前书》7：39、40。
③ 《马太福音》22：29、30。
④ 《路加福音》20：36。

相当长的一段时间之后成为寡妇,有儿女,儿女都活着,于是立志守节的人,还是年纪轻轻就在两年内失去了两任丈夫,没有留下孩子给她慰藉,于是发誓向神守节,并在守节中以最持久的圣洁变老的人。有些人用丈夫的个数,而不是用自制的力量本身来衡量寡妇的功绩,那么,如果他们能够,就请他们自己践行,拿出一定证据来证明。因为倘若他们说,只嫁了一个丈夫的应当胜过嫁了两个丈夫的,那么除非他们可以说出某种特殊的理由,或者引用特殊的权威,否则,他们显然不是把更大的灵魂之善,而是把肉身的好运置于灵魂的美德之前。因为无论是与丈夫白头偕老,还是儿孙满堂,都与肉身的运气有关。但是,倘若他们选择她不是因为这一点,即她有子女,无论如何也不是因为她与丈夫白头偕老,那么除了肉身的好运之外,还有什么呢?再说,我们之所以大力举荐亚拿本人的功绩,是因为她刚刚埋葬了丈夫,就在其漫长的一生中开始与肉身进行长期争战,并且得胜。经上这样记载:"又有女先知名叫亚拿,是亚设支派法内力的女儿,年纪已经老迈,从作童女出嫁的时候,同丈夫住了七年,就寡居了。现在已经八十四岁,并不离开圣殿,禁食祈求,昼夜侍奉神。"[1]你看,圣洁的寡妇之所以受到赞美,不仅因为她只嫁了一个丈夫,更在于她从作童女出嫁之后只与丈夫一同住了几年,却守寡敬虔地侍奉神这么多岁月,直到垂垂老矣。

17. 因而,我们可以假设有三个寡妇,每个寡妇都代表一种情形,拥有一种善,但在亚拿身上却囊括了所有情形,体现了三种善。我们不妨设想,一个寡妇只嫁了一个丈夫,她既没有守如此长岁月的寡居,因为她与丈夫同住的时间很长,也没有如此大的虔敬,因为她

---

[1] 《路加福音》2:36—37。

没有如此禁食祈求地侍奉；一个寡妇与前夫只住了极短的时间，第二个丈夫不久又死去，至今已经守寡守了很长时间，但她本人也没有像亚拿那样非常虔敬地禁食祈求侍奉神；第三个寡妇，不仅嫁过两个丈夫，并且与他们各人也住了很长时间，或者与其中一个同住了很长时间，因而到了晚年才守寡，其实，考虑到她早年嫁人的愿望，很可能生育过子女，然后才开始她的守寡生涯，但她比较专心向神，也更细心地常做神所喜悦的事，就像亚拿那样，禁食祈求，日夜侍奉神。如果提出这样一个问题，这三个寡妇哪一个更配得奖赏？我们必然会说，在这场竞争中，优胜杯要奖给敬虔心最大、最炽热的那个。同样，即使再设想另外三个寡妇，其中每一个符合两种情形（拥有两种善），但都缺乏一种情形（缺乏第三种善），谁会怀疑那在其拥有的两种善上更完全地体现出敬虔的谦卑，以便获得更大敬虔的人是更好的？

18. 但实在地说，这六个寡妇没有一个能达到你的水平。在你，只要坚持所许的愿，一直到老，亚拿赢得奖赏的三件事，你就可以全部拥有。因为你只嫁过一个丈夫，他在肉身上与你同住的时间不长；由此，你若能显明对使徒所说的话的顺服，说："那独居无靠真为寡妇的，是仰赖神，昼夜不住地祈求祷告"，以警醒的心躲避以下这样的人："但那好宴乐的寡妇，正活着的时候也是死的"①，那么亚拿所拥有的那三种优点，必也是你的优点。况且你还有子女，而亚拿恰好没有。但你并不是因为这一点，即有子女而受赞美，而是因为你满腔热情地哺育他们，虔敬地教诲他们。他们是你生的，是你结的果子，而且他们都活着，这就是好运；他们成长为这样的人，是出于你的意愿

---

① 《提摩太前书》5：5、6。

和安排。就前者来说，人们应当向你祝贺，应当效法你。亚拿借着预言的知识，认识基督和他的童女母亲；而福音的恩典使你成为基督的童女之母。因而，那位圣洁的童女①，你把她献给神，她本人也愿意寻求圣洁，而且她还给她祖母和母亲的守寡之德增添了贞洁之功。因为你有了她，并非没有从她那里得到什么；你自己所不是的，你因她而是。因为你既已结婚，就失去了圣洁的贞洁，但唯有这样，她才可能从你而生。

19. 因而，倘若我要给你写的内容只是为你一个人写的，那么这些关于已婚妇女以及不同寡妇的不同功绩的讨论，我就不会在本文中涉及了。但由于这类讨论中存在着一些非常难的问题，所以我希望不只是讲专门与你有关的内容，还想谈更多的，因为有些人似乎觉得若不是把别人的劳动成果撕扯得支离破碎（而不是通过论证作出判断），就会显得自己毫无学识。其次，你自己不仅可以坚守你所许的愿，在那种善上勇往直前，而且还应更加全面、更加明确地知道，你的这种善不是与婚姻的恶相区分，而是比婚姻的善更大。所以，不可指责寡妇的婚姻，她们虽然在许多你所行的事上守节禁行，但涉足婚姻，这一点使你偏离方向，你虽然不像她们那样做，却像她们那样想。显然，疯子的力气比正常人大，但人不会因此愿意成为疯子。总而言之，应当让正确的理论来装点并护卫良善的目标。正因为这样的原因，不存在偏见的妇女，即使不止一次嫁人，按公正的论断，不仅比只嫁过一个丈夫的寡妇可取，也比异教的童女可敬。围绕这三个主题，即婚姻、守寡和贞洁，实在存在着许多问题的旋涡，许多难解的

---

① 德米特里娅，祖母普罗巴（Proba Faltonia），母亲朱利安娜。见 S. Aug. Ep. 130；150. vol. I. pp. 459, 503, sqq.

困惑。为了通过讨论深入剖析并解决这些难题，我们必须有更多的关心，更详尽的讨论，好叫我们在所有那些事上都会有正确的理解，存正当的心，若在什么事上存别样的心，神也必以此指示我们。然而，使徒接着又说:"我们到了什么地步，就当照着什么地步行。"①现在我们所到的地步是，就我们讨论的这一话题来说，自制守节在婚姻之先，神圣的贞洁又在守寡之先；不可责备任何婚姻，只要是出于可赞美的目的，无论是我们自己的，还是朋友的，嫁娶都不是通奸，而是婚姻。关于这些话题的其他许多问题，我们已经在其他作品里讨论过了，一本是关于婚姻的益处的，另一本是关于神圣的贞洁的，还有一本是我们费尽九牛二虎之力写成的驳摩尼教教徒福斯图斯（Faustus）的作品，因为此人在其著作里猛烈抨击先祖和先知的纯洁婚姻，使一些没有知识的人偏离了正确的信仰。

20. 我在本文的开头就提出两个必不可少的问题，并逐一展开：一个与教义相关，另一个与劝勉相关。在前面部分我已经尽我所能对第一个问题作了详尽论述，现在我们要来讨论劝勉，好叫通过理智了解的好事能有激情去追求。在这个问题上，我首先给你这样的忠告，无论你在自己心里感到对敬虔守节的爱有多大，都要归功于神的恩惠，感谢他，因为他借圣灵白白地给你那么多恩赐，他的爱流入你的心田，对更大善的爱使你不许自己接受原本合法正当的事。正是神给你恩赐，使你在嫁娶原本合法的时候不想嫁娶；如今即使你想嫁娶，这事也成了不正当的。这样一来，不行此事的愿望就可能变得更加坚定，合法时都不行，如今既已不合法，就更不可行。你如今是基督的寡妇，还看到你女儿成为基督的童女。当你像亚拿那样祷告祈求时，

---

① 《腓立比书》3：15、16。

她已经成为马利亚的样式。你越是认识到这些是神的恩赐，就越能借着这些恩赐得福气。更确切一点说，你若不知道你所有的是从他而来的，你就会成为另外的样式。请听使徒在这个问题上是怎么说的，"我们所领受的，并不是世上的灵，乃是从神来的灵，叫我们能知道神开恩赐给我们的事。"①实在是有许多人获得许多神的恩赐，却不知道他们是从谁所得的，反倒以不敬的虚妄自夸起来。然而，人若是对恩赐者毫不感激，就不可能得神的恩赐之福。同样，在神圣奥秘过程中，我们被吩咐要"鼓起勇气"，正是借着他的帮助我们才得力量，借着他的命令我们才止步。由此可知，勇气之心是多大的善，我们不可把荣耀归于自己，似乎它是出于我们自己的力量，而要归于我们的主神。对此，立即有话告诫我们说，"这是合适的"，"这是正当的"。你必记得这些话是从哪里引来的，知道它们被举荐是出于怎样的神圣，多大的圣洁。因而，把握你所领受的，感谢恩赐你的。须知，虽然领受并拥有的是你自己，但是你所拥有的，是你所领受的；考虑到有人越来越骄傲，厚颜无耻地夸口其所有的东西，似乎这些东西是出于他自己，所以真理借使徒说："使你与人不同的是谁呢？你有什么不是领受的呢？若是领受的，为何自夸，仿佛不是领受的呢？"②

21. 我之所以不得不告诫这些事，是因为有些人放出一种可耻的论调，敌视基督的恩典，劝人不必向主祷告，说不祷告也不会陷入迷惑，这种论调已经通过耳朵潜入了许多人的心里，所以必须力求避开、杜绝。他们这样做是试图捍卫人的自由，似乎只要靠它，甚至不

---

① 《哥林多前书》2：12。
② 《哥林多前书》4：7。

需要神的恩助，我们就能够成就神命令我们的事。按这种说法，主叫我们"总要警醒祷告，免得入了迷惑"①岂不是徒劳；我们自己每日在主的祷告里所说的"不叫我们遇见试探"②，岂不也是徒劳无益。倘若光靠我们自己的能力就可以克服迷惑，那又为何要祷告叫我们不陷入迷惑，不遇见试探？我们不妨去做属于我们自己的自由意志和绝对能力的事好了，我们就可以嘲笑使徒的话——"神是信实的，必不叫你们受试探过于所能受的"③；我们应当反驳他，说，我凭什么要求主，他在我自己的能力里设了什么？但是，凡心灵健全的人，绝不会这样想的。因而，我们应当求他，他命令我们必须拥有的，求他赐给我们拥有。正是为了这样的目的，我们还没有的，他命令我们当有，好叫我们知道该去求什么。当我们找到力量去做他所命令的事，我们就会明白，我们是从哪里领受的，免得我们因这世界的灵自高自大，不知道神所恩赐给我们的事。我们绝不是要否定人的自由选择意志，但我们也不能忘恩负义，傲慢地否定神的恩典，因为自由选择本身要靠恩典的帮助，所以我们要心怀感恩的敬虔。没错，表示愿望的是我们的意志，但意志本身需要不断得到提醒，好使它最终形成；也需要治疗，好叫它有力量；要扩大，才可以领受；还要充满，才可以拥有。我们若不立志，当然就不会领受所给予的事物，也不可能拥有这些事物。人若不是自己愿意，谁会拥有自制守节（在神的许多恩赐中，我专门挑出这个对你说）？同样，人若没有意志，就不可能领受什么。你若是问，这是谁的恩赐，我们可以凭意志领受并拥有？那就听听圣经里的话。或者毋宁说，请你回忆一下你所念过的经文，因为

---

① 《马太福音》26：41。
② 《马太福音》6：13。
③ 《哥林多前书》10：13。

你原是知道的:"我知道,若不是神的恩赐,没有人能守节;而知道这是出于谁的恩赐,这本身就是一种智慧。"①智慧和自制,这是两大恩赐。智慧使我们认识神,而自制则使我们不效法这个世界。神命令我们既要有智慧,又要有自制,没有这种善,我们就不可能成为公义而完全的。不过,他既用诫命和呼召指示我们立什么样的志,我们就当祷告,求他赐给我们他所命令的,求他帮助并启示我们。不论他赐给我们什么,我们都要求他保守;至于他还没有赐给的,我们就求他开恩给予。无论如何,我们都要祷告感谢我们已经领受的,以及还没有领受的;我们既然对已经领受的不是无动于衷,就当相信总有一天能领受现在还未领受的。因为他已赐给嫁娶的信徒力量,叫他们避免通奸和淫乱,又赐给圣洁的童女和寡妇力量,使她们避免一切性行为,就这种美德来说,完全可以用神圣的贞洁或自制这个术语来描述。或者是否可能是这样,我们确实从他领受了自制,但智慧是从我们自身得的?若如此,使徒雅各为何又说:"你们中间若有缺少智慧的,应当求那厚赐予众人也不斥责人的神,主就必赐给他。"②关于这个问题,由于主的帮助,我们已经在另外的作品中谈得很多。以后若是有机会,我们还会借着他赐给我们的能力再谈这个问题。

22. 其实我一直希望在这个话题上说些什么,因为我们的一些非常友好、至亲的弟兄,虽然确实无意陷入以下这种错误,但还是陷入其中了:他们认为,当他们劝勉人行公义、敬虔时,若不是双方都积极用功,也就是说他们作用于人,人也当用功,他们的劝勉就没有果效;他们信靠人的力量,而不是神恩典的帮助,仅靠自由意志的选择

---

① 《所罗门智训》8 章 21 节。
② 《雅各书》1:5。

来发挥，似乎没有神的恩赐，也会有自由意志行善工！他们没有注意到，他们自己所拥有的这种能力，劝勉人的能力，也是出于神的恩赐，激发人愚拙的心志，去追求良善的生活，使冷漠的人有热情，使陷于错谬的人得纠正，使偏离正道的人得回转，使对立的人让步妥协，这一切全在乎神。但他们不知道，反而说，正是因为他们有说服人的意志，所以能够说服想要说服的人。倘若他们不是在人的意志上行这些事，那他们的工作是什么？他们为什么要说话？不如让人自己做出选择好了。然而就算他们在这些事上对人做了工，那又怎样？请问，难道只是人通过语言把如此伟大的事作用于人，而神没有作任何协助工作吗？其实，不论人有多大的论辩能力，巧妙的论述，动人的话语，在人的意志里种植真理，培育爱，用启蒙去除错谬，用劝勉消除懈怠，都要知道"栽种的算不得什么，浇灌的也算不得什么，只在那叫他生长的神"①。若没有创造主在里面悄悄做工，做工的人用任何方式都徒劳无益。因而，我希望我的这封信能借你的高贵行为传到这些人手上，由此我觉得应当在这个话题上说些什么。其次，无论是你本人还是其他寡妇读到或者听到这篇作品，叫她们知道，你在爱和自制的善上取得长足进步，与其说是出于我们的劝勉，不如说是出于你自己的祷告；即使我们的劝勉对你提供了一定帮助，全部功绩也必须归于神的恩典，如经上所说的："无论是我们自己，还是我们的论述，都在他的手里。"②

23. 你若还不曾向神立誓守寡，我们肯定会劝你这样做；但你既已经这样做了，我们就劝你坚持下去。但我想我必须这样说，以便引

---

① 《哥林多前书》3：7。
② 《所罗门智训》7章16节。

导那些早已思想婚姻的人去爱它，坚守它。我们不妨来听听使徒的话，他说："没有出嫁的，是为主的事挂虑，要身体、灵魂都圣洁；已经出嫁的，是为世上的事挂虑，想怎样叫丈夫喜悦。"①他并没有说挂虑世上的事就成为不圣洁的，只是可以肯定，婚姻既挂虑属世的喜悦，其圣洁自然是稍逊一筹。也就是说，出嫁的女基督徒，无论心里多么热忱地在主的事上费心，总也要想着怎样取悦丈夫，而没有出嫁的，总是要在一定程度上把这些热情积攒起来取悦于主。想想她所取悦的是谁，想想是谁使主喜悦。可以肯定，越是使主喜悦的，就越是有福的；越是挂虑世上之事的，就越是不能使主喜悦的。因而要以全部热情使那"比世人更美"②的主喜悦。因为"在他嘴里满有恩惠"③，正是借着他的恩惠，你才能使他喜悦。为使丈夫喜悦而可能被世俗占据的那一部分思想，也要挂虑主，使他喜悦。他对世界不悦，你要使他喜悦，好叫他的喜悦使你脱离世界的捆绑。这一位比世人更美，虽然世人看见他在十字架上受难，他无佳形美容，他的脸毫无骄颜，姿态一点不雅④，然而，你救主的这种不雅正是你的美貌的赎价，当然这美是内在的美，因为"王的女儿的一切美都是内在的"⑤。正是这种美使他喜悦，但这种美需要勤勉的挂心和急切的心意。他不喜欢骗人的颜色，真理只喜欢真实的东西。而他，如果你记得你所读过的经文，就知道他就是真理。他说："我就是道路、真理和生命。"你要借着他奔向他；要属于他使他喜悦；借着他，归于他，

---

① 《哥林多前书》7：34。
② 《诗篇》45：2。
③ 同上。（和合本经文译为："在你嘴里……"——中译者注）
④ 《以赛亚书》53：2，修订本（R. V.）。（和合本经文为："他无佳形美容，我们看见他的时候，也无美貌使我们羡慕他。"——中译者注）
⑤ 《诗篇》65：13。（和合本经文为："草场以羊群为衣，谷中也长满了五谷。这一切都欢呼歌唱。"——中译者注）

本乎他。这样一位丈夫，必以真诚的感情和神圣的贞洁爱着你。

24. 让你的孩子，圣洁的童女，敞开心里的耳朵，来听这些事，我将看到她在那王国里如何远远地在你前面，这是另一个话题。然而，你们，母亲和女儿，都会找到你们应当以圣洁的美一起使他喜悦的神，从而鄙视婚姻。在她，鄙视一切婚姻，在你，鄙视第二次婚姻。当然，如果你们有丈夫要取悦，到了此时，你也许会与你女儿一起对这种自我装饰感到羞愧。所以如今不要让它令你羞愧，致力于做令你们两人一起增光添彩的事，因为你们得到那位的爱不是羞愧的事，乃是荣耀的事。但你即使有丈夫，也不会披红戴白，涂脂抹粉，必认为这些东西不适合你，你不应当用虚假的东西去骗人。既然那位王早就渴望他唯一新娘的美，而你们是她的肢体，所以，你们要十分真诚地喜悦，一起信靠他，在你女儿，以童女的贞洁，在你，以寡妇的自制，两人都以属灵的美使他喜悦。同样，她的祖母，你的婆婆也有这种美，虽然活到现在也已经很老了，但与你们一样是美的。实在的，当爱带着这种美的光芒照到先前的事上，即使是漫长的时间也不会产生一条皱纹。你们有一位圣洁的老妇人，既在你们家里，也在基督里，可以向她请教坚毅的品质，教导你们该怎样与这样那样的试探争战，该怎么做才能使你们更能争战得胜，要筑起怎样的防御才不会再次被轻易击倒。只要有诸如此类的问题，她都会教导你们，因为她的寿数已定，她的爱出于善良愿望，她的天性充满关心，她的年岁安全可靠。你们应当在这些事上向她请教，因为你们所尝试的事，她都尝试过了。你的孩子唱着那首歌①，在《启示录》里唯有童女才能唱的歌，老人则为她祷告，为你们两人尽心祷告，过于她为自己的祷

---

① 《启示录》14：3、4。

告。当然她对孙女更加关心，因为在她面前还有更长的岁月，要战胜更多的试探；而你，她看着更接近她的年龄，又有了这般年纪的女儿，假设你女儿出嫁（如今这已是不适当的事，她绝不会这样做），我想你必会羞于与她一起生养子女。如今你并没有做祖母，虽然还处于危险的年龄阶段，但要在圣洁的思想和作为上结出果实，总不比你女儿更艰难吧。因而，祖母更多地关心你的女儿，不是没有理由的，因为不仅她所发的愿是更大的，而且她所拥有的一切在她也才刚刚起步。愿主垂听她老人家的祷告，好叫你们圣洁地跟从她的善工，她年轻时生育了你肉身上的丈夫，到了老年又与你女儿的心一同受煎熬。所以，你们要一心一意，用行为使主喜悦，向他祷告，他是教会唯一的丈夫，教会是他唯一的妻子，你们都借同一位圣灵活在她的身体里。

25. 过去的时光永不回转，昨天之后是今天，今天之后是明天，一切世代以及时间中的一切都转瞬即逝，好叫永久停留的应许到来："唯有忍耐到底的必然得救。"① 如果这世界正在毁灭，那出嫁的妇女又为谁生育呢？或者心里想要生育，肉体上却不想生育，那为何要嫁人呢？如果这世界仍然要继续，为何不加倍爱主，世界不就是借他而造的吗？如果此生的引诱已经落空，那就没有什么东西可令基督徒的灵魂孜孜以求的；但如果它们仍然存在，他就当以圣洁来鄙视它们。因为在前者中，欲望毫无指望，在后者中，有更大的爱之荣耀。生理之花盛开的时间究竟有多长？有些妇女有结婚的念头，并且热切地盼望结婚，但受到鄙视或拒绝；岁月悠悠，不知不觉中就变老了，如今她们再没有嫁人的愿望，只是对此感到羞耻。但许多人出嫁了，丈夫

---

① 《马太福音》10：22。

在婚后不久就出发去遥远的国度，她们就在盼望丈夫之中渐渐变老，虽然寡居这么长时间，往往等到风烛残年时还等不到老头子归来。这样说来，当订婚的新娘受鄙视，婚期被拖延，当丈夫远行出国，长期不归，人可以克制肉身的欲望，不行淫乱或通奸之事，那为何就不能克制亵渎神圣的欲望呢？既然可以在它燃烧时阻止、压制它，为何在它已经冷却时不熄灭它？凡对欲望之乐心怀指望的，欲望之火更烈，就需要更大的忍耐；但凡对神发誓守节的未嫁娶者，就消灭了那样的指望，这指望就是使爱燃烧的火焰。因此，没有任何指望来助燃的欲望就比较容易抑制；而越是不当的欲望，就越是热切地向往，唯有用祷告来抵制它，才能克服它。

26. 因而，让属灵的喜乐在神圣的贞洁里替代肉身的喜乐；念诵、祷告、诗篇、善念，由此作出善工，对将来世界的盼望，向上的心灵；为所有这些感谢众光之父，毫无疑问，各种美善的恩赐和各样全备的赏赐，都是从他那里降下来的，如圣经所见证的。① 当她们使用其他肉身愉悦，而不是已婚妇女从其丈夫身上所得的快乐，来安慰自己的时候，我还需要谈论由此而来的恶吗？因为使徒已经非常简练地指出，寡妇若是好宴乐，正活着的时候也是死的。② 但你断不是这样，你绝不是追逐财富的欲望胜过对婚姻的欲望，你心里也没有让金钱取代对丈夫的爱。我们观察人的谈话，常常从经验发现，在某些人身上，若是抑制他的放荡，贪婪就会加强。比如，就身上的感官本身来说，眼睛看不见的人，耳朵就特别灵，通过触觉可以感知很多东西，使用眼睛还不一定能感知那么多东西呢。从这个例子可以明白，

---

① 《雅各书》1：17。
② 《提摩太前书》5：6。

当注意力在某个方向上受到抑制，在这里就是眼睛受到抑制，它就转向其他感官，使其更加敏锐、突出，似乎想把被抑制的那种力量一并转到其他官能上。因而，肉身的欲望在性行为上受到抑制，就往往以更大的力量冲向对钱财的追求，一旦在这方面被拒斥，就在另一方面发出更炽热的欲火。但在你们，对财富的爱应当与对婚姻的爱一并冷却，当敬虔地使用所拥有的财富，指向属灵的喜乐，好叫你们的丰富因帮助缺乏的人而变得温暖，而不是增加贪婪者的财富。因为天上的宝藏不是赐给贪婪者的，而是帮助需要者的，在帮助寡妇的祷告上没有止境。同样，禁食和守夜（watchings），只要不损害健康，只要禁食或守夜时是在祷告、唱诗、读经、思想神的律法，即使看起来非常辛苦，也变成属灵的喜乐。出于这种爱的劳苦，一点不令人厌烦，甚至它们本身就是喜乐，就如同狩猎、捕鸟、打鱼、收获葡萄、做买卖、自娱自乐的游戏。因而，问题在于所爱的是什么。就所爱者来说，或者毫无劳苦，或者劳苦本身也是爱的一部分。试想，如果在追逐野兽、酿酒挣钱、打球运动时不辞辛苦，其乐无穷，在争取神恩的劳作中却没有任何喜乐，那该是多么可耻而可悲的事啊！

27. 的确，在一切属灵的喜乐上，就是未嫁女子所享有的喜乐上，她们的谈吐也应当小心谨慎，否则，她们的生活虽然没有因放荡成为恶的，她们的名声却因疏忽而显为恶的。无论他们是圣洁的男人还是女人，他们若说（万一他们在某件可恶的事上有所疏忽，结果陷入别人恶意的怀疑，但他们知道自己的生活绝不是那样的）他们已有足够的良知在神面前，鄙视别人对他们的看法，鲁莽而且冷酷地拒斥别人的意见，那他们就不配教导人；他们若是杀死别人的灵魂，不论是那些亵渎神的道，听凭自己的疑惑，不喜欢圣徒的圣洁生活，似乎这是可羞的人，还是那些为自己辩解，效法自己所想的，而不是所见的人，就不配有人来听从。因而，凡生活谨守，无可指摘，不行可羞和邪恶之事的，就是善待自己；但人若同时谨守自己的品格，就是同时怜悯别人。对我们来说，自己的生命是必不可少的，对别人来说，我们的品格是必不可少的；就是我们出于怜悯服侍他人，对他们的健康有利，同时对我们也大大有益。使徒所说的话不是无缘无故的，他说，"我们留心行光明的事，不但在神面前，就在人面前，也是这样"①；他还说："就好像我凡事都叫众人喜欢，不求自己的益处，只求众人的益处，叫他们得救。"②另外，在一次劝勉中又说："弟兄们，我还有未尽的话：凡是真实的、可敬的、公义的、清洁的、可爱的、有美名的，若有什么德行，若有什么称赞，这些事你们都要思念。你们在我身上所学习的，所领受的，所听见的，所看见的，这些事你们都要去行。"③因为他上面提到的这些美善之事与美德相关，但有美名的与称赞相关。我想使徒没有拿人的称赞看作是什么大事，因而他在一处说，"我被你们论断，或被别人论断，我都以为极小的事"④，又在另一处说，"若仍旧讨人的喜欢，我就不是基督的仆人了"⑤；还说："我们所夸的是自己的良心。"⑥但关于这两样，即善的生活和美名，或者更简练一点说，美德和称赞，前者为他自己的缘故而极其明智地谨守，后者为了他人的缘故而非常仁慈地提供。但就人的谨慎来说，虽然我们为得称赞尽一切可能行正当之事，但不论多么谨慎，也不可能在各方面都避免恶意的怀疑，或者错误地妄称我们

---

① 《哥林多后书》8：21（见修订本）。
② 《哥林多前书》10：33。
③ 《腓立比书》4：8—9。
④ 《哥林多前书》4：3。
⑤ 《加拉太书》1：10。
⑥ 《哥林多后书》1：12。

行了恶事，或者真的以为我们有恶行，企图玷污我们清白的名声，那就让良知给我们安慰；此外显然还有喜乐，因为我们在天上的赏赐是大的，即使人们捏造各样坏话诽谤我们①，我们仍然行敬虔而公义之事。因为那样的赏赐就如同战士得报答，是借着公义之兵器得的，不仅右手拿着，左手也要握着；也就是说，借着荣耀和羞辱，恶名和美名。②

28. 所以，行在自己的道上吧，坚持不懈地走下去，直至达到目标；凡你所能影响的人，你都要以你生命的榜样和劝勉的言辞吸引他们和你一同奔走这条道路。不要让那些虚妄之人的抱怨引你偏离这真诚的目标，你激发了许多人与你一同奔向这一目标，虚妄的人说，若是所有人都禁欲，那人类还能维系下去吗？似乎这世界之所以还在延续，不是因为预定的圣徒的数目未满，而是另有原因。须知，只要这数目将满，这世界的末了就不可能推延。即使有人对你说，假若众人都赞美、热爱自制，效仿守节，同时婚姻也是好的，那基督身体里怎么能包含一切善，不论是大的还是小的？你要立场坚定，一如既往地劝人得你同样的益处。因为首先，即使众人都努力守节，真正做到的也只能是少数，因为这"不是人都能领受的"。但如经上所说的，"谁能领受，就可以领受"③；所以，他们谁能领受，就领受，同时对那些不能领受的，也另有话对他们说。其次，我们也不应当担心所有人都领受它，其实有些人只能得小善，也就是婚姻生活，他们就在基督的身体上有所缺乏。倘若所有人都听到了，而且所有人都领受了，那么我们应当明白，这事就必是预定的，婚姻之善已经满了那些肢体的

---

① 《马太福音》5：11、12。
② 《哥林多后书》6：7、8。
③ 《马太福音》19：11、12。

数目，有那么多人已经离世。即使所有人都禁欲，如今他们也不会把禁欲者的荣耀给予那些已经为主的谷仓结出三十倍果实的人——假设三十倍果实是指婚姻的益处。因而，所有这些善都会各得其所，虽然从此时起没有女子想嫁人，也没有男人想娶妻。因而，不必担忧，尽你所能劝勉人，成为像你那样的人；警醒而热切地祷告，借助于至高者的右手，借着最仁慈的主的丰富恩典，叫你既能守住已有的样式，又能在将来的样式上取得进步。

29. 最后，我恳请你，你既借着主，从主领受了这恩赐，又盼望这恩赐的奖赏，就请你记得把我连同你自己的教会也放到你的祷告中。按着恰当的顺序，接下来我应当给你年老的母亲写一封关于祷告的信，她更关心的是你，而不是她自己，主要就是通过祷告为你争战。我这篇讨论守寡的短文是为你写的，不是为她写的，因为到了她的年龄已经克服的东西，在你还需要费时面对。而你的孩子，圣洁的童女，她若想从我们的讨论中了解她所宣称的事，可以看那篇《论圣洁》的长文。那篇文章我早已推荐你去阅读，它包含贞洁，即童女的贞洁和寡妇的贞洁所必不可少的许多东西，由于那里我已经比较详尽地讨论了那些问题，所以在这里就不再一一重复，有些只轻轻带过，有些则完全略去了。

愿你在基督的恩典里锲而不舍。

论 说 谎

本文选自《订正录》，写于公元395年，是第一卷书里的最后一篇作品，所有这些作品都是在他成为主教之前写的。有些版本认为它是写给康塞提乌（Consentius）的，但有抄本（MSS）不这么看。后者很可能是对的，因为他在多年之后就这一主题写的另一篇作品就是在普里西利安主义者（Priscillianists）公案上答复康塞提乌的质问的。

《订正录》第一卷最后一章

"我还写了一篇《论说谎》的作品，虽然读起来有点费力，但包含大量有益于脑力训练的内容，更多的是有益于道德价值的东西，目的是教导人爱说真话。我原想把这一篇从作品集中删除，因为在我看来它比较模糊、晦涩，甚至令人讨厌。也是出于这样的原因，我一直没有把它公之于众。后来我写了另一篇作品，题目叫'驳说谎'，这更加坚定了我要把前者销毁的决心，但是终未如愿。既然没有销毁，我就决定还是在这部《订正录》中保留它，主要原因在于它涉及一些另一篇作品中没有论到的然而又是必不可少的问题。至于另一篇取名《驳说谎》，而这一篇用《论说谎》的题目，原因在于，那篇从头至尾都是对说谎的公然抨击，而这篇大部分从正反两方面讨论这个问题。不过，两者的目标是一致的。"

1. 关于说谎有个大问题，这个问题常常出现在我们的日常生活中，给我们造成很大麻烦，使我们不能简单地界定何为谎言，或者认为有时候说谎是合理的，也就是说，是一种诚实的、好意的、出于爱的谎言。对于这个问题，我们将与探索的人一起努力探讨，尽力摸索，至于是否为了什么美好的目标，我们不必自己论断，细心的读者会从讨论中收集充分的信息，得出正确的结论。这里实在是布满黑暗的角落，有许多像洞穴一样的弯曲之处，由此常常消解探索者的满腔热情：眼看着就要柳暗花明了，陡然间又是山重水复，黑影团团。不过，最后，孜孜不倦的探索必结出更加丰硕的果子，我们的论断必令人心服口服。若说这里会有什么错误，那么由于真理就是摆脱一切错误，虚假就是陷入一切错误，所以我想，人若因为对真理爱之过切，对虚假拒之过绝，犯了错误，那没有比这样犯错更安全的了。有些人，他们找到了一条大错就说错误太多了，然而与此同时，发现了一些真理时却说根本不够多。不过，读者最好还是读完全文再挑错，而读完了全文，你就会更少挑剔。因为你所寻找的不应该是修辞，我们所关注的是事情，尽快处理一个几乎关乎我们每日生活的问题，因而，我们没有怎么费力，或者可以说不费吹灰之力就把这个问题付诸文字了。

2. 首先，我们把玩笑排除在外，从来没有人把它算作谎言的，因为开玩笑者说话的声调、脸上的神态最明显地表明他毫无骗人之意，尽管他所说的事情并不是真的。至于玩笑涉及的是哪一类话题，说玩笑的人是否正好是心灵完全的人，这是另一个问题，这里我们无法阐述清楚，但是我们既把玩笑放在一边，就表明在谎言问题上要注意的第一点是，人若没有说谎的动机，就不可认为他在说谎。

3. 为此我们必须明白谎言是什么。并非凡是说了不符合事实的都是在说谎，他若是相信或者以为自己所说的是真实的，那就不是说谎。在相信与以为之间存在着这样的差异，相信的人有时候认为他并不知道他所相信的东西，（虽然他可能知道自己对某物一无所知，但如果他非常坚定地相信它，就根本不会对它有任何怀疑。）而自以为是的人，则总是认为自己知道其实并不知道的事。这样说来，人若是在自己心里对某物有信念或有想法，嘴里说出来，那么即使其内容是虚假的，他也不是说谎。因为他相信自己所说的话，心里怎样想，嘴里就怎样说出来，因而他所说的是他心里所想的。但如果他相信不应当相信的东西，或者认为自己知道其实不知道的事物，虽然他没有说谎，甚至可能说了事实，但并不能说他毫无过错，因为他把未知的事当作已知的了。人若是心里想的是这样的，用语言或者无论哪种符号表达出来却是另外的样子，那就是说谎。由此，说谎者的心也可以说是双重的，也就是说，有一种双重的念头。一方面他知道或者认为事物是真实的，但是没有说出来；另一方面，他说出来的东西是他知道或者认为是虚假的。这样说来，他可能说一件虚假的事，但是没有说谎，只要他认为它就是他所说的样子，尽管事实上不是；他也可能说一件真实的事，但是在说谎，只要他认为它是虚假的，但把它说成是真实的，尽管事实上这确实就是如他所说的那样。判断是否说谎，是从说话者本人的意识来说，而不是就事实本身是真是假来说的。因而，把假的东西说成真，可以称之为错误或草率，但不能说他是说谎，因为他说的时候心里并无二意，也没有骗人之心，而是被骗了。而说谎者的过错在于说的时候心里有骗人的念头，无论他确实骗了人——因为他说了假话却让人信以为真，还是没有骗成——或者因为没有人相信他，或者因为他虽然有意骗人，把自以为假的东西说成是真的，结果说出来的却是事实。人信了他，反而使他骗人的动机没有得逞，尽管他的本意是要骗人的。这种情形下，唯有人认为他知道自己所说的，或者相信他所说的就是他所想的，他才能骗倒人。

4. 一个非常有趣的问题是，是否没有骗人的动机就完全没有谎言了。假设某人说了一件虚假的事，一件他认为是虚假的事，因为他认为对方不会相信他，所以篡改自己所相信的事实，目的是阻止对方相信虚假，在他看来对方不会选择相信他的话。如果说谎就是把事情说得与知道或认为其所是的样子相反，那么此人出于不让人受骗的目的说了谎。但如果说谎仅仅是出于骗人的动机说出某事，那么此人没有说谎，因为他说了虚假的事，而且知道或认为它是虚假的，但目的是为了让听他说话的人不受骗，因为他知道或认为对方不会相信他。由此显然，人可以出于不让对方受骗的目的说假话，也可以相反，出于骗人的目的而说真话。因为人若是决定说真的，因为他知道对方不会相信他，那么他说真话是为了让人受骗，因为他知道或者认为他所说的——仅仅因为是他说的——必被看作假的。因而他说真话的意图是让人以为是假的，也就是说他说实话的目的是为了骗人。由此我们可以问，究竟哪一个真正在说谎，是说假话叫人不受骗的人，还是说真话叫人受骗的人？是知道或认为自己所说的是假的人，还是知道或认为自己所说是真的人？我们已经说过，人若不知道自己所说的是假的，而认为它是真的，那他不算说谎。因为判断他们是否说谎是根据他们的心灵。因而，关于我们所提出的这些人，涉及的绝不是小问题。一个人知道或认为自己说的是假的，但他这样说是为了不让人受骗。比如，他知道某条路有强盗出没，而有那么一个人，他知道不会相信他的话，出于对那人安全的担忧，为了不让他走那条路，就告诉他那条路上没有强盗，目的就是让他别走那条路，因为一告诉他那条路上没有强盗，他就会以为那儿肯定有，断定对方所说的是谎言，所以断然不会相信他。这是一种情形。另一个知道或认为自己所说属实，但这样说的目的是为了让人受骗。比如，他对一个不相信他的人说，那条路上有强盗。他知道那儿真的有强盗，这样说是为了让对方当真走那条路，落到强盗手中，因为对方会认为他所说的话是假的，不以为然。那么这两人谁在说谎呢？是说了假话以便使对方跟从真实的人呢，还是说了事实却是为了让对方误入歧途的人？或者两人都说了谎？一个是因为有意说虚假的事，另一个是因为有意骗人？或者毋宁说，两人谁也没说谎？一个是因为他没有骗人的动机，另一个是因为他有意说真话？现在的问题不是谁犯了罪，而是谁说了谎。因为事实上，很显然，后者犯了罪，他利用说实话使某人落入强盗之手，而前者没有犯罪，甚至可算是行了善事，因为他说假话使某人避开了灭顶之灾。但这样的例子也可以从另外的意义上理解，也就是说可以这样设想，后者是希望他所不愿其受骗的人遭受更加深重的痛苦，事实上许多人就是这样的，某些事原本应当一直不为他们所知的，但由于知道了事实真相，反倒导致自我毁灭；前者则希望给他故意让其受骗的人带来某种方便，因为事实上也有这样一些人，假若他们知道他们所挚爱的人真的陷入了某种恶，他们就可能自己也毁了；而让他们蒙在鼓里，以为这是假的，就是救了他们自己。这样说来，让他们受骗反而对他们有益，知道真相则会造成伤害。因而，问题不在于行善或行恶的目的是什么，不论为防止人受骗而说假话，还是为使人受骗而说真话，撇开与受话方的便与不便不说，就真假本身来说，问题在于，究竟是两人都说了谎，抑或两人都没有说谎。如果谎言是指出于说假的意图而说出的话，那么立意说假并说了想说的话的人就是说谎，尽管他这样说是出于不让人受骗的目的。但如果谎言是指出于骗人的意图所说的话，那么前者没有说谎，说谎的是后者，因为后者尽管说了真话，却意在骗人。如果谎言是指有意弄虚作假，那么两人都说了谎，因为前者有意说了假话，而后者有意让人相信他所说的真话是假的。再进一步说，如果谎言是指希望说假话骗人的人所说的话，那么两人都没有说谎。因为前者说假，意在使人相信真相，后者说真，是为了使人信假为真。所以，如果我们知道真实可信的事物，如果只在该说的时候说出来，并希望我们所说的事能令人相信，那么一切草率和谎言都将烟消云散。然而，如果以为虚假的东西是真实的，或者把我们所不知道的事当作知道的，或者相信不应当相信的事物，或者在不当的时候说出来，那么我们的唯一目的就是使人相信我们所说的话；我们诚然不能避开一切冒失的错误，但我们完全可以避免一切谎言。没有必要去担心那些定义怎么说，只要心里有美善的良知，使它所说的乃是它知道或者认为或者相信是真实的东西，它并不希望能使人相信任何事，只希望人相信它所说的话。

  5. 至于谎言是否有时非常有用，这是个更大也更切己的问题。如上所述，当人没有骗人的意图，甚至想方设法使受话方不至受骗时所说的假话，是否谎言，这很难说，因为尽管他确实希望他所说的事情本身是假的，但他说假的目的是为了使人相信真相；还有，当人为了骗人的目的甚至不惜说出真相，这是否为谎言，也是可疑的。但可以确定的是，当人出于骗人的目的说假话时，那绝对就是谎言。也就是说，以骗人的意图说出的假话显然就是谎言。至于是否唯有这种情形才是谎言，这又是一个问题。同时，假设这种谎言是众所公认的，我们要问的是，出于骗人的意图说假话是否有时挺管用。持肯定态度的人在提出证据证明自己的观点时，往往引用撒拉的例子①，她心里暗笑，但是向天使否认自己笑过；提到雅各的例子，当他父亲问他是谁时，他回答说是长子以扫②；同样，埃及的收生婆为救希伯来婴孩，免得他们一出生就遭杀戮，就说了谎，从而得到神的厚待和奖赏。③他们举出诸如此类的大量例子，那些人说的谎你没有胆量敢求全责备，所以，说谎有时候不仅不该责备，还是值得称赞的。他们还补充另一个例子，以此来劝勉所有普通的众人，而不仅仅是那些忠实于圣经的人。他们说，假设有一个人跑到你这里来避难，你只要说谎就可以救他的命，你难道不说吗？如果一个病人提出一个他不宜知道的问题，你若不给他回答就可能使他感到备受煎熬，你敢冒险告诉他实情从而毁灭他的生命？还是宁愿保持沉默，不愿用善意且有益的谎言维持他虚弱的身体？通过诸如此类的论述他们认为已经非常充分地证明了，只要有行善的必要，我们可以说谎。

6. 另一方面，也有人说我们绝不可说谎，他们非常强烈地呼吁，首先借用神的权威，因为十诫中就明明写着"不可作假见证"④，这里的假见证包括一切谎言，因为凡说出的话都见证他自己的心灵。考虑到有人会争辩说，并非每一种谎言都该称为假见证，那么对经上所说的"口说的谎言能杀死灵魂"⑤，他该说什么；考虑到有人会认为这话可以理解为某些谎言可以例外，那就请他念另一处的经文："说谎言的，你必灭绝。"⑥主还亲口说："你们的话，是，就说是；不是，

---

① 《创世记》18：15。
② 《创世记》27：19。
③ 《出埃及记》1：19，20。
④ 《出埃及记》20：16。
⑤ 《所罗门智训》1章2节。
⑥ 《诗篇》5：6。

就说不是；若再多说，就是出于那恶者。"①使徒在告诫人脱去旧人——这个词是一切罪的代名词——时也直截了当地说："所以你们要弃绝谎言……说实话。"②

7. 他们也不承认旧约里引用的那些论述谎言的例子使他们感到恐慌，因为每一事例虽然确实发生过，但是也可以从比喻的意义上理解；一旦某事是在比喻意义上行或说的，那就不是谎言。每句话都应当指向它所说的意思，但是如果某事是从比喻意义上做或说的，那么它所说的意思唯有理解它的人才能领会，唯有领会了才有意义。由此我们可以相信，就那些说预言时代被立为权威的人来说，关于他们的言行所记载的一切都是具有预示意义的，而且他们生活中的所有那些事件都具有一定的预言意义，借着同一个说预言的圣灵值得用文字记载下来。至于收生婆，他们诚然不可能说她们是借着说预言的圣灵，出于预示将来真理的目的，告诉法老此事而不是彼事（尽管圣灵确实预示了某事，但她们并不知道借着她们所行的是什么事），但他们说这些妇女要按各人的份得神的厚待和赏赐。须知，一个惯于说谎伤害人的人，若是出于行善的目的说这些话，那他显然有了巨大的进步。但其本身作为可称颂的事提出来是一回事，与更坏的事相比较显得较好是另一回事。人若身体健康，我们所表达的是一种感谢，当人病愈康复，我们表达的是另一种感谢。在圣经里，就是所多玛，与以色列民所犯的罪相比，也可以称为义的。他们把旧约里所出现的一切说谎的例子都应用到这条规则上，那就找不到可指责的，或者根本无法指责，不是因为有进步并盼望更好的事而当赞许，就是隐藏着不为人知

---

① 《马太福音》5：37。
② 《以弗所书》4：25。

的意义而完全不能算他们说谎。

8. 因此，从新约诸卷来看，圣徒的生活和为人，他们的行为与言论，除了我们的主所使用的比喻意义，没有一样是激发人效仿说谎的。彼得和巴拿巴的装假不仅记载下来，还予以指责和纠正。① 因为就是使徒保罗也不是如有些人所认为的那样，让提摩太行割礼，或者他自己遵行一些犹太律法，是出于同样的装假；他这样做，实在是出于他自由的心志。他所传讲的是，外邦人行了割礼并不更好，犹太人不行割礼也不更坏。所以在他看来，前者不必被迫遵行犹太人的做法，犹太人也不必拒斥祖先的习俗。他所说的话如下："有人已受割礼蒙召呢，就不要废割礼；有人未受割礼蒙召呢，就不要受割礼。受割礼算不得什么，不受割礼也算不得什么，只要守神的诫命就是了。各人蒙召的时候是什么身份，仍要守住这身份。"② 一个人既受了割礼，怎么能成为不受割礼的呢？他说，此人不必这样做，他不必装作未受割礼的样子，也就是说，不必假装，似乎他那被割去的包皮又长回来了，不再是犹太人了。在另一处他说："你的割礼就算不得割礼。"③ 使徒说这话，不是说要强迫那些人不行割礼，或者强迫犹太人守祖先的习俗，而是说谁也不必被迫守别人的习俗，各人应当有能力守其自己的习俗。然而不是非这样做不可，如果犹太人愿意，只要不对他人有任何损害，也可以不守犹太人的律法，使徒不会禁止他，因为他劝犹太人遵守的目的是，不要因为困扰于表面的事，而在那些救恩所必不可少的事上反倒受阻。同样，如果外邦人愿意接受割礼，他也不会禁止，目的在于表明他并不认为割礼是令人厌恶的，而认为它只是一

---

① 《加拉太书》2：12—21。
② 《哥林多前书》7：18—20。
③ 《罗马书》2：25。

种无关紧要的记号。随着时代的过去，这记号的意义已经消失，绝不可能有人认为，既然如今救恩不从它来，就必然有可怕的毁灭从它来。让提摩太受割礼正是出于这样的原因。提摩太原本是未受割礼的，然而由于他母亲是犹太人，他为了赢得自己的族人，向他们表明他从基督教教义里所学到的东西并不禁止古老律法的圣礼，于是就由使徒为他行了割礼。① 这样，他们就向犹太人表明，外邦人之所以不接受他们的圣礼，不是因为它们是邪恶的，先祖遵守它们也不是用心险恶，而是因为它们已经不是得救所必需的条件了，因为如此伟大的圣礼已经临到，这圣礼也是经过漫长的旧约时代在其预言的预象中分娩出来的。同样，当犹太人敦促他也给提多行割礼时，他原也可以这样做，但有假弟兄偷着引进来，希望此事成就，他们就好利用此事传播他们的谬论，说保罗本人就表明他已经顺服于他们所传讲的真理，即福音救恩的盼望就在于肉身的割礼，以及对这种圣礼的恪守，没有这些，基督与人毫无益处。然而事实恰恰相反，人若是因为认为得救在于割礼所以就行割礼，那基督才真的与他们全无益处。因而有话说："我保罗告诉你们，若受割礼，基督就与你们无益了。"②保罗守先祖的律法正是出于这种自由，同时不失一份谨慎，不忘进一步澄清，免得人以为没有这些律法就没有基督徒能得救。然而，彼得要求外邦人行犹太律法，似乎救恩只在于犹太教，如保罗的话所表明的："你……怎么还勉强外邦人随犹太人呢？"③显然，他们若不是看到他如此严谨地守这些律法，似乎没有它们就不可能得救，就不会觉得它们必不可少，非守不可。因而，彼得的装假无法与保罗的自由相提并

---

① 《使徒行传》16：1—3。
② 《加拉太书》5：2。
③ 《加拉太书》2：14。

论。我们应当爱彼得，因为他愿意接受指正，但是我们绝不可装假说谎，就是仗着保罗的权威也不可，他当着他们众人的面叫彼得转到正道，免得外邦人因他被迫行犹太律法，同时他又明明白白地见证了自己所讲的道，尽管有人会因为他不要求外邦人行这些律法而指责他与先祖的传统为敌，但他本人并没有鄙视它们，不按先祖的习俗遵守它们，由此充分表明，在基督到来之际，圣礼一直在他们里面；对犹太人来说，它们不是邪恶的，对外邦人来说，它们不是必不可少的，从此以后，对任何人来说都不是得救的道路。

9. 可见，没有任何权威可以为说谎作佐证，旧约里没有，因为被认为是在比喻意义上行的事或说的话不能算是谎言，或者因为好人没有被要求去效法坏人，倒是坏人开始改邪归正，与更坏者相比，这种改正是值得肯定的；新约里也没有，因为我们要效仿的是彼得的改正，而不是他的装假，甚至可以说是他的眼泪，而不是他的否认。至于从日常生活中引发出来的那些例子，他们就更加坚信没有给说谎任何支持。首先他们教导，谎言是罪孽，并用许多圣言来证明，尤其是以下这段经文："凡作孽的，都是你所恨恶的。说谎言的，你必灭绝。"①圣经里惯常的做法之一是，后半句往往是对前半句的解释，所以，作孽是含义较宽泛的术语，而说谎言意指具体的作孽。如果他们认为这两者之间有什么区别，那么说谎言是比作孽坏得多的事，因为"你必灭绝"显然比"你所恨恶"要严重得多。神恨一个人可能还没有恨到要把他灭绝的程度，但要灭绝他则必是恨到极处了，要用严厉得多的方式来惩罚他。他恨一切作孽的，而说谎言的，他还要灭绝。这一点既是确定无疑的，那么相信这话的人还会有谁被那些例

---

① 《诗篇》5：5—6。

子——比如有人向你寻求庇护,你只要说谎就可以救他性命——感动?人不怕犯罪,却愚蠢地害怕死亡,其实那死所灭的不是灵魂,而是身体,如主在福音书里所教导的,因此他命令我们不应怕死①,而说谎言的口杀死的不是身体,乃是灵魂。有话写得清清楚楚:"说谎的口必毁灭灵魂。"②我们怎么能说,到了末时,此人过着唯有身体的生活,彼人的任务是导致灵魂死亡,这岂不是最大的悖逆?对邻人的爱以各人对自己的爱为界限。主说:你们"要爱人如己"。③一个人若为了保护另一个人的现世生命,却失去自己的永生,我们怎能说他是爱人如己的呢?如果为了那人的现世生命,献出他自己的现世生命,那不是爱人如己,而是爱人胜过爱己,这超越了合理教义的规则。更不要说为救别人现世的生命说谎失去自己的永生了。当然,若是为了别人的永生需要牺牲自己的此生,基督徒必会毫不犹豫地去做,因为这样的例子就在眼前,主就是这样为我们死的。对此他也说过:"你们要彼此相爱,像我爱你们一样,这就是我的命令。人为朋友舍命,人的爱心没有比这个大的。"④谁也不会蠢到认为主不是在考虑人的永恒得救问题,无论是他命令我们做的事,还是命令我们做他自己所成就了的事。既然一说谎就失去永生,就不可为救某人的短暂生命而说谎。至于那些对此不高兴,对应当绝不说谎的话感到恼怒的人,宁愿为了使另一人的肉身渐渐变老,而毁灭自己的灵魂。如果只要我们偷盗,只要我们通奸,某人就可以脱离死地,那又怎样呢?难道我们就因此去偷盗、去通奸?以下这样的情形,他们也不可能使自己信服。

---

① 《马太福音》10:28。
② 《所罗门智训》1章11节。
③ 《利未记》19:18;《马太福音》22:39。
④ 《约翰福音》15:12—13。

即如果一个人拿着绳索命令某人必须顺服他肉身的欲望，宣称他的要求若不得满足，他就把自己吊死。他们不可能为了——如他们所说的——救人性命说服自己去按他的要求行。既然这是荒谬且邪恶的，那么人为何应该为使别人的身体存活不惜说谎败坏自己的灵魂呢？他若是为同样的目标舍弃自己的身体，谁都会论断说这是邪恶的堕落行为。因而，在这个问题上唯一关键的一点在于，谎言是否就是恶。既然以上反复提到的经文就是这样论断的，我们必须明白，问人是否应当为另一人的安全而说谎，其实就是问人是否应当行恶去解救另一人的安危。倘若灵魂的得救给予否定回答，知道唯有公正才能使它安全，希望我们选择它，为它不仅舍弃别人的安全，甚至不惜我们自己的短暂安全。那么，他们说，我们还有什么可疑惑的？答案非常明确：任何情况下都不能说谎。我们知道，在短暂的美物中不可能有什么比身体的安全和生命更大或更亲的了，既然它都不会被认为比真理更可贵，我们还有什么理由让那些认为有时说谎是正当的人鼓吹说谎的必要性？

10. 关于身体的纯洁。这里似乎出现了非常高尚的理由，要求为此说谎，也就是说，如果说一个谎就可以逃脱强暴者的蹂躏，那么这个谎毫无疑问是说得对的。然而对此可以轻松地予以驳斥，没有心灵上的健全，就不可能有身体上的纯洁；一个崩溃，另一个必倒塌，尽管看起来似乎完好无损。出于这样的原因，不能把身体的纯洁看作是短暂的事物，看作是可以违背人的意愿把它夺走的东西。因而，心灵绝不可以为了它的身体而说谎败坏自己，它知道，只要心灵本身保持纯洁不败坏，身体也能保持不败坏。因为不是出于欲望，而是由于暴力而使身体受苦，那不能称为败坏，而应称为非法占有。即使一切非法占有都是败坏，也不是每一种败坏都有堕落行为，唯有那欲望所追逐的，或者欲望所偏向的才有。心灵越是比身体优秀，一旦被败坏了，其邪恶就越是令人发指。然而纯洁是可以保守的，因为若不出于自愿，不可能出现败坏。可以肯定，如果强暴者攻击身体，而且也没有任何抵抗力量，也没有计谋或谎言能帮它脱离魔爪，那么我们必须坚守它的纯洁，不能让它被他人的欲望所破坏。既然谁也不怀疑心灵比身体优秀，那么我们就当选择心灵的健全，而不是身体的健全，而心灵的健全是可以永远保守的。但对于说谎的人，谁能说他的心灵是健全的？事实上，我们可以这样界定欲望本身，它是心灵的嗜好，心灵借此选择短暂的好，舍弃永远的好。因而，人若不能证明谎言能获得永远的好，他就在任何条件下都不可能证明说谎是正当的。然而，人之所以偏离永恒，正是因为他离弃了真理，所以若说离开永恒还有可能获得什么美善，那是极其荒唐可笑的。倘若还有哪种永恒的好处是真理所没有包括的，那它必不是真正的好；它既不是真的，就必是假的，就不可能是好。正如心灵高于身体，同样，真理也高于心灵本身，所以，心灵不仅应当为追求真理而舍弃身体，而且还应为此舍弃它自己。当心灵享有真理的永恒不变，而不是它自己的变动不居，它就变得更加完整而贞洁。罗得① 是个非常公义的人，甚蒙天使的喜爱，这样的人尚且把自己的女儿献出来满足所多玛人的淫欲，以便让妇女的身体，而不是男人的身体被他们败坏，更何况心灵，岂不更应当勤勉而恒久地保守对真理的追求，因为若说男人的身体胜过女人的身体，那心灵就更胜过身体。

11. 不过，若是有人认为，之所以为别人的利益说谎是正当的，其原因在于使那人存活，或者不至于在那些他非常喜爱的事上受到冒

---

① 《创世记》19：8。

犯，最终好让他在教导下获得永恒真理，那么此人不明白，首先，他也可以基于同样的理由去行穷凶极恶的事；其次，如果我们的谎言使那些我们试图领向真理的人认为有时候说谎是正当的，那么教义本身的权威性就丧失，荡然无存了。因为带来救恩的教义部分在于相信，部分在于领会；若不先相信那些应当相信的事，就不可能达到对那些应当领会的事的理解。人若认为有时说谎是正当的，那么万一当他教导我们要相信的时候是在说谎，叫我们怎么相信呢？我们怎么知道，在那一刻他是否有某种理由，如他所认为的，可以说好意的谎言，以为用一个虚假的故事把某人唬住，使他远离淫欲，由此说他说谎是在行善，甚至在属灵的事上也如此？这样的谎言一旦得到承认和许可，信心的整套法则都将被颠覆；法则既荡然无存，也就不会有任何领悟的获得，用法则来培养孩子就是为了最终获得领悟。这样，真理的一切道理都消失了，让位于最放荡的错谬，因为谎言，即使是出于好意的，也可能从四面八方为它打开进入的门道。说谎言的，总是选择短暂的益处，或者是他自己的，或者是别人的，而舍弃真理，还有比此更悖逆的吗？就算他想借助于谎言使人获得真理，那也阻碍了迈向真理的进路，因为用说谎来使人接受真理，结果当他说真话时，就不可能有人相信他。这样说来，我们或者不能相信好人，或者必须相信那些我们认为其有时有义务说谎的人，或者不能相信好人有时也会说谎。就这三种情形来说，第一种是邪恶的，第二种是愚蠢的，所以剩下的只有一种可能性，即好人应当永不说谎。

12. 这样看来，这个问题在两个方面都展开了思考和讨论，但是要作出定论还是十分不易。所以我们还是要进一步悉心聆听另一些人所说的，他们说：为了避免更恶的事而选择行次恶的事，这样做不能算恶。而且，人的行为不仅包括他们所做的，还有他们同意在他们身上所做的。照此说法，如果情势所迫，要求基督徒向偶像烧香敬拜，否则就可能无法避免逼迫者所威胁的对他肉身的玷污，那么他应当这样做，若不这样做，他们就认为有理由质问他，为何不作个假说个谎来避开如此污浊的耻辱？他们说，默默忍受人的暴行，而不行烧香拜偶像之事，这本身并非一件消极被动的事，而是一种行为。所以，他选择烧香，而不做这样的事。照此说来，倘若谎言可以使他避免圣洁的身体蒙受如此令人发指的耻辱，他岂不是会更愿意选择谎言吗？

13. 在此前提下，以下这些问题可能非常值得讨论：这样的默认是否应当看作一种行为，或者没有准许是否可以称为默认；或者是否只要说"适宜忍受这个，而不是去做那个"就表示准许；所论到的人去烧香以避免忍受身体的暴行是否做得对？如果必须在说谎与烧香之间作出选择，是否应当说谎，而不是去烧香？如果这样的默认应当算作行为，那么那宁愿被治死，也不作假见证的人是否就是谋杀者。而且更糟糕的是，他们就是自己的谋杀者？就此而言，为什么不能说他们杀死了人呢？因为他们选择让死临到他们头上，好叫他们不做别人催逼他们做的事。如果认为杀死别人比杀死自己更坏，那么假设把这些条件落到殉道者身上，也就是说，由于他拒不作基督的假见证，拒不向魔鬼献祭，于是把他自己的父亲而不是别人带到他面前杀死，他父亲恳请他不要固执己见，任凭这样的事发生，那会怎样呢？很显然，由于他坚守自己的目标，要作最信实的见证，其结果不过是使他们成为杀死他父亲的杀人犯，他自己并不担当弑父者的罪名。因而，就此例子而言，他宁愿别人杀死他父亲，也不愿违背信念作假见证，这样的人不可能染指如此凶残的事（虽然那父亲是个亵渎神圣的人，他的灵魂要被抓去受惩罚）。同样，这一事例中，他自己拒不行恶，要做也让别人去行，他不做，他们就很可能去做，这样的默认也不会使他成为如此下流无耻之事的当事人。这样的逼迫者能说什么呢？他们只能说："你们行恶，我们就可以不行。"果真如此，我们行恶能使他们不做那些恶事，即便如此，我们也没有义务自己行恶，好叫他们安然无恙。但事实上，他们在什么也没说之前就已经在做了，那为何要我们来使他们与邪恶相伴，而不是他们自己主动陷入可恶的泥潭？既然我们不赞同他们所做的事，反倒一直希望他们不去做，甚至不惜说谎，阻止他们做这样的事；若是做了，不仅不与他们同流合污，还要极其厌恶地谴责这样的事，那怎么能称为默认呢？

14. 你说："既然你若做那事，他们就不会做这事，那怎么能说这事不是你与他们同做的呢？"若这样说，那么我们还与破门而入者一同破门了，因为我们若不关门，他们怎么能破门呢？如果我们偶然知道拦路抢劫者要抢劫杀人，那么我们就是与他们同谋的杀人犯，因为我们若先杀了他们，他们就不会去杀别人了。或者，如果某人向我们宣称要去杀父，而我们在找不出别的办法阻止他的情况下，有能力杀他，却没有在他做出那种行为前把他杀了，那就是与他一同犯了弑父罪。因为我们可以如前面那样一字一句地说："你已经与他一同做了；因为你若那样做了，他就不会这样做了。"我真诚地希望没有恶事能得逞；但唯有在我力所能及范围里的事，我才可能留意不让它发生；至于取决于别的条件的事，若是我的忠告不能遏制那样的意图，那我也不必自己行恶以阻止事件发生。因而，此人拒不为彼人犯罪，这绝不是对彼人成为罪犯的许可；当然人若能阻止那样的事发生，必不乐意看到这样的情形。然而，就那与他相关的事来说，他有能力做或不做，所以他能决定不做；就与他人相关的事来说，他只能希望事成或不成，但是可以谴责。因而，就他们提出的那些条件，就他们所说的"如果你不烧香，就要受这种苦"，他若是回答说："对我来说，我哪个也不选,我恨它们,哪件事上也不会认同你们",这些以及诸如此类的话是真实的,因而表示他完全不认可、不赞同,那就让他在他们手上遭受痛苦,按他的解释,是冤屈的证明,按他们的解释,是犯罪的见证。我们也许可以问:"难道他应当违背他的人格,而不是去烧香?"如果问到应当的问题,那么两件事他都不应当行。我若说他应当做此事,我就是赞同此事,但我对两件事都不认可。如果问题是,他既然不可能避免两件事,只能避免其中一件,那么哪一件是他更应当避免的,我就会回答:"他自己的罪,而不是他人的;甚至是他自己的轻罪,而不是他人的重罪。"这一点还需要进一步深入探讨,同时考虑到污损人格比烧香更坏,但是后者是他自己的行为,前者是别人的行为,当然这行为是在他身上做成的,但他人做的是行为,他做的是罪。虽然杀人是比偷窃更大的罪行,但偷窃比受害更坏。因而,如果人受到威胁说,他若不偷,就要把他杀死,也就是说,杀人行为就要做在他头上;他不可能避免两者,只能选择避免那不是他自己的罪的行为,而不是避免他人的行为。后者不会因为做在他头上就成为他的行为,因为他若是自己犯某种罪,就可以避开这种行为。

15. 这个问题的整个关键在于,是否他人对你所犯的罪不应当归咎于你,即使你能够通过自己犯一点轻罪避免这种罪行,但你没有做;或者一切身体上的污损都没有例外,都是罪。然而,谁也不会说,人因被杀,投进监狱,锁上镣铐,受鞭打,或者遭受其他折磨和痛苦,或者失去法律保护、遭受极严重的污辱,甚至变得一无所有,丧失尊严,受到各种谴责,陷于最大的耻辱之中,所以受了污损;无论如何不公正地遭受这些痛苦,没有人会丧心病狂地说他因此而成了污秽的人。然而,如果他自己让污秽浇灌在他身上,或者灌进他的口里,塞进他心里,或者他像女人一样肉体上被人利用,那么几乎所有的人都会对他怀着一种可怕的感觉，就会说他受了玷污，是不洁净的。我们必须做出总结，他人的罪，不论什么样的罪，是别人犯在他头上的，除了使他污损的，人不可通过自己的罪来力求避免，不论是为自己，还是为别人，而要忍受它们，勇敢地担当它们；如果他可以不必自己犯罪避免，就当尽力避免，因而不可通过说谎来避免。但那些因犯在某人身上使他不洁净的事，我们必须避免，即使是自己犯罪也在所不惜；出于这样的原因，那些为了避免那种不洁而做的事，不应当称为罪。因为无论行了什么，若是考虑到不行就是该受指责，那样的事就不是罪。根据同样的原理，绝不可能避免的事不能称为不洁，即使在那样的极端情形中，当事者也做了他该做的事，即耐心忍受他所无法避免的事。而人只要行得正，任何外在的污秽都不可能玷污他。因为在神眼里，不洁者乃是不义者，凡行义的都是洁净的；即使在人眼里不是，在神眼里正是，神的论断毫无错谬。不仅如此，即使在受难过程中，所给予的避免苦难的力量被玷污，人受污不只是由于接触污秽，而在于他可以避免的时候却拒不避免，这就是罪。只要为了避免受污，无论行什么，都不能算是罪。因而，无论谁为了避免受污之故说谎的，不算犯罪。

16. 或者，是否有些谎言可以除外，因而忍受这个污秽比说那些谎言更好？果真如此，那就不能说凡为了避免受污秽而行的事都不是罪了，因为有些谎言比忍受污秽更坏。假设有人受到追查，查到就可能使他的身体受污秽，而只要说个谎言就有可能把他保护下来，谁敢说就是在这种情形下也不应当说谎？但如果掩护他的谎言有可能损害别人的美名，使那人受到不洁净的诬告，那是否还应该说谎，是否应当对追查的人说："去找这样一个人，"（即某个对此类邪恶全然不知的圣洁之人）"他会为你找到一个更加愿意顺服的人，因为他知道并爱这样的人。"由此使那被追查者避开追查者。我不知道人为了使别人的身体免受他从未有过的淫欲侵犯而说谎，是否玷污他自己的美名。一般来说，谎言若对别人有害，即使这种伤害比若不说谎可能对自己产生的危害要轻得多，也绝不可以对别人说谎。因为你不能违背别人的意愿把他的面包拿走，即使他吃饱了，不再需要，而你是拿它去喂哺虚弱的人，也不行；也不能为了使某人免于被杀，就违背另一无辜者本人的意愿鞭打他。当然，如果他们自己愿意，就可以按他们所愿意的做，因为他们若是心甘情愿这样做，就谈不上伤害。然而就是本人同意，为了使某人的身体免遭别人淫欲的侵犯而受到诬告，其好名声是否会受到损害，这仍然是个大问题。我不知道是否可以轻易证明，人更应当承担（即使是出于自愿）遭受淫荡的诬告而损其美名，而不应让其身体违背其意愿遭受淫欲本身的玷污。

17. 倘若选择给偶像烧香而不愿将自己的身体屈从于可怕淫欲的人面临这样的选择：他若希望避免身体受污秽，就得说谎玷污基督的美名，那么去做这样的事就是极其疯狂的。我还可以进而言之。他若为了避免别人的淫欲，他自己从来没有过那样的淫欲，为了不使那样的事落到自己头上，就得用对基督的虚假赞美证明基督的福音是假的；也就是说，宁愿避免别人对他身体的败坏，而不顾他自己对灵魂和身体之成圣教义的败坏，那他就是疯了。因而，从虔敬的宗教教义，从那些普遍适用的言论，就是信仰理论所阐述的言论来说，在教导和学习上都必须远离一切谎言。我们也当知道，为何在这样的事上不可说谎，在这样的理论里不可为了使某人更容易接受它而说谎，不论出于什么原因，都不可能找到这样的原因。因为一旦真理的权威倒了，或者哪怕受到一点点损害，其他一切东西都必然成为可疑的；而若不相信它们是真的，就不可能坚定地主张它们。因而应当向他传讲永恒之事，或者与他讨论、争辩，也可以对他阐述与教化忠诚、敬虔有关的短暂之事，在适宜的时候隐藏应当隐藏的事，然而说谎永远不是正当的事，因而，千万不可用说谎来掩盖什么。

18. 只要这一点从一开始就牢固地确立下来，处理这个问题所引出的其他问题就比较有把握了。但是归根结底，我们还必须明白，凡不合理伤害人的谎言，一律避而远之，因为谁也不应当受到冤枉，尽管对他较轻的伤害可以使别人避免较重的伤害。另外一些谎言也不可说，即它们尽管不对别人造成伤害，但是也对任何人都没有好处，而且还对毫无意义地说谎的人本身有害。事实上，这些人才是真正可以称之为谎言家的。须知，说谎与谎言家之间是有一定区别的。人可能会无意识地说点谎，但谎言家嗜好说谎，而且心里常常以说谎为乐，乐此不疲。第二类人是那些想通过说谎来取悦于人的人，他们说谎倒不是要冤枉或者指责别人——我们前面已经把这类人排除在外了——而是以这样的说话为乐。这类人不同于我们所说的谎言家，后者以说谎为乐，喜爱欺骗本身；前者则渴望在令人愉快的谈话中获得乐趣，他们更愿意在谈论真实的事情中找乐，然而若是很难找到真实的、能使听众高兴的事可说，他们就选择说谎，而不是闭口不说。不过，有时候编造一个全然虚假的故事对他们来说也是很难的，所以当他们对某件美事感到不知所措时，最通常的做法就是真假参半。这两类谎言对信以为真的人没有任何害处，因为他们不是在涉及信仰和真理的问题上，或者涉及自己的利益和好处的事上受骗。这足以使他们认为所听到的事是可能的，使他们相信一个人，而不是无端地认为他是在说谎。试想一想，相信这样一个人（即使他自己并不是好人）的父亲或祖父是个好人，或者相信他甚至在波斯军队里服过役（尽管他根本没有走出罗马一步），这种相信有什么坏处呢？但对说此类谎言的人，则害莫大焉：就前类谎言来说，有害是因为他们抛弃真理，以骗人为乐；就后者来说，有害是因为他们更希望取悦于人，而不是真理。

19. 这两类谎言都应当毫不犹豫地予以谴责。接下来的一类可以说要好一些，所以常常被认为是出于好意善良的人，因为说谎的人不仅于别人无害，还对某人有益。正是这类谎言引起了全面争论：这样的人所做的有益于别人却违背了真理，那他是否损害了自己。如果唯有那以内在而不变的光照亮人心的才能称为真理，那么至少他的行为有悖于某件真实之事，因为尽管他的感官受骗，心灵、感官没有告诉他某物是这样或不是这样，他的意见或信念也不认为是这样或不是这样，但他却说它是这样或不是这样，所以他总是违背了某个事实。因而，他在这样使别人受益的行为中是否损害自己，或者他既使别人受益，就得到了补偿，与自己就没有害处了，这是个大问题。若果真如此，就可推出，与人无害的谎言应当有益于自己。然而这些事是联系在一起的，如果你同意那一点，就必须循着同样的思路推导出令人极为尴尬的结论。因为如果可以问，对一个富可敌国的人来说，从他无可计数的麦子中偷去一斗，于他有损吗，而且这一斗麦子可能对偷盗者来说是养命之食，那么就必然可以推出，偷盗行为也可以成为合情合理的，作假见证也毫无罪过。那么还能提到什么更大逆不道的事呢？说真的，如果有人偷了一斗麦，而你恰好看到了，当你被询问时，你是否真心为穷人考虑而说谎？如果你这样做是出于自己的贫穷，那是否应当受到指责？如果爱人胜过爱己是你的职责，那么这两者都是可耻的，都必须避免。

20. 但是有人会认为，还有一种例外要补充说明，也就是说，有些真诚的谎言不仅无害于人，还对某些人有益，当然不包括那些借此掩盖罪行，为其辩护的谎言。因为上面所说的那类谎言之所以可耻，原因在于，虽然它无害于人，且对穷人有益，但是它掩护了盗贼。而这种既不损人又于某人有益的谎言，只要不掩盖某种罪，为其辩护，在道德上就没有错。举个例子来说，某人当着你的面把自己的钱财藏起来，免得有人来偷来抢，因而当你被问及钱财下落的时候不可说实话；你这样做不会对任何人造成损害，而且还保护了把自己的钱财藏起来的人，所以说谎并不必然掩盖罪。因为人若是担心自己的财产受到损失而把它隐藏起来，这绝不是什么罪。这样说来，如果我们所说的谎不是罪，因为它既不掩盖任何人的罪，也无损于谁，反而对某人有益，那么什么样的谎言涉及罪本身呢？经上有律法规定："不可偷盗"，还说："不可作假见证。"①既然每一样都是严格禁止的，为何假见证若是掩盖偷盗或其他罪就是该受惩罚的，若不掩盖别的罪，只是为作假见证而作假见证，就无可指责？然而，偷盗岂不是本身就是可指责的，其他罪岂不也是这样？难道掩饰一种罪是不合法的，行之却是合法的？

21. 这显然是荒谬的，那么我们该怎么解释呢？是否可以说不存在"假见证"，当人说谎时，或者是为了给某人炮制出一种罪行，或者是为了掩饰某人的罪行，或者总是迫使别人受审？因为见证对审判官追溯事情的原委来说似乎是必不可少的。然而圣经所称的"见证"若只是为了那样的目的，使徒就不会说："并且明显我们是为神妄作见证的，因我们见证神是叫基督复活了。若死人真不复活，神也就没有叫基督复活了。"②由此他指出，说谎、虚假地称颂人就是作假见证。

或者，人为炮制或掩藏别人的罪，或以某种方式伤害别人而说谎

---

① 《出埃及记》20：15、16。
② 《哥林多前书》15：15。

的，就是作假见证？倘若对人的短暂生命说谎言是可恶的，更何况对人的永生说谎言呢？凡是在信仰教义上说的谎言，就属于这类谎言。正是出于这样的原因，如果人说基督的假话，而且看起来似乎是赞美他，使徒就称之为假见证。既然这样的假话既没有炮制或隐瞒人的罪行，也不是对审判官的质问的回答，不仅无害于什么人，还对某人有益，那么我们是否应当说它既不是假见证，也不是可指责的谎言？

22. 倘若有个杀人犯到基督徒这里来寻找庇护，或者他看到杀人犯藏在哪里，搜捕的人就这件事询问他，以便找到杀人犯绳之以法，那该怎么办呢？他应当说谎话吗？此人既犯了如此可怕的罪，他怎么能说假话包庇他呢？难道因为问的不是那人的罪，而是那人的藏身之处，就可以说假话吗？若说为隐藏人的罪而说谎是可恶的，那么为掩护罪犯而说谎难道不是可恶的吗？有人会说："没错，因为人犯罪不在于避免惩罚，而在于行了该受惩罚之事。而且，它涉及基督教的规定，既不可断绝人改正之路，也不可阻止人悔改之途。"如果你被带到审判官前，然后问你另一人藏在什么地方，你会怎么做？你若知道他在那里，你会回答说"他不在那里"吗？或者回答"我不知道，没有看见"。尽管你是知道的，并且亲眼所见？那么你是否预备作假见证，杀人犯没有杀死你的灵魂，你自己却杀死它？或者在审判官面前你说谎，但是当质问你时就说实话，不作假见证？若是这样，你就将背弃他，亲自把他送上断头台。显然，背弃者也是圣经所憎恶的人。或者是否可以说，在回答审判官的询问时说出了真实信息的，不算是背弃者，而未经询问就告发人致使其毁灭的，才算是背弃者？举例来说，一个无辜的义人，你知道他藏在何处，审判官来询问你他的下落；然后，有更高的掌权者下令把那人带去执行死刑，这执法者也来向你询问情况，这种情形下，你为无辜的人说假话是否就不算作假见证，因为询问者不是审判官，只是执法官？倘若是立法者询问你，或者某个不义的法官，要求把无辜的人交出来受惩罚，你该怎么办呢？你是作假见证呢，还是作背弃者？或者向公正的法官主动告发一个隐藏的杀人犯是背弃者，而若是一个不公正的法官询问你一个无辜之人的藏身之地，想要杀死他，你就把这个完全掌控在你手的人告发了，你还不算背弃者？或者在作假见证的罪行与背弃的罪行之间，你犹豫不决，无法作出选择？或者你保持沉默，或者宣称什么都不说，决心避开两者？那么为何不在来到法官这里之前就这样做，还可以避免说谎？其实，只要能避免说谎，你也就能避免作假见证。是否每种谎言都是假见证，或者并非如此，但是就假见证本身的含义来说，不作假见证并不能保证避免一切谎言。因而，若能说"我既不背弃也不说谎"，那是多么勇敢，多么非同寻常啊！

23. 泰迦斯塔（Thagasta）教会的前任主教费尔谟斯（Firmus）就是这样的人，而且意志更加坚定。当皇帝派官员来到他家里问他话，因为有个人在他这里避难，他尽心掩护他，对带着皇帝的命令而来的问话，他回答说，他既不能说谎，也不能背弃那人。即使遭受了如此多的身体折磨（因为皇帝还不是基督徒），他仍然坚守自己的立场。于是他被带到皇帝面前，由于他的行为显得如此可敬，竟然轻而易举地使他所极力掩护的人获得了赦免。还有比这更勇敢、更坚贞不屈的行为吗？不过，有些胆子比较小的人可能会说："我可以忍受任何折磨，甚至受死，也不会犯罪；但是，既然说一个谎既不伤害任何人，也不是作假见证，还对某人有益，这样的行为不是犯罪，为何不去做，却主动而无谓地去受苦？当生命和健康还可能有用的时候，就把它们弃置一旁，而且不能拿它们从怒气冲冲的人那里换回什么，这岂不愚蠢，且是大罪？"对此我要问，他为何惧怕经上所写的你"不可作假见证"①，却不怕经上所说的"说谎言的，你必灭绝"②？他说："经上没有说一切谎言，但是按我的理解，它的意思似乎是，凡说谎言的，你必灭绝。"但它也没有说"一切假见证"。"没错，"他说，"但它被列在任何情况下都是恶的事情中间。"什么，"不可杀人"③也是这样的吗？如果杀人，在任何情况下都是恶的，人怎么能使义人免除这种罪行？就是义人也根据所给予的律法杀死了很多人。"但那人自己并没有杀人，他只是某个公正命令的执行者。"他驳斥道。我不得不承认这些人也有惧怕，但是我仍然认为，既不说谎言，也不背弃人的可敬之人，确实对经上的话理解得更充分，而且把他所理解的精义勇敢地付诸实际行为。

24. 我们有时会遇到这样一种情形，就是我们没有被审问所要找的人藏在何处，也没有被迫出卖他，只要那人藏得非常隐蔽，除非出卖他，不然不可能轻易找到。如果我们确实知道他在那里，但是闭口不说，或者甚至说"我绝不会告诉你他是否在那里"，我们也会暴露他。因为很显然，你若这样说，发问者就可以推测出他就在那儿，因为他若不在，一个既不想说谎又不想暴露他的人只能回答说，他不在那里。所以，无论我们是闭口不说，还是说这样的话，都是将人出卖了，找他的人只要有权力就能破门而入，一下子找到他。但我们若撒个谎，找人者可能会转身而去，再也找不到人。因而如果你不知道他在哪里，就没有理由掩盖真相，但你必须承认你不知道。但如果你知道他在哪里，被问及的地名中或许就是他的藏身之地，或者是别的地方，当问你他是否在那里时，你千万不可说："我不会告诉你

---

① 《出埃及记》20：16。
② 《诗篇》5：6。
③ 《出埃及记》20：13。

你想知道的东西"，而得说："我知道他在哪里，但我绝不会说出来。"因为如果提到某个具体地点时你不回答，并宣称你不会出卖他，这就正好如同你手指那个地方，因为你的反应恰好证实了追问者的怀疑。如果一开始你就承认你知道他在哪里，只是不说，那么追问者就可能离开那个地方，转而开始不断问你，要你说出那个地方。无论你勇敢地承担什么，好的信心和仁慈不仅不受责备，甚至是可敬的；除了这些事以外，如果人受苦的话，可以说，不是勇敢地受苦，却是不当而愚拙的。这是关于谎言的最后描述，对此我们必须更深入地讨论。

25. 最先要避免的是那种大谎言，就是在信仰教义上说的谎言，人必须远远逃离，绝不可陷入这种谎言之中。第二种谎言是，不正当地伤害某人，也就是对任何人无益，但对某人有害。第三种是有益于某人，但同时要伤害到别人，不过没有身体上的玷污。第四种，出于单纯的说谎和骗人的欲望而说假话，是一种纯粹的谎言。第五种，出于用令人愉快的谈话来取悦于人的欲望而说的谎。所有这些都要彻底避免和拒斥。还有第六种，不但对任何人毫无伤害，而且对某人有帮助。比如说，某人为防止别人盗取他的钱财，把它们藏起来，知道隐藏地的人无论面对谁的询问都说不知道。第七种，也无害于任何人而有益于某些人，除非审判官来传问。比如，不想出卖一个被追捕要治死的人，你就得说谎，不仅对无辜的义人如此，就是对一个罪犯，因为根据基督教律法，既不能断绝人改正的道路，也不能阻挡人悔过的道路。对于常常引起大争议的这两类谎言，我们已经讨论得很多，也表明了我们的观点是什么，最后引用高贵而勇敢的例子作出结论说，勇敢、忠诚而可靠的男人女人们都应当避免这两类谎言。第八类谎言不伤害任何人，同时有助于保护某人不受身体玷污，至少是我们上面提到过的玷污。因为在犹太人看来,就是不洗手进食也是一种污秽。即使有人认为这也是一种污秽,但是不可为避免这样的污秽而说谎。如果是这样的谎言,就是对某人有害的,即使它能掩护人脱离大家都厌恶、憎恨的不洁,至于如果这样的谎言所造成的损害并不在于我们刚刚提到的这种不洁,那么它是否可行,这是另一个问题,因为显然,这就不再是关于说谎的问题了,而是这样的问题:如果只要说个谎,别人就可以避免所论到的污秽,这种情况下是否会伤害人。但我绝不会这样认为,尽管所举的例子只涉及微不足道的伤害,如我上面所提到的一斗麦子;尽管这种情形颇为令人尴尬:我们是否有责任不伤害任何人,就是微不足道的伤害也不可,尽管这样做就可以保护并掩藏某人,使其免于另一人的强暴。但是如我所说的,这是另一个问题,目前我们得回到正题,即在以下这种情形下是否应当说谎:情势使我们不可避免地在两种行为中作出选择,或者说谎,或者遭受摧残或可怕的玷污;即便说谎不会对人造成任何损害。

26. 论到这个问题,只要我们先对禁止谎言的神圣权威深入讨论,就必有一定的空间可以思考;倘若毫无这样的空间,那我们想要寻找解释的余地也是徒劳。因为我们必须严格谨守神的诫命,借着对他诫命的谨守才能承受神在一切事上的旨意,所以一以贯之地遵循是我们的职责,即使放宽一些,也不可沦落到说谎的地步。圣经之所以不仅包含神的诫命,还记载义人的生活和品格,其原因在于,万一我们应当遵行诫命的方式被隐藏起来,难以领会,我们还可以从义人的作为中领会。但那些可以理解为有比喻意义的行为除外,当然,谁都相信这些事是真实发生的事,就如旧约里的大部分历史事件那样。谁敢斗胆说有哪件事不是与比喻意义上的预言相关的?因为使徒论到亚伯拉罕的儿子——我们当然可以说他们是按人的繁衍方式出生、按自然秩序生活的，这很容易理解（因为出生的并非不得不使人联想到某种预示的怪物奇才）——认为他们预示着两约①，论到神赐给他的子民以色列巨大的恩惠，救他们摆脱在埃及地所受的压迫和捆绑，论到一路上对他们所犯罪行的惩罚，说他们遭遇这些事都要作为鉴戒。②你能找到什么行为，使你把这样的规则弃置一旁，坚持认为它们不可以归结为某种鉴戒？除此之外，新约里圣徒们所成就的事，有我们可效法的最可赞美的方式，可以用作领会旧约里以命令形式出现之事的例子。

27. 我们在福音书里念过："有人打你的右脸，把左脸也转过来由他打。"③忍耐的例子莫过于主自己所树立的榜样，如此大能和卓越，当他的一边脸被打时并没有说，看，这是另一边脸，而是说："我若说得不是，你可以指证那不是；我若说得是，你为什么打我呢？"④由此他表明另一边脸的预备应当在心里成就。使徒保罗也知道这一点，当他在大祭司面前脸上被人打时并没有说另一边脸也打吧，而是说："你这粉饰的墙，神要打你！你坐堂为的是按律法审问我，你竟违背律法，吩咐人打我吗？"⑤他以最深刻的洞见看到犹太人的祭司已经堕落，名义上披着洁净和公正的外衣，内心里却满是龌龊的污秽欲望。他说这些话时已经看到，祭司之职在灵上将要借着主的报复成为过去，但他在自己心里不仅担当脸上的另一击，也预备为真理忍受任何磨难，出于对他们的爱，甘愿忍受他们的折磨。

---

① 《加拉太书》4：22—24。
② 《哥林多前书》10：1—11。
③ 《马太福音》5：39。
④ 《约翰福音》18：23。
⑤ 《使徒行传》23：3。

28. 经上还写着:"只是我告诉你们,什么誓都不可起。"①但是使徒自己却在书信里发誓。②由此表明应当怎样理解经上所说的"只是我告诉你们,什么誓都不可起"这话,也就是说,要防止人借着发誓使誓言成为驾轻就熟的东西,渐渐变成一种习惯,从习惯又堕落成偏见。因而,除了写作时出于谨慎的预先考虑,他一般都不发誓言,即使发誓也不说轻率、突兀的话。那样的话实在是属于恶者的,如经上所说的:"(你们的话,是,就说是;不是,就说不是)若再多说,就是出于那恶者。"③不过,不是出于他自己的恶,而是出于那些人的软弱之恶,他们虽然软弱,他仍然努力信任他们。至于他在讲话中而不是在写作中常用的誓,我不知道是否有经文论到,只是主说"什么誓都不可起",因为他没有许可人写作。然而,若是因此宣称保罗违背了诫命,尤其是在为各国的灵性生活和拯救而写并发出去的书信里没有遵守诫命,这样的指责是不敬神的,所以我们必须明白,经上所写的"什么誓都不可起"的话是出于这样的目的:免得誓言就如同你的谎言差不多,对你没有影响,你也不爱它,似乎它不是为了良善之事,不是出于美好的愿望。

29. 因而,"不要为明天忧虑","所以不要忧虑说:'吃什么?喝什么?穿什么?'"④我们看到主自己也曾带一个袋子,所给予的东西都存在里头⑤,什么时候需要,就什么时候取;使徒们自己也预备了很多供应,以备穷苦的弟兄之用,不仅为明天准备,更为即将来临的漫

---

① 《马太福音》5:34。
② 《罗马书》9:1;《腓立比书》1:8;《加拉太书》1:20。
③ 《马太福音》5:37。
④ 《马太福音》6:34、31。
⑤ 《约翰福音》12:6。

长的饥荒预备，如我们在《使徒行传》里所读到的。① 由此非常清楚，对这些律例要这样理解：我们所做的这些事绝不是为了生活的必需，不是出于对获得短暂之物的喜爱，或者对匮乏的恐惧。

30. 另外，经上还对门徒们说，路上什么也不要带，只要以福音为生。② 在另一处，主亲自指明了他为何说这话，因为他说了以上这话之后，又补充说："因为工人得饮食是应当的。"③这里他非常充分地表明这是允许的，但不是命定的，免得行这事的人，即传讲神道的人不向听他传道的人那里拿此生所需的东西，以为向他们拿东西是不正当的。当然，什么也不拿就更可敬了，这一点在使徒保罗那里得到充分证明。他说"在道理上受教的，当把一切需用的供给施教的人"④。还在其他许多地方指出，听道的人向讲道的人做这样的事要谨慎行之。他说："然而，我没有用过这权柄。"⑤因而，当主说那些话时，他是给了人权柄，但不是命令人必须这样做。一般而言，在话语上我们不能明白的，通过圣徒的行为我们可以领悟到应当怎样去理解它，若没有具体的例子来解说，这样的话很可能会理解偏颇。

31. 因而，经上所记的"说谎的口必毁灭灵魂"⑥，问题在于出于什么样的口。一般而言，当圣经论到口时，通常是指我们心里形成观念的地方。无论什么都是先经过那里的认可和规定，再由声音说出来，说真理时如此，说谎言时也如此。但是人说的话若不是出于他的心，他也可能不是从心里说谎言，比如他知道承认小的恶是为了避免

---

① 《使徒行传》11：28—30。
② 《路加福音》9：3，10：4、7。
③ 《马太福音》10：10。
④ 《加拉太书》6：6。
⑤ 《哥林多前书》9：12。（和合本经文里"我"为"我们"。——中译者注）
⑥ 《所罗门智训》1：11。

更大的恶,其实对两者都不以为然。持这种观点的人说,由此也可以理解经上所说的另一句话"就是……心里说实话的人"①,因为心里说的必然都是实话,但是口里说的就未必,比如为避免更大的恶,要求口里说出来的不同于心里想的。从这里还可以明白,其实心里也有一张口。凡能讲话的地方,就可以认为有一张口,若不认为心里也有口,我们就不可能说"他在心里说"。虽然经上写的是"说谎的口必毁灭灵魂",但是联系上下文的教训,可以认为这就是指心里的口。由于从那里出来的声音比较模糊,在人面前隐藏,若不是由身上的口说出来,他们是听不到心里之口的声音的。但是圣经里那一处说,心里之口确实可以让主的圣灵听见,因为圣灵充满全地;同时还提到双唇、声音和话语,但是所有这些都不可理解为其本身,而是指心,因为它是论到主时说到这些的。凡说出来的都不能从主面前隐去,而用我们的耳朵所能听见的声音说出来的话,也不可能从人面前隐去。经上是这样写的:"智慧的灵是爱人的,但不饶恕双唇里吐出恶言的人。神见证他的理智,洞悉他的心灵,听见他的每一句话。因为主的圣灵充满全地,统管万物,自然知道每一种声音。因而,口出恶言的人无所躲藏,既逃不过审判,也避不开惩罚。邪恶者的念头要受到监视,他所说的话要上报到主的面前,主要对他的恶行严惩不贷。嫉妒的耳朵能听到一切,阵阵抱怨无处逃遁。因而不要无休无止地抱怨,那绝无好处。也不要说尖酸刻薄的话,凡说出来的话,无论多隐秘,都不会没有后果。说谎的口必毁灭灵魂。"②这似乎是对那些认为只在自己心里翻腾的念头是模糊、隐秘的人的警告。可以说,这样的念头在神的耳

---

① 《诗篇》15:2。
② 《所罗门智训》1章6—11节。(本节经文为中译者根据英文翻译。——中译者注)

朵听来是如此清晰,甚至称之为"喧哗"。

32. 我们还在福音书里明显地看到心里之口。比如,在一处看到主所提到的口,既指身体之口,又指心灵之口,他说:"你们到如今还不明白吗?岂不知凡入口的,是运到肚子里,又落到茅厕里吗?唯独出口的,是从心里发出来的,这才污秽人。因为从心里发出来的,有恶念、凶杀、奸淫、苟合、偷盗、妄证、谤讟,这都是污秽人的。"①这里,你若把口理解为身体上的口,又怎么能明白"唯独出口的,是从心里发出来的"这样的话,唾沫和呕吐岂不也是从口里出来的?人若不是吃了什么不洁的东西被污秽,那就是呕吐出来时被污秽了。但这显然是极其可笑的,所以当主说"唯独出口的,是从心里发出来的"时,我们还是认为他的意思是指心里的口。因为行窃也可能并常常是口不出言,悄无声息的。人若是认为这话是说,一个人当他承认盗窃罪并坦白交代,就是受了这罪的污秽,而犯了罪后闭口不说则认为他未受污秽,这人岂不是疯了?事实上,我们若是认为这段话所说的是心里的口,那么任何罪都不可能做得毫无痕迹,因为罪若不是从心里面的口出来的,就不可能做成。

33. 正如我们可以问圣经所说的"说谎的口必毁灭灵魂"是指什么口,同样,我们也可以问这里的谎言是指哪一类谎言。它似乎特别指某种包含损害的谎言。它说:"不要无休无止地抱怨,那绝无好处,也不要说尖酸刻薄的话。"这种损人是出于恶意,人不仅嘴巴、声音说出对某人的诽谤,而且即使什么也不说,心里还是希望别人被认为是这样的人;这事实上就是以心里的口损人,按经上的话说,这样的事不可能在神面前模糊、隐藏。

---

① 《马太福音》15:16—20。

34. 另一处的经文说:"不可企图利用每一种谎言"①;他们说这条在这里不适用,因为它讲的不是人不可说任何谎言。因此,如果有人说,根据圣经的这一见证,我们必须认为每一种谎言都是可恶的,就算某人只是想说谎,而其实没有说,光凭那种愿望就是有罪的;正是在这种意义上,它不是说不可使用每一种谎言,而是说"不可企图利用每一种谎言",好叫人不仅不敢说谎,甚至不敢有说谎的企图,无论什么类型的谎;另一人却说:"不,它说的是不可企图利用每一种谎言,就是希望我们从心里之口杜绝说谎。这样,就身体之口来说,有些谎言我们必须禁止,比如那些涉及信仰教义的大谎,有些则可以不设禁令,比如为避免更大的恶所需要的谎言,但对心里之口,我们必须彻底杜绝一切谎言。"对所谓的"不可企图"必须作这样的理解。也就是说,企图本身就可以说是心里之口,所以当我们为避免更大的恶不得已说谎时,这谎与心里之口无关。还有第三种解释来理解"并非所有的谎",除了某些谎言之外,你可以说谎。就如同说,不可企图相信每一个人,这话不是告诉你不要相信任何人,而是说不是所有人都可信,但总还是有些人是可以相信的。接下来的话说,"因为老说谎无益于良善",这话听起来似乎是说,不是说谎,而是惯谎,即说谎的习惯和嗜好才是他所禁止的。人若是认为每一种谎都可以放肆地使用,(这样,就是在敬虔和忠诚教义上所说的谎言,他也不会力求避免,那么你还能找出比这更可恶的事吗?不要说在一切谎言中,就是在所有罪恶中也很难找到。)或者认为某些谎言(不论多么容易,多么无害)可以顺应意志的倾向,那么此人必然要滑到这种境地,于是说谎不是为了避免更大的恶不得已而为之,而是心甘情愿,并且欢呼

---

① 《便西拉智训》7 章 13 节。(此节经文系中译者根据英文翻译。——中译者注)

雀跃。这样看来，这个句子可以有三种理解，或者理解为"任何谎，不仅不可说，甚至连说的企图也不可有"；或者"不可企图，但是为了避免更大的恶不得已说谎除外"；或者"并非所有的谎"，也就是说，除了一些谎之外，其余的是允许的。一种解释是那些认为人绝不可说谎的人主张的，另两种是那些认为人有时候可以说谎的人提出来的。随后所说的"因为老说谎无益于良善"，我不知道它是否赞同以上三种解释中的第一种。唯有一种可能性，即不仅不可说谎，而且连想也不能想，这是完全者的诫命；就是初信者也不允许老是说谎。换言之，就如同有人说，对于定下的规则，即任何时候都不仅不可说谎，就是说谎的企图也不可有，有例子可以否证，因为有些谎言甚至受到大权威的认同。对此我们可以驳斥说，那些谎言是初信者的谎言，就此生来说，这类谎言有某种怜悯的职责。但归根结底，一切谎言都是恶，凡完全而属灵的心无论如何都要避免，就是初信者也不可沾染老说谎的习惯。我们已经论到埃及收生婆说，正是因为此事关乎生育更美之事的应许，所以允许她们说谎，因为这是走向热爱真正而永恒的灵魂得救的一个步骤，此时为了行仁慈救人的必死性命，即使说谎也允许。

35. 此外，关于经上所说的"说谎言的，你必灭绝"[①]，有人说这里的意思是说没有谎言能例外，一切谎言都受到咒诅。也有人说：一点没错，但是指那些从心里说谎言的人，如我们上面所讨论的；因为憎恨说谎的必要性，认为这是必死生命的一种惩罚的人，心里是说真话的。还有人说，诚然，凡说谎言的，神都要灭绝，但并不是灭绝一切说谎者，因为这位先知在那时所暗示的一些谎言，那些任何人不会

---

① 《诗篇》5：6。

被宽恕的谎言是指这样的人：拒不承认自己的罪，还为自己的罪行辩护，他就绝不会懊悔，因而不会满足于行恶作孽，还必然希望别人认为他是义的，不愿服忏悔之良药。以下这话显然不是指别人："凡作孽的，都是你所恨恶的。"①但他们只要忏悔认罪，说出真话，神就不会毁灭他们，因为只要行真理，就可以来到光这里，如福音书里约翰所说的，"但行真理的必来就光"②，"你必灭绝"一切做你所恨恶之事的，不仅如此，还要毁灭一切"说谎言的"③，因为他们妄称假义，不忏悔自己的罪。

36. 不可作假见证是律法书十诫里所写下的一条，对此实在不可能争辩说，心里存着对真理的爱，而嘴里却对被见证者说假话。因为人若只是对神说，那么只要在心里保守真理，但若是对人说，我们还必须用身体上的口说出真理，因为人不是心灵的洞察者。关于见证本身，问一下你是对谁作见证，这并非不合情理。因为我们不能说对任何人说都是作见证，唯有对那些适宜听我们的话，听了我们的话之后能够知道或者相信真理的人。若是一个法官，就叫他在判断中不出错；若是在信仰教义上受教的，就叫他在信心上不犯错，或者借着师傅的权威心里没有挥之不去的疑惑。如果审问你或想要从你了解什么的人所求的是与他无关的东西，或者他所不宜知道的信息，那么他所求的就不是一个证人，而是一个背叛者。因而，如果你向他说谎，就可能免于作假见证的罪名，但谎言肯定还是谎言。根据这样的条款，作假见证绝不可能是正当的，但问题在于，说谎言是否有时是正当合法的。如果说谎就是假见证，那必须搞清楚这样的谎言是否包含补

---

① 《诗篇》5：5。
② 《约翰福音》3：21。
③ 《诗篇》5：5、6。

偿,即是否可以为了避免更大的罪而说谎,如经上所写的"当孝敬父母",显然忽视了对更高职责的强调。因而,受主的亲自呼召、要传讲神国的人,是不可以去坟墓向父母尽最后的孝敬的。

37. 同样,关于经上所记的另一段话,"领受了道的儿女,必远离毁灭;他既领受,就为自己领受,口所出的,毫无妄言"①。有人会说,这里所说的"领受了道的儿女",应当理解为就是指神的道,也就是真理。因而"领受了真理的儿女,必远离毁灭",引申到经文"说谎言的,你必灭绝"。但后面的话"他既领受,就为自己领受",其所暗指的岂不就是使徒所说的,"各人应当察验自己的行为。这样,他所夸的就专在自己,不在别人了"②? 因为人领受道,也就是真理,若不是为自己,而是为取悦于人,那么一看到谎言可以使他们喜悦,就不再守真理。而领受道为自己的,口里所发出的没有妄言,因为即使取悦于人的方式是说谎言,他也不说谎言,他领受真理不为取悦于人,乃是要使神喜悦,这样的人领受道是为自己。因而,这里说凡说谎的,他(神)必灭绝,而不是一切谎言,他必灭绝,这不是毫无缘由的,因为"他口里所出的,毫无妄言"这话已经把一切谎言都全面剪除了。但另有人说,这话应当理解为使徒保罗所引用的主说的话:"只是我告诉你们:什么誓都不可起。"③因为这里也将一切誓言都剪除了。意志绝不可认同起誓,心口也不可宣誓,唯有出于别人的软弱才不得已起誓,也就是说,出于别人的"恶",因为事实表明若不借助于誓言,他就不可能相信所说的话。或者出于我们自己的"恶",因为我们这必死的身躯无法表明我们的心,我们若能这样做,那就不需要

---

① 《箴言》29:27,拉丁译文。(本段为中译者根据英文翻译。—— 中译者注)
② 《加拉太书》6:4。
③ 《马太福音》5:34。

起誓了。此外，从整句话来看，如果"领受了道的儿女，必远离毁灭"说的不是别的，就是真理，万物借他而造，而他依然永不变化的真理，那么，由于信仰教义力求带领人沉思真理，所以可以说，他"口所出的，毫无妄言"这话指的就是这样的意思，即他不说任何与教义相关的妄言。这类谎言无可补救，所以必须彻底也是首先要避免的。或者，如果"毫无妄言"不指一切谎言就会显得很荒谬，那么如上所述，根据认为人有时可以说谎的人的观点，这里的"口"应当意指心口。

38. 可以肯定，尽管迄今为止的讨论一直从正反两方面展开，有人说说谎绝不可能是正当的，并引用神的话来证明，有人则不以为然，甚至就在神的证词里寻找说谎的可能空间，然而没有人说，他能从圣经的例子或话语里找到证据表明谎言似乎是人所爱的或者非所恨的东西，尽管有时为了避免更可恨的事，你不得不说你所恨的谎言。然而这里正是人犯了错，他们把珍宝放在浊物底下。须知，当你承认某种恶是可容忍的，另一种更严重的恶不可容忍时，你不是根据真理的规则，而是根据你自己的贪心和习俗来衡量恶，把自己比较惧怕的看作是更大的恶，而不是把事实上更应当躲避的看作是大恶。这一切错误源自悖逆的爱。因为我们有两种生命，一种是永生，是神所应许的；另一种是短暂的生命，就是我们现在所拥有的。人若是爱这短暂的生命胜过对永生的爱，他就会认为一切出于对这暂时生命之爱的事都是可行的，正当的。在他看来，没有比那些损害今生生命的事更严重的罪了，因而不是强行以不当的手段取消它的益处，就是以死的痛苦完全废除它。因而，他们更恨的是偷盗、抢劫、施暴、杀人，而不是淫乱、醉酒、奢侈，只要后者不危及人的生命。他们不明白或者根本不在乎这些人对神所作的恶；其实对神也没有任何不利之处，而是对他们自己产生可怕的损害,因为他们败坏了神给予他们的恩赐,不仅败坏了他的短暂恩赐,而且他们的败坏也使他们丧失了永恒的恩赐。倘若他们已经开始成为神的殿,那就更是如此:论到这殿,使徒对一切基督徒说:"岂不知你们是神的殿,神的灵住在你们里头吗?若有人毁坏神的殿,神必要毁坏那人,因为神的殿是圣的,这殿就是你们。"①

39. 所有这些罪,不论是为了此生的舒适而伤害别人的,还是只败坏自己,并没有故意伤害到别人的,尽管从现世看起来似乎有助于对喜乐或利益的追求(因为人行这些事不可能出于别的目的和目标),然而就那永恒的生命来说,它们实在是捆绑人的,无论如何都是人的障碍。其中有些只妨碍行为者本人,有的同时妨碍他们行为的对象。因为那些人出于经世之用考虑而谨守的事,若是被恶意的人夺走,受妨碍不得永生的唯有行此事的人,于行为对象无影响。因而,即使人同意别人把它们拿走,他可能并没有行恶,或者在这些事上并没有遭受什么更大的不便;他不仅没有犯罪,在某些情形中可能还显得很勇敢,可称赞,在另一些情形中则可能是出于实际用处的考虑,也无可指责。但是那些为圣洁和虔敬而保守的事,如果恶意的人想要侵犯它们,只要条件允许,应当赎回它们,即使要以较小的罪为代价,只是不可影响别人。由此,做这些事就可以不算为罪,因为它们是为了避免更大的罪而做的。就有用的事物来说,比如钱财或有形物品,为了获得更大的利益付出它们,这不能称为损失;同样,就神圣的事物来说,为避免更恶的事出现而容忍较小的恶,也不能称之为罪。倘若为避免放弃更多东西而放弃较小的东西,这也叫损失,那

---

① 《哥林多前书》3:16—17。

也不妨把为避免大恶而作的小恶称之为罪,但是毫无疑问,这是迫不得已而为之的,就如同为了避免更大的损失,遭受较小的损失是值得的。

40. 至于为圣洁而保守的事物,有这些:身体的贞节,灵魂的纯洁,理论的真实。没有灵魂的同意和允许,任何人不得玷污身体的贞节。任何违背我们的意愿,未经我们授权,凭借强力作用于我们身体的,都无疑是恶。虽然不是允许的事,行之还可能有一定理由,但不是同意的事,就毫无理由。因为我们唯有在赞成并愿意的时候才会同意,但不愿意也可能允许,比如为了避免某种更大的恶而接受小恶。事实上,同意身体上的淫秽,也就是玷污心灵的贞洁(chastity)。心灵的贞洁在于美好的意愿和真诚的爱,这是纯洁而无污秽的,除非我们追逐、希求真理教导我们不可爱不可求的东西。因而我们必须看护对神、对我们邻人的真诚之爱,心灵的贞洁就在于此。我们必须尽我们的一切努力,敬虔地祈求、祷告。即使我们身体的贞洁受到污染,也不要让灵魂的最外层感觉,与肉身缠绕的那一部分沾染淫乐。倘若这一点难以做到,至少不要让心灵和思想同流合污,让它保全自己的贞洁。须知,我们在心灵的贞洁里所必须看护的,就我们对邻人的爱来说,就是清洁和仁爱;就我们对神的爱来说,就是敬虔。清洁就是我们不可害人;仁爱就是我们还要尽可能对人行善;敬虔就是我们敬拜神。至于理论的真实性,即信仰和敬虔的真实性,若不是说谎,是不会受到玷污的;而最高最内在的真实性本身,是绝不可能被玷污的。真理要达到的就是这样的真实性本身。一旦达到,就尽其所能留守在它里面,完全彻底地信靠它,就不可能被玷污,到那时,必朽坏的要穿上不朽坏的,必死的要穿上不死的。但是,由于此生所行的一切敬虔都是为着永生,这种践行引导人从关于敬虔的教义走向永生,而这样的教义须借着有形圣礼中人的话语和符号指向真理本身。出于这样的原因，这虔敬的教义也可能被谎言所败坏，所以首先要保守这教义不被败坏。如此，即使心里的贞洁受到了某种玷污，它也可能使其修复。教义的权威一旦被败坏，就没有任何道路或方法可通达心灵的贞洁了。

41. 由此可以得出这样的结论，谎言若是没有损害敬虔的教义，没有损害敬虔本身，以及清洁和仁爱，那么从身体的贞洁角度是可以接受的。但如果有人打算只爱真理，不仅所沉思的是真理，而且所说的也是真话，每一样都是真实的，心里所形成和坚持的观念没有虚假的，口里说出的话也是真实的，所以他具有说真话的诚实之美，应得奖赏。这奖赏不仅胜过金银珠宝、肥沃田地，还胜过整个现世生活以及身体的每一样益处，那么我不知道你说他犯错是否明智。他既更爱真理，更珍视真理，胜过他自己所拥有的一切，当然也完全可能选择真理。而舍弃其他人的现世事务，只是他出于自己的清洁和仁爱必然会保守他们，帮助他们。因为他爱完全的信心，不仅相信那些由杰出的权威向他讲述的、完全值得信赖的事，而且忠诚地讲述他自己认为应当讲述的事。信心在拉丁语里有专门的名称，意思就是把所说的事行出来。由此可见，人若是说谎，就没有行出信心，即使别人相信他所说的谎言毫无不利之处，也没有任何恶意的伤害，还意在保护他的性命或形体纯洁，也就是对信心的玷污比较轻。但玷污毕竟是玷污，而且所玷污的是应当保守在心灵的贞洁和圣洁中的事。因此我们之受玷污，不是被人的意见——人的意见基本上是错误的，而是被真理本身，真理高出一切，是唯一不可辩驳的，甚至比身体的贞洁、完全的信心更宝贵。心灵的贞洁就是秩序井然的爱，这样的爱不会把大的事放在小的事下面。我们知道，凡属身体的东西总比属心灵的东西受损的程度轻一点。因为显然，当人为了身体上的贞洁而说谎时，他实在明白自己的身体受到败坏的威胁，不是出于他自己，乃是出于别人的淫欲，所以小心谨慎，免得自己因许可而成为同犯。然而，那种允许出于何处？不就是出于心灵吗？所以，就是身体上的贞洁，也唯有在心灵里才可能受到败坏。没有心灵里的应允和同意，无论身体屈尊于别人的什么淫欲，都不可能说身体的贞洁受了玷污。由此可知，心灵上的贞洁更应当保守在心灵里，因为那才是身体贞洁的保证。因而，我们里面的东西，不论是身体上的贞洁，还是心灵上的贞洁，都必须以贞洁的风度和谈吐围筑保护起来，免得哪个角度里跑出什么污秽它们的东西。但是如果不能两全，哪一个相比较更轻一点，谁看不出来呢？因为他知道哪个比哪个更重要，是心灵比身体重要，还是身体比心灵重要；在两种罪中，哪个更应当避免，是允许别人的行为，还是自己去以身试法。

42. 综上所述，我们可以清楚地看出，圣经里所有的见证都无不表明，我们千万不可说谎：因为圣徒的举止和行为中没有任何说谎的例子可以为我们效仿的，圣经里那些不是指比喻意义的记载，比如《使徒行传》的历史就是如此。而我们主在福音书里的所有那些话，在比较无知的人看来似乎是谎言，事实上却都是比喻意义。至于使徒所说的"向什么样的人，我就作什么样的人"①，正确的理解是，他不是通过说谎，而是借着怜悯来成就这样的事。所以他对他们怀着极大的爱，把他们从恶里释放出来，似乎他自己就在他们的恶里。因而那里必不可能有敬虔教义上的谎言，这是第一类谎言，最令人憎恨的一种，是极端的邪恶。那里也必然没有第二类谎言，因为没

---

① 《哥林多前书》9：22。

有人对他行恶。没有第三类谎言,因为我们不可利用任何人的良善伤害别人。至于第四类谎言,也就是出于说谎的欲望而说谎,这本身就是邪恶的,没有这类谎言。也没有第五类谎言,因为就是真理本身也不可出于取悦人的目的而言说,更何况谎言,谎言既为谎言,其本身就是可恶的东西。必没有第六类谎言,因为就是为了人现世的便利和安全败坏见证的真实性也是不适当的。走向永恒得救的人,没有一个是借助于谎言的。人不可能在恶行的影响下转向善行,因为别人若可以对他行这样的事,他改变之后也可以对别人行同样的事,所以如果他效法并因之改变的事是恶的,就不可能向好的行为方式变化,只能向恶的行为方式变化。那里也没有第七类谎言,因为任何人的物质利益或现世福利都不可能比信心的完全更可贵。即使有人对我们的公义之事产生恶感,心里生出更大的恶念,更加远离敬虔,我们也不可放弃正当行为。因为我们最主要的观点应当是,对我们爱之如己的人,我们应当呼召他们、劝勉他们行出公义,并以最大的勇气领受使徒的话:"在这等人,就作了死的香气叫他死;在那等人,就作了活的香气叫他活。这事谁能当得起呢?"① 也没有第八类谎言,因为在好事中,心灵的贞洁比身体的贞洁② 大,在恶事中,我们所行的事也比别人做在我们身上叫我们忍受的事更大。在这八类谎言中,越靠后的谎言罪越小,越靠前的谎言罪越大。但凡有人以为有哪种谎言不是罪,那是愚蠢的自我欺骗,骗了别人还自以为是诚实的。

43. 然而,人心是多么盲目无知,我们若只说有些谎言不是罪,他们会觉得我们太谨小慎微,还希望我们说,在某些事上我们若拒不

---

① 《哥林多后书》2:16。
② 另外一个译本译为 purity(纯洁)(Saint Augustine, Treatises on Various Subjects, p.109, Fathers of the Church, Inc., 1952)。

说谎那必是罪；他们对说谎的辩护走向极端，甚至说使徒保罗还使用了第一种谎言，也就是一切谎言中最邪恶的那种。保罗给加拉太人的书信，就如其他书信一样，事实上是为信心和敬虔教义而写的，但他们说保罗在这封信里说了谎言，在论到彼得和巴拿巴的段落里说："我一看见他们行得不正，与福音的真理不合……"①他们想要为彼得的错谬辩护，为他所陷入的败坏方式辩护，所以他们想方设法打破击碎圣经权威，颠覆使众人得救的信心之路。他们不知道他们这样指控使徒关于敬虔的教义，也就是他传讲福音的书信，不只是假话，而且还是偏见。因为他在论到此事之前就说："我写给你们的不是谎话，这是我在神面前说的。"②至此，我们的讨论也应该告一段落。总而言之，在思考讨论这个问题上，最适合记在心里、用作祷告的，莫过于使徒自己所说的话："神是信实的，必不叫你们受试探过于所能受的。在受试探的时候，总要给你们开一条出路，叫你们能忍受得住。"③

---

① 《加拉太书》2：14。
② 《加拉太书》1：20。
③ 《哥林多前书》10：13。

致康塞提乌：驳说谎

《订正录》第二卷第六十章

"然后我又写了一篇驳说谎的作品,就是本篇。普里西利安主义者的异端分子认为,他们不仅可以借用弃绝和谎言,甚至还可以用伪证来隐藏他们的异端学说,为揭露他们的异端,某些大公教徒认为他们应当假扮成普里西利安主义者,好渗透到他们隐蔽的藏身之地。为禁止这样的行为,我写了这篇作品。"

1. 我最亲爱的弟兄康塞提乌,你送来了很多信,真够我读的。我一直准备一一答复,无奈总有这样那样更紧迫的事拖住我没有回信。时光流水,一去不回,令我总是处于困境,所以我必须抓紧回复,免得耽搁送信人太多时间,因为现在是最好的起航时间,他正急着想要回去。我拜读了神的仆人利奥那(Leonas)从你那里带给我的所有书信,其实我刚刚收到书信不久,而且也正在尽我所能思考,准备回复。非常高兴地看到你雄辩的口才,对圣经有如此良好的记忆,思路清晰,对无知的大公教徒痛心疾首,对异端邪说猛烈抨击,甚至不放过潜在的异端。但我认为,我们用说谎去把他们的隐藏之地暴露出来，并不是正当之事。试想想，我们如此煞费苦心去搜寻他们，揭露他们，目的是什么？不就是要把他们带到光天化日之下，这样我们就可以教导他们真理，或者至少让真理来说服他们，好叫他们不再伤害别人吗？一旦达到这样的目的，他们的谎言就会杜绝，或者得以避免，而神的真理就会加强。既如此，我们怎么能用谎言去消灭谎言呢？难道我们能以抢劫制止抢劫，用杀人消灭杀人，以奸淫抵制奸淫吗？"若神的真实，因我的虚谎越发显出他的荣耀，为什么我还受审判，好像罪人呢？为什么不说，我们可以作恶以成善呢？"①但你知道这是使徒多么憎恶的事。若说"我们可以说谎，好叫说谎的异端分子归向真理"，岂不就是说"我们可以作恶以成善"吗？或者难道谎言有时是好的，或者说谎言有时不是恶吗？那为何经上写着说："凡作孽的，都是你所恨恶的。说谎言的，你必灭绝。"②他没有说"某些说谎言的，你必灭绝"，免得人以为可以理解为一部分人，而不是指一切人；他所宣告的是全称判断，说："（凡）说谎言的，你必灭绝。"或者难道因为它没有说，任何人说任何谎，你必灭绝，或者不论说什么样的谎，都要灭绝，因而就可以认为某种谎言还有立足之地，也就是说，应该有某种谎言，人虽然说了，神却不会毁灭他，神所灭绝的不是任何谎言，而是说不义谎言的人，因为除了不义的谎言外，还可以看到义的谎言，这样的谎言应当称赞，而不是罪行？

2. 你不知道这样的推论对那些我们费力用谎言去抓捕的人来说有多大的帮助。正如你自己所表明的，这正是普里西利安主义者所证明的观点，他们引用圣经里的见证劝勉他们的追随者说谎，似乎先祖、

---

① 《罗马书》3：7—8。
② 《诗篇》5：6—7。（见和合本5：5—6。——中译者注）

先知、使徒、天使都是这样的典范，甚至毫不犹豫地把主基督也列在其中，他们清楚地知道若不是宣称真理为谎言，他们就不可能证明他们的虚谬是真实可信的。我们必须驳斥他们，而不是效仿他们，更不应当与普里西利安主义者在那种恶上同流合污，他们的这种恶比其他异端邪说更可恶。因为唯有他们，或者至少他们在最大程度上确立说谎的教条，以隐藏他们所谓的真理。仅就他们的观点来说就是多大的邪恶，因为他们说，心里想的是真的，但是口里对外说的是假的，这不是罪；经上有话说"心里说实话的人"①，似乎这样就足够公义了，即使人口里说的是谎言，只要听他话的人不是邻人，而是生人就行了。他们认为使徒保罗就是在这意义上说"你们要弃绝谎言，各人与邻舍说实话，因为我们是互相为肢体"②，认为这里的言外之意是说，对那些不是实话圈里的邻舍，也不是与我们互为肢体的人，说谎是合法而正当的。

3. 这样的主张岂不是叫圣洁的殉道者蒙羞，而且简直要完全取消神圣的殉道了。根据这些人的说法，不要向逼迫者承认自己是基督徒，这样做更正确，更明智，而承认就使逼迫者成了杀人犯。只要他们说谎，否认自己的身份，就既能保全自己肉身上的利益和心里的目标，又使那些心怀恶意的人无法得逞，行不得恶。因为他们不是基督徒信仰上的邻人，若是邻人，他们就必须对其说实话，心口如一。但这些人不仅不是邻人，而且还是真理本身的敌人。如果耶户（Jehu，他们似乎慎之又慎地把他挑出来作为说谎的例子来使用）为巴力（Baal）的某个仆人说假话，就可能杀尽巴力的众仆人，那么，根据他们的谬

---

① 《诗篇》15:2。
② 《以弗所书》4:25。

论,在逼迫时代,基督的仆人岂不更有理由假称是魔鬼的仆人。这样,魔鬼的仆人就不会杀死基督的仆人。既然耶户为杀众人可以向巴力献祭,基督徒岂不更可以向偶像献祭,以保全性命?根据这些讨论说谎的人的令人难以置信的理论,只要他们假假地装作敬拜魔鬼,而心里保守着对神的敬拜,这对他们有什么坏处呢?然而殉道者,真正的、圣洁的殉道者不是这样理解使徒的。他们明白并坚持经上所写的话,"人心里相信,就可以称义;口里承认,就可以得救"①;"在他们口中察不出谎言来"②,由此他们的离世无可指责,去到的地方他们再也不怕受到说谎者的试探,因为在他们天上的会众中,再也没有说谎者,无论是对生人还是对邻人。至于那个耶户,以不敬的谎言与渎神的献祭查究不敬而渎神的人,以便把他们全都杀死。殉道者不会效仿他,断然不会,尽管圣经对他是怎样的人并非没有一点论及。事实上,经上说他不尽心遵守神的律法。③ 为了某种顺服,把亚哈(Ahab)家的全部灭绝,暴露出自己的统治欲望,所获得的不过是现世王国里短暂的报酬,这于他何益呢?对你来说,更应当捍卫的是殉道者关于说真话的主张。我劝你,我的弟兄,务要这样做,反对说谎者,不作说谎的教师,而作真理的维护者。我恳请你仔细想想我的话,就会发现最应当避免的事莫过于以为那些不敬神的人是可教的,对他们抱以高度的热情,期望揭示他们的错误,使他们改邪归正或避免错误,却丧失最起码的谨慎和警醒。

4. 谎言有很多种,无论哪一种,我们都应当一律憎恨之。因为没有哪种谎言不是与真理相对的。就如同光明与黑暗,敬虔与不敬,公

---

① 《罗马书》10:10。
② 《启示录》14:5。
③ 《列王纪下》10:31。

义与邪恶，义行与罪行，健康与虚弱，生与死是截然相反的，真理与谎言也是彼此对立，水火不容的。我们在多大程度上爱前者，就当在多大程度上恨后者。当然，有些谎言相信它也是没有害处的，但即使是这类谎言，也是有欺骗人的意向。虽然对相信它的人无害，但对说谎者则是有害的。就好比说，神的仆人，那位弗朗图（Fronto）弟兄，在给你的信息里（当然他绝不是这样想的！）说了一些假话，他肯定损害了自己，但你因为毫无恶意地相信他所说的一切，所以并未受到损害。因为不论那些事是这样发生，还是不这样发生，照着真理的法则和永远得救的教义论断，他都是该受谴责的。但如果某人说了谎言，任何人相信它，就会成为敌基督教义的异端，那么说的谎言越是有害，相信的人就越是可悲。所以，我们倘若为了消灭敌基督教义的异端，而说敌基督教义的谎言，叫相信的人毁灭，目的是把他们带到真理面前，这是何等荒谬的做法！我们要把他们带到真理面前，自己却远离了真理；不仅如此，我们用说谎来消灭说谎者，其实是教导更坏的谎言。因为他们说谎时所说的是一回事，受骗时所说的是另一回事。当他们教导他们的异端邪说时，他们是在讲说自己被蒙骗的事。但是当他们讲说自己认为自己不以为然的事，或者不认为自己这样认为的事，那就是在说谎。任何人相信他们，虽然没有发现他们的真相，他本人却不因此灭绝。因为当一个异端分子假意认信大公教义，某人相信他是个大公教徒，这与他并无害处。这并没有偏离大公教法则，因为当人的心思还处在潜在状态时，他无法判断，所以发生了错误。这不是在神的信心上的错误，保守根植在他里面的对神的信才是他的职责。他们教导异端邪说时，凡相信他们，以之为真理的人，都将成为同流合污者，都犯了与他们同样的错误，因而都是可灭的。这样说来，当他们编造他们因致命错误而蒙骗的邪恶教义时，谁相信他们,谁就迷失。而当我们传讲大公教义,因为我们所主张的是正当信仰,所以人只要相信,凡曾迷失的,都要一一找回。当他们这些普里西利安主义者为了不至于暴露他们的恶毒,假称是我们中的一员,我们中若是有人相信他们,即使他们不招人恨,他本人已经背逆大公教。另一方面,我们如果为了揭露他们的教条,就假称自己是普里西利安主义者,而且要称赞他们的教条,似乎它们是我们自己的教条,那么谁若是信以为真,就会与他们同流合污。或者立即转变为他们中的一员。但是以后会发生什么,他们是否会听了我们讲的真话之后回转过来(我们说谎话他们就被蒙骗了),还是愿意聆听他们已经知道是在说谎的人的教导,谁能确切地知道呢?谁又不知道这是无法确定的事呢?由此可以说,大公教徒为欺骗异端分子而说谎,比异端分子为不让大公教徒发现而说谎更阴险恶毒,或者说得婉转一点,更危险。因为人在大公教徒说谎试探人的时候相信他们,就成为异端分子,或者与异端同流合污。而当异端分子说谎以隐蔽自己时相信他们,则不会改变他大公教徒的身份。为了使这一点显得更加清楚,我们不妨举几个例子,首先从你差人送来让我阅读的那些作品中引用例子。

5. 那么我们就来设想一下,有一个狡猾的间谍,扮成他已经知道是个普里西利安主义者的人。他先从主教狄克提尼乌(Dictinius)开始,假意称赞他,如果了解他,就称赞他的生活;如果不了解,就称赞他的名声。至此还是比较能够容忍的,因为狄克提尼乌据说已经是一个大公教徒,并且已经改正了那种错误。然后,这个间谍转到普里西利安本人(因为这是说谎艺术的第二步),对一个不敬神的可恶之人,一个恶贯满盈、罪不可赦的人表示敬意!如果这种谎言之网所罩到的人恰好原本是个不坚定的普里西利安主义者,听了他充满敬意的传讲，就会变成坚定的普里西利安主义者。但是这个间谍随后开始讨论其他问题，并说他可怜那些被黑暗之主拖入这种错误之黑暗中，从而不认识自己灵魂之高贵及其神圣出身之光的人。然后论到狄克提尼乌的书，书名叫做《磅》（*The Pound*），因为它总括起来讨论了十二个问题，就如同是构成磅的盎司，同时，对它极尽赞美之辞，以至认为这样的一"磅"（其中包含着令人发指的渎神行为）比成千上万磅黄金更珍贵。说谎者的这种狡猾伎俩实在能毁灭信以为真者的灵魂，毁灭之后，还要在死窟里紧紧拉住它。但是你会说："以后它可以得自由释放。"但是它若不得释放，又怎样呢？可能会有某种干扰因素使事情不得善终，或者异端思想非常顽固，即使已经开始有所转变，也可能重新退回原处，否认转变，那会怎样呢？尤其是，他若发现自己是被陌生人收买的，必会越发努力用谎言来隐藏自己的观点。因为他必已经越发明确地认为，这样做是无可指责的，就算是学习收买他的人的榜样，也无可厚非。说实在的，我们有什么脸面指责这样的人，一个认为用说谎来隐藏真理是正当的人？那岂不就是指责我们所教导的教义吗？

6. 还有，根据普里西利安主义异端学说的谬论，他们关于神、关于灵魂、关于身体以及其他问题的观点，我们能够毫不犹豫地真心谴责，但他们关于为了隐藏真理可以说谎的观点，却成为我们与他们共同的教条。（神断乎不允！）这是多大的一种恶，即使我们希望通过说谎说服改变他们，即使这种努力卓有成效，我们真的说服他们，使他们改变了，即便如此，我们为了使他们走上正道而对他们作了恶，这种损害是没有任何东西可以弥补的。由于这种谎言，不仅我们悖逆，他们也没有完全得到纠正。因为他们仍然认为为了真理可以说谎，这就是我们没有改正他们的一个错误，因为我们自己也学会了并且还教导同样的错误，定下这样的规则，即为了实现改正他们的目标可以这样做（即说谎）。然而我们没有改正他们的错误，他们仍然错误地认为隐藏真理说谎是可行的，我们不仅没有消除他们的这种错误观点，自己反而也犯了同样的错误。我们也不知道在他们改变之后，我们能否相信他们，因为在他们悖逆的时候，我们对他们说了谎；万一我们为改正他们对他们所做的事，在他们改正之后，他们以其人之道还治其人之身，把同样的事做在我们身上，这并非不可能，不仅因为这样做一直是他们的习惯，更重要的是，他们来到我们中间之后，发现我们的做法与他们并无二致。

7. 更可悲的是，他们在转变成了——可以说——我们中的一分子之后，也同样不知道该怎样相信我们。如果他们疑惑：即使在大公教义里我们还可以说谎，隐藏真理，那我就不知道其他事情我们是否可以认为是真实的。当然你会对持有这种疑惑的人说，我这样做是为了吸引你。但是他若说，那么我怎知道现在你是否还在说谎，免得被我发现，那你该怎么回答呢？说实在的，谁能相信一个人说谎是为了吸引别人而不是为了不被发现？你明白这种恶延伸到哪里吗？不仅我们对他们，他们对我们，而且每个弟兄之间都毫无根据地相互猜忌。这样说来，尽管使用谎言的手段所要达到的目的是教授信心，结果却是，对任何人都不会有信心。我们说谎，就是亵渎神，既如此，那么人在谎言中发现的该是多大的恶，谎言岂不就如同最可恶的东西，我们必须想方设法避而远之？

8. 不过请注意，与我们相比，普里西利安主义者的谎言倒更可容忍，因为他们知道自己在说假，而我们却认为我们说谎言是正当的，是为了把他们从他们由于错误而被蒙骗的假象中解救出来。一个普里西利安主义者说，灵魂是神的一部分，与神同性同质。这显然是极大的、可恶的渎神之语。因为由此可以推出,神的本性可以受迷惑、遭欺骗、被欺侮、得困扰、蒙玷污、沾染罪、获折磨。倘若另一人想要把他从如此巨大的恶中解救出来,也假意这样说,那么我们来看看,这个渎神者与那个渎神者之间有什么区别。你说:"区别很大,因为普里西利安主义者这样说,也这样想,但大公教徒虽然这样说,却不这样想。"也就是说,前者渎神而不自知,后者明知故犯;前者违背科学,后者违背良知;前者盲目地思考虚假的东西,但是至少心里还是有说真话的意愿,后者心里知道真理,却甘愿说假话。你会说:"但是前者教导这种观点,是为了使人分有他的错误和疯狂,而后者这样说,是为了把人从那种错误和疯狂中解救出来。"我上面已经表明,人以为有益处的这种事其实是多么有害。同时我们若是掂量一下眼前的这两种恶(因为大公教徒所追求的改正异教徒的目标实现之后究竟有怎样的益处,不得而知),谁犯的罪更大?是欺骗人而自己并不知者,抑或是明知故犯亵渎神的?凡怀着热切的敬虔之心爱神而不是爱人的人,都肯定知道哪个罪更大。此外,如果我们为了能使人赞美神而做出亵渎神的事,那么毫无疑问,我们的行为和教义不仅促使人赞美神,也教唆他们亵渎神,因为我们借着亵渎神的行为想要引导其赞美神的人,即使我们确实成功地把他们引导到神面前了,他们必不仅学会赞美,也学会亵渎。这就是我们给予他们的益处,而我们把他们从异端邪说中解救出来凭的是亵渎神的行为,而且不是出于无意识的亵渎,而是明知故犯的亵渎!使徒把人交给撒旦,使他们知道不可谤讟①,而我们努力把人从撒旦那里救出来,却叫他们学会谤讟,不是无意识的谤讟,而是有意为之。至于我们自己,他们的引导者,却带

---

① 《提摩太前书》1:20。

来如此大的祸根。为了争取异教徒，我们自己首先变成谤讟神的人（这一点是确定无疑的），以便出于救赎他们的目的（但这一点是不确定的），我们能够成为神之真理的教导者。

9. 我们既然教导谤讟神的教义，好叫普里西利安主义者相信那是他们的教义，那也让我们来看看当他们说谎以叫我们相信那是我们的教义时，他们所做的是怎样的恶。他们咒诅普里西利安，按我们的思想恨恶他；他们咒诅普里西利安是神的造物，而不是他的一部分；他们痛斥普里西利安主义者的假殉道；对于取消、攻击、迫害异端的大公教主教，他们用尽溢美之辞，如此等等。看啊，当他们说谎时，说的却是真理，不是说谎言可以同时是真理，而是说一方面他们在说谎，另一方面，他们所说的是真理。当他们说他们是我们中的一员，那是说谎，但说到大公教的信仰时，他们所说的是真理。因而，他们为了隐藏自己普里西利安主义者的身份，以说谎的形式说出了真理。但我们为了揭露他们，我们不仅说谎，使他们相信我们是他们中的一员，而且还说假教义，其实我们知道那正是他们的错误所在。因而就他们来说，当他们想要被认为是我们中的一员时，他们所说的话部分是假的，还有部分是真的。也就是说，说他们是我们中的一员，那是假的，但是说灵魂不是神的一部分，那是真的。然而就我们来说，当我们希望他们把我们看作他们中的一员时，我们所说的全都是假的，即说我们是普里西利安主义者是假的，说灵魂是神的一部分也是假的。这样说来，当他们隐藏自己时，他们是赞美神，不是谤讟神；当他们不这样做，只表述自己的观点时，他们并不知道自己在谤讟神。所以他们若是转向大公教信仰，就可以自我安慰，因为他们可以引用使徒所说的话。使徒在论到其他事时还论及此事，说："我从前是亵渎神的……然而我还蒙了怜悯，因我是……不明白的时候而做的。"①我们却恰恰相反。我们为了让他们信任我们,为了骗他们,俘获他们,编了一个正义的谎言说:我们也是亵渎神的普里西利安主义者,从而他们会信任我们,而且我们同时也确实故意亵渎。一个大公教徒,为了使异教徒认为他也是他们中的一员而行渎神之事,他怎么可能说"我是不明白的时候做的"呢?

10. 我的弟兄,就是在这样的情形中,也必须以敬畏之心回忆经文里所说的:"凡在人面前不认我的,我在我天上的父面前也必不认他。"②人在普里西利安主义者面前不认基督,当他们隐藏自己的时候,通过亵渎神的谎言来揭除他们的伪装,这岂不就是在人面前否认基督?基督明明就在真理里,我们却说他不在真理里,等到普里西利安主义者信了他之后,我们才说他在,请问,谁能说这不是否认基督?

11. "但是隐蔽的狼披着羊皮,悄悄但凶残地毁灭主的羊群,我们没有其他办法识别他们。"你会这样说。那么请问,这种用谎言来搜寻普里西利安主义者是在他们为众人所知之前发明出来的吗?他们的头头,毫无疑问是最狡猾的,因而也是最贪婪的,但难道不是在他床上被抓到的吗?不是有如此众多又如此伟大的人显明出来是可恶的,还有数不胜数的人部分得到了改正,部分似乎改正了,因着教会的怜悯重新回到教会?因为主怜悯人,给了人很多方式,好叫我们找到他们,其中两种方式比其他的更令人愉快,即无论是他们希望引诱的人,还是已经被他们引诱的人,只要忏悔并皈依,就要将他们指明出来。如果他们可怕的错误,不是通过说谎的阴谋,而是通过令人信服的推论得以清除,这种方法就更能产生果效。要写出这样的作品,你

---

① 《提摩太前书》1:13。
② 《马太福音》10:33。

必须付出很多心血，但神既已给你恩赐，你就能胜任这样的工作。有益于身心健康的作品能摧毁他们疯狂的悖逆，这样的作品越来越为人所知，为大公教徒所知，不论是通过在会众中宣讲的教士，还是通过对神满腔热情的好学者，它们被传播到四面八方，必成为一张圣洁的网，把他们一一网住，不是用谎言去追捕，而是按真实的道理去赢取。因为只要他们是自愿顺服，就会承认自己原来的身份，对于他们所知道的其他与恶相交的人，他们也会友好地给予纠正，或者怜悯地离弃。或者，他们出于羞愧而承认长期刻意隐藏的，神隐蔽的手就会治疗他们，使他们成全。

12. 你会说："但我们若是假装自己就是他们那样的人，就更容易渗透到他们的隐蔽之处去。"这样做若是正当或适宜的，基督早就该教导他的羊群，让他们披上狼皮假装成狼，凭着这种计谋去识别他们，但是他不曾这样说过。当他预言他要差他们去，如同羊进入狼群① 时，根本没有这么说。但你又会说："他们那时候不需要对他们进行查究，那是最显然的狼，只要忍受他们的撕咬和野蛮。"什么，后来说预言的时候，他不是说残忍的狼要披着羊皮进来？那时岂是没有必要给予这样的忠告，说你们要披上狼皮，但是里面仍然是羊，好把他们找出来？他没有这样说，他只是说："许多人要到你们这里来，外面披着羊皮，里面却是残暴的狼。"②他接着也没有说凭着你们的谎言，而是说："凭着他们的果子，就可以认出他们来。"③我们必须凭着真理警惕谎言，必须凭着真理击败谎言，凭着真理毁灭谎言。我们绝不可靠有意识的渎神行为来战胜无知者的渎神行为，绝不可通过效

---

① 《马太福音》10：16。
② 《马太福音》7：15。（和合本经文为："他们到你们这里来……"——中译者注）
③ 《马太福音》7：16。

仿骗人者的恶来杜绝这种恶。如果我们为了抵制它们而自己陷入其中，那我们怎么可能抵制它们呢？如果为了逮住那无意识地亵渎神的人，我就无意识地亵渎神，那么我所做的事比我要揭露的事更可恶。如果为了找出那无意识地否认基督的人，我就有意识地否认基督，那么他若跟从我，就必跟从我走向自己的毁灭，因为我为了揭露他，自己先毁灭。

13. 或者有没有这种可能，为找出普里西利安主义者而设计这种计谋的人并没有否认基督，因为他口里说出来的并不是他心里相信的？难道（我稍前也说过）经上说这样的话："人心里相信，就可以称义"，之后又说"口里承认，就可以得救"①是没有目的的？几乎所有在逼迫者面前否认基督的人，难道不都是在心里怀着对他的信心的？然而，口里不承认，就不能得救，所以他们灭绝了，唯有借着悔改才能重生。谁会如此愚蠢，竟会认为使徒彼得口里不认基督时，心里却是认基督的？他既否认，里面若仍坚守真理，那说出来的就是谎言。倘若心里有信就足以得救，那他为何还要用眼泪洗去他口里所发出的否认之罪？他心里既是说着真理，为何还要用如此的嚎啕痛哭来惩罚他口里所说出的谎言？原因只有一个，那就是因为他认为诚然心里相信可以称义，但是口里没有承认得救却是巨大且致命的恶。

14. 因而，经上所说"心里说实话的人"②不可作这样理解，似乎真理（实话）就是在心里的，而口上则可以说谎言。这话之所以这样说，乃是因为人若只是口上说真理，而心里并不以为然，可能对他毫无益处，也就是说，他对自己口上所说的并不相信。就如异端分子，

---

① 《罗马书》10：10。
② 《诗篇》15：2。

首先就是这些普里西利安主义者，他们并非真的相信大公教信仰，只是口上说它，好叫我们相信他们是我们中的一员。因而，他们只是口上说真理，心里并不相信。就此而言，他们不同于经上所论及的"心里说实话的人"。大公教徒心里说的就是这种实话，因为他相信是这样的，所以他口里也当这样说。这样传讲，心里和口里都没有虚假，他心里相信，可以称义，同时口里承认，所以可以得救。同样，在《诗篇》里，紧接着"心里说实话的人"之后，又有一句经文说："他不以舌头谗谤人。"①

15. 至于使徒的话"你们要弃绝谎言，各人与邻舍说实话，因为我们是互相为肢体"②，我们绝不可理解为，我们对那些不是与我们同为基督之肢体的人就可以说谎。使徒之所以这样说，乃是因为我们每个人都应当把各人看作就是他希望自己所成为的样子，尽管他还没有成为那样子。如主所表明的，向人显怜悯的撒玛利亚人就是他的邻人。③ 所以，那个撒玛利亚人不能看作是外人，而应看作邻人，我们关心的是他不再是一个外人；如果他还没有分有我们的信心和圣事，那必有某些真理他还不知道，但那绝不是告诉他假话的理由。

16. 就是在使徒时代，也有些人不是在真理上传讲真理，即不是真心实意地传讲。使徒论及他们时说，他们传讲基督不是出于好意，而是出于嫉妒纷争。因此就是那个时代也有人虽然不是以圣洁的心讲真理，仍得容忍宽恕，但不曾有人因以纯洁的心讲假道而受称赞的。最后，他论及那些人说："这有何妨呢？或是假意，或是真心，无论怎样，基督究竟是传开了。"但他绝不会说，为了使基督能得以传开，

---

① 《诗篇》15：3。
② 《以弗所书》4：25。
③ 《路加福音》10：30—37。

可以先否认他。

17. 因而，揭发潜在的异端邪说实在有多种方法，完全不必亵渎大公教信仰，或者称颂异端的不敬。假如除了大公教徒的口背弃真理之道外，再没有别的方法能把异端的不敬从它的洞穴里揪出来，那么宁愿让后者隐藏在洞里，也比前者如此草率更可忍受；让狐狸潜伏在自己的洞里看不见，也比猎人为捕捉到它们自己陷入渎神之陷阱里更可容忍；宁愿让普里西利安主义者的背信披着真理的面纱，也胜过大公教的真理戴上虚假的面具，岂能为了不让普里西利安主义者的谎言受到称颂，而让大公教的信仰遭否弃？因而，如果谎言——不是指任何谎言，仅指渎神的谎言——因为意在侦察隐蔽的异端分子而说，所以是义的，那么就可以推出，如果通奸者通奸是出于同样的动机，就应当有纯洁的通奸者。举例来说，就好比众多下流的普里西利安主义者中，有个妇人把眼睛盯在一个大公教徒约瑟身上，许诺说，只要他答应与她同床，她就把他们的藏身之地出卖给他。可以肯定，只要他答应她的条件，她必会履行自己的诺言。那么我们是否认为应当这样做呢？或者认为绝不能用这样的代价来换取那样的商品？如此说来，我们既认为不可通过通奸行为玷污肉身来达到搜寻异端分子，使他们落网的目的，那么为何却又认为可以用口犯渎神的淫乱罪去搜寻他们？或者应当以同样的理由捍卫两者（肉身与口），从而可以说这两件事都不是不义的，尽管这样做的目的只是为了揭露不义者；或者正统教义不允许我们与不洁妇人有干系，即使为了找出异端，尽管只是在身体上，而不是在心灵里，那么同样可以肯定，它也不允许我们为了找出异端而传讲不洁的邪说，或者亵渎圣洁的大公教会，尽管只是用声音，而不是用心灵。因为心灵尽管占主宰地位，人的其他每一种低级活动都应当顺服于它，但它也并不是没有该得的耻辱，比如做了不应当做的，不论是肢体做的，还是言语做的。虽然是言语做的，也是肢体做的，因为口舌就是一个肢体，是产生言语的肢体。我们任何肢体所做的事，若不是首先在心里孕育成形，就不可能做出来。更确切一点说，它已经在我们内在的思想里产生，得到认可，然后才在我们的行为上借着肢体表现出来。因而，心灵对行为有不可推卸的责任，即使在那些被认为不是按着心灵的意向做成的事，因为若不是心灵命令做这样的事，事情就不可能做成。

18. 一件事是出于什么原因、为了什么目的，以及带着什么动机做的，这些的确非常重要。但那些非常清楚就是罪的事，并不取决于正当的原因，不论其目的看起来如何良好，动机如何纯正，都于事无补，做出来就是罪。另外，人做出来的有些事，其本身并非罪，无所谓好坏。比如给穷人食物是善工，如果这样做是出于怜悯，那就是出于正当的信念。再如与妻子同床，只要是为了生育，怀着传宗接代的信念行的，就是善事。诸如此类的事是根据它们的原因来判断其善恶的。同样，如果它们出于恶的原因，行为本身就转变为罪。比如救济穷人是为了夸口，或者与妻子同床是为了淫欲，或者生儿育女不是为神，而是为魔鬼，那就是罪。然而，如果行为本身就是恶，比如偷盗、淫乱、亵渎，其他诸如此类的，那么谁会说，由于它们是出于良善的原因做的，因而或者不是罪，或者——更荒谬地说——是公义的罪？谁会说，为了救济穷人，我们就去偷盗富人吧；或者说让我们出卖假证吧，尤其是如果这样做不会伤害到无辜的人，同时有罪的人能脱离定他们罪的法官？因为出卖这样的伪证，可以捞到两点好处，一是可以拿到钱救济穷人，二是让法官错以为那人不需要受到惩罚。即使就遗嘱来说，如果能够，我们为什么不隐藏真实的遗嘱，造出假的遗嘱，不让遗产或遗物落到不配的人手里，不知道好好保管或利用的人手里，而传给那些使饥者得饱足，赤身露体者得衣裳，过客得招待，被囚者得解救，教会得建立的人呢？既然由于这些好事，那些恶事不再是恶了，那为什么不能为了这些好事而做那些恶事呢？不仅如此，如果淫荡而富有的妇人有可能使她们的爱人和情夫变富，那男人为何不能出于怜悯之心去策划并参与这些事，利用它们做好事，把钱财用来接济穷乏之人呢？没听过使徒所说的话吗？他说："从前偷窃的，不要再偷。总要劳力，亲手做正经事，就可有余，分给那缺少的人。"①不仅偷盗本身，而且假见证、通奸以及各种恶行，只要是作为行善的手段而做的，就不是恶的，而是善的。除了那企图颠覆人事以及一切行为准则、法律法规的人之外，还有谁能说这样的话呢？若是这样，还有什么令人发指的行为，什么极其下流的罪行，什么大逆不道的亵渎，不能说有可能行得适当而正义呢？不仅行了恶事不受惩罚，甚至还充满荣耀，不仅没有任何刑罚可畏惧，甚至还可指望得到奖赏！一旦我们在人的一切恶行上让步，那么不仅做什么，就是为何做，也成了问题：只要发现这些恶行是为了某种好事而行的，就不能再论断这些恶行是恶的了？但是，对盗贼的惩罚若是罪有应得，尽管他辩解说，他偷取富人多余的钱财是为了救济穷人；如果对造假者的惩罚是罪有应得，尽管他会证明自己之所以篡改别人的遗嘱，立自己为继承人是为了设立大笔捐资，而按原遗嘱继承的人必然什么也不会捐；如果通奸者受到惩罚是罪有应得，尽管他会表明自己犯通奸罪是出于怜悯，因为借着与其通奸的妇人他可以救他人脱离死地；最后，进一步涉及问题的本质，如果人为了悄悄侦察普里西利安主义者的恶劣行径，就与某个妇人通奸、厮混，以便探得他们的隐蔽之处，这样

---

① 《以弗所书》4：28。

的人受到惩罚也是罪有应得。何况使徒也说："也不要将你们的肢体献给罪作不义的器具，"①那么，我恳请你们，无论是手、生殖器，还是其他肢体，都不可出于借此找到普里西利安主义者的动机屈从于恶劣行为。我们的口舌，我们的整张嘴，这发声器官对我们有什么冒犯，我们竟要将它们献给罪作器具，并且是献给如此严重的罪，即为了拯救普里西利安主义者脱离无意识的渎神行为，我们自己明知故犯地（不可能推诿说我们不知道）去亵渎我们的神？

19. 有人会说："那么，那出于怜悯偷盗的，难道与其他任何性质的盗贼是一丘之貉吗？"谁会这样说？但这并不可以推断出两者都是好的，因为一者是更坏的。因贪婪而偷盗的，比因怜悯而偷盗的更坏。但是凡偷盗的都是罪，所以我们必须杜绝一切偷盗行为。虽然一人犯的罪是要受责罚，而另一人犯的罪可得原谅，但是谁能因此说人可以犯这样的罪？我们现在的问题是，如果人可以这样做或那样做，他是犯罪还是没犯罪？问题不是谁会犯较重或较轻的罪。若说轻重，根据法律，偷盗的显然要比行淫的罪轻得多，但它们都是罪，只不过一个较轻，一个较重。所以可以说，偷情的贼罪较轻，为善的目的而行的淫乱罪则是较重的。换言之，就罪本身来说，出于好的动机犯的罪比同类中的其他罪更轻，但这些罪与其他在类别上更轻的罪相比，则显然又是重的。出于贪婪偷盗比出于怜悯偷盗所犯的罪重，同样，出于放荡的下流行为比出于怜悯的同样行为更恶。但通奸罪，即使是出于怜悯而犯，也比出于贪婪而犯的偷盗罪更重。我们现在所关心的不是哪个罪更重，哪个罪更轻，而是什么是罪，什么不是罪。即使很清楚行某事是罪，谁也不可能说行某种罪是出于职责；我们只能说，如果

---

① 《罗马书》6：13。

罪这样或那样犯了，赦免或者不赦免那是一种职责。

20. 但是我们必须承认，某些抵消性的罪（compensative sins）确实引起很大的尴尬，甚至被认为是可称赞的，还被称为正当行动。比如，一个父亲若是强迫自己的亲生女儿去做邪恶的淫事，谁能说这不是一种大罪呢？然而圣经里就有这样的例子，当所多玛人带着淫欲要冲向义人的客人时，这位义人认为这样做是他的职责。他说："我有两个女儿，还是处女，容我领出来任凭你们的心愿而行，只是这两个人既然到我舍下，不要向他们作什么。"①这里我们该说什么呢？我们岂不恨恶所多玛人企图对义人的客人所做的事，为了不使这样的事得逞，无论做什么事，他能不认为是正当可行的吗？这行为者的人格也令我们非常感动，要借着义行摆脱所多玛，因为遭受放荡蹂躏对女子来说是较小的恶，对男人来说则是大恶，它甚至与那义人的公义相关，所以他决定宁愿让自己的女儿遭受蹂躏，也不愿他的客人遭受。他不仅心里这么想，口里也这么说，只要他们同意，就可以付诸行动。但如果我们打开这条通向罪的路，即我们为了别人不犯更大的罪，而应当去犯小一点的罪，那么罪与非罪的界限就会模糊。不仅如此，界限还会完全消失。界限一旦完全消失，一切罪就会在无限自由的空间里如入无人之境，称王称霸。如果对它作出这样的限定，即人应当犯小罪，以使别人不犯大罪，那么，我们自然可以说偷盗是合理的，是为了使别人避免做下流之事，比如乱伦。如果另有什么不敬的事比乱伦更恶劣，那么甚至可以宣称乱伦也是可行的，只要这样做能阻止别人行那种不敬之事。这样说来，在各种罪中，偷盗为偷盗，淫荡为淫荡，乱伦为乱伦，都可以看作是可行的，都是我们为别人而犯

---

① 《创世记》19：8。

的罪，不仅以小罪取代大罪，甚至达到恶的极致，以少的罪取代多的罪。如果问题的重点转向这里，也就是若不借着我们的犯罪，其他人就不可能避免罪，诚然我们的罪是比较小，但仍然是犯罪，那么任何情形下，只要敌人有这种力量，就会说："你若不是邪恶的，我就要非常邪恶；或者你若不行这种恶事，我就要行更大的恶事"，似乎我们要想使别人不行恶，自己就得行恶。这不是疯狂，或者甚至可以说，不是白痴是什么？我们必须警惕，以防被定罪的是我自己的恶，而不是别人的恶，不论是做在我自己身上，还是做在别人身上。因为"犯罪的他必死亡"①。

21. 这样，只要我们犯罪，别人才可能不犯更大的罪，不论是对我们还是对别人，这种论调毫无疑问是错误的，我们不可这样做。就罗得所做的事来说，我们应当考虑的是，这是我们应当效法的例子，还是应当引以为戒的例子。看起来，更应当深入洞察并注意的是，当穷凶极恶的所多玛人即将对他的客人行如此可怕的恶事时，他自然想要阻止，但无能为力，这种无奈使这位义人的心感到如此焦虑不安，以至他愿意做这样的事；若是来问我们，我们必会大声说，这样的事绝不可做，而且还要不留余地命令：务要十分小心，不可自己犯罪，不可因为担心别人的什么罪而导致自己犯罪。人由于恐惧会变得意识模糊，但神的律法永远庄严肃穆。那位义人，因为担心别人的罪，非常焦虑不安，以至没有注意到自己的罪，也就是甘愿把亲生女儿交给邪恶的人，任他们蹂躏。当我们在圣经里读到这些故事时，我们不可因为相信它们真实发生过，就相信它们是合理可行的事，免得我们因不加鉴别地循从先例，而违背了律令。实在地，我们岂能因为大卫曾

---

① 《以西结书》18：4。

发誓说要治拿八于死地,但出于更加周全的宽厚,并没有这样做①,就说我们应当效仿他,所以也可以发誓说做一件事,等以后发现不适宜做时再不做?前者因为恐惧使他心烦意乱,所以甘愿让自己的女儿遭受蹂躏。同样,后者因为怒不可遏,所以胡乱发誓。简言之,如果我们可以询问他们两人,请他们说说究竟为什么做这样的事,一个可能会回答:"恐惧和战兢临到我身,黑暗盖住了我"②;另一个则会说:"我因忿怒眼睛迷茫。"③所以我们不必惊奇,一个身陷恐惧的黑暗和一个受愤怒蒙蔽的人,他们看不见所当看见的,也就无法不做不当做的。④

22. 就圣大卫来说,诚然可以比较公正地说,他不该那样忿怒,不该对一个毫无感恩之心、以恶报善的人如此忿怒;然而,作为人,如果忿怒不知不觉笼罩了他,他原本不该任凭自己被它左右,以至于发誓做这样一件事,这事若做了,只是发泄他的怒火,若不做,就是背弃自己的誓,让它落空。但是就罗得来说,因为身处欲火中烧的所多玛人中间,这些人会肆无忌惮地说:"虽然你的客人在你自己的家里,但难道不是你以仁爱的强大力量迫使他们进入你家,使他们受制于淫荡的人吗?他们在肉身上毫无力量,软弱如女人,你一点都不惧怕,一点都不在乎,不惊慌、不恐惧、不战兢吗?"哪个人,就算是那些恶人的随从,胆敢这样对敬虔的主人说?不过,我们完全可以说:"尽你所能做好当敬畏的事,但不要让你的这种畏惧驱使你做出这种事情,你的女儿若是愿意成为此事的牺牲品,那就是她们因你与所

---

① 《撒母耳记上》25:22—35。
② 《诗篇》55:5。(和合本经文译为:"……惊恐漫过了我"。——中译者注)
③ 《诗篇》6:7。(和合本经文译为:"我因忧愁眼睛干瘪"。——中译者注)
④ 《尼西亚教父选集》这句话的英译相当含混。这里采用 Saint Augustine, Treatises on Various Subjects, p.149 (Fathers of the Church, 1952) 的英译。——中译者注

多玛人一同行恶,她们若是不情愿的,那就是因你遭受了所多玛人的暴力。你不可因为害怕别人犯更大的罪,自己就犯下大罪,因为你自己的罪与别人的罪是完全不一样的,这种不同要多大就有多大,彼此不能混淆。"除非有人为这人辩护不惜钻进牛角尖,以至说:"既然接受恶比行恶好,而那些客人不是要去行恶,而是要遭受恶,所以义人选择让自己的女儿遭受恶,来替代他的客人,这是他作为自己女儿的主行使应有的权利。他知道即使这样的事做了,在她们也毫无罪可言,因为她们只是忍受在她们身上犯罪的人,而没有与他们同流合污,因而,她们自己无罪可言。简言之,她们没有把自己献出去(虽然这方面女人比男人有优势),替那些客人遭受肉身上的蹂躏,不然她们就可能有罪,不是因为遭受别人的淫欲,而是因为她们自己的意志认同这种行为。她们的父亲也不允许此事发生在自己身上,因为他不会向他们出卖他的客人(尽管此事发生在一人身上比发生在两人身上罪恶要少),所以他尽其所能抵抗,免得自己沾染此事受到污损,尽管只要他不认同,就算别人欲火中烧,暴力横行,也不会污损到他。既然女儿没有犯罪,那他也就没有对她们犯罪,因为只要她们只是忍受犯罪的人,被动成为受害者,他就没有使她们犯罪。就好比他把自己的仆人献出去接受暴徒的打击,好叫他的客人免受鞭打。"对这个问题,即主人是否可以利用自己对奴仆的权利,为避免在他家里做客的无辜朋友遭受暴徒蹂躏,而让一个无辜的奴仆代他们挨打,我不想争论,因为这是需要长篇大论才能说清楚的问题。就大卫来说,可以肯定,先是起誓要做某事,后来意识到不可做此事,于是放弃不做,这种做法绝不是正当的。由此可见,我们不可以为我们在经上读到的一切事都是圣人或义人行的,把它们照搬照抄到道德规范上,而必须知道使徒所说的话延伸到多广的范围,涉及什么样的人:"弟兄们,若有人偶然被过犯所胜,你们属灵的人就当用温柔的心把他挽回过来,又当自己小心,恐怕也被引诱。"①被过犯所胜之事的发生,或者因为人那时候不明白什么事该做,或者因为尽管明白还是身不由己;也就是说,之所以犯罪,或者因为真理被隐藏起来,或者因为意志太软弱。

23. 在我们的所作所为中,就是好人也在补偿性犯罪问题上感到非常困窘,所以,如果他们有这样的理由做所做的事,而且如果不这样做,反而显得更是罪,那么他们就不把这样的事看作是罪。总而言之,有人看来,人若是为了别人的利益说谎,而且让那人蒙在鼓里比较适宜,或者为了不让他伤害他人而说谎,因为若不是通过谎言把他骗住,他很可能会伤害人,出于这样的目的所说的谎言不能算作罪,不仅不能算作罪,还应当认为是义的行为。为捍卫这些谎言,他们从圣经里找到很多例子来佐证。然而,隐藏真理与说谎并非一回事。因为尽管每个说谎的人都希望把真实的东西隐藏起来,但并非每个想把真相隐藏起来的人都说谎。一般而言,我们不是通过说谎来隐藏真相,而是通过缄默不语。当主说:"我还有好些事要告诉你们,但你们现在担当不了"②时,他不是说谎。他只是对真实的事闭口不说,而不是说虚假的事,因为他认为他们还不适合听那样的真事。不过,他既然没有向他们指明这一点,即他们没有能力担当他不愿意说的事,那么他确实在隐藏某种真事;这样做完全可能是对的,只是我们不知道,或者没有非常伟大的例子来使我们确信。由此,主张有时候可以说谎的人,提到亚伯拉罕也因为撒拉说了谎,说她是他的妹子,这对

---

① 《加拉太书》6:1。
② 《约翰福音》16:12。

他们并不利。因为亚伯拉罕并没有说,撒拉不是我的妻子,而是说"她是我的妹子"①,因为他们事实上就有这种亲戚关系,所以称她为妹子并非谎言。他后来也证实了这一点。当把她带走的人把她送回来之后,亚伯拉罕对那人说,"她实在是我的妹子,她与我是同父异母",也就是说,有父亲的血缘,没有母亲的血缘。因而,他隐藏了某种真实关系,但并没有说什么虚假的东西,也就是说,他没有说明夫妻关系,只说明了兄妹关系。他的儿子以撒也是这样做的。我们知道他也娶了一个有亲戚关系的妻子。所以,对真情隐而不说,这不是谎言,但是说虚假信息,那就是说谎了。

24. 然而说到雅各,看起来他似乎按他母亲的命令欺骗了父亲,但如果深入考察,从信心的角度看,这也不是谎言,而是奥秘。我们若是称这样的事为谎言,那么一切别有所指的寓言、比喻——它们全都不能按字面意思理解,而是意在言外,寓含着其他意思——都得说是谎言,而这是完全不合情理的。人若这样认为,那么对那么多的比喻意义上的表述,他也可能全部这样诋毁。这样,就是暗喻,顾名思义也就是把某个词所指的专门对象转引到非专门对象上,在这个意义上也可以称为谎言。比如,当他说到波浪翻滚的麦田,吐出珍珠的葡萄树,青春的花朵,雪一样的头发时,毫无疑问,波浪、珍珠、花朵、雪,这些东西在这些人看来应算作谎言,因为我们发现它们的含义并非就是其本身所指的东西。同样,说基督是磐石,犹太人是石心,还有基督是狮子,魔鬼是狮子,以及诸如此类数不胜数的说法,都可以称为谎言。② 不仅如此,这种比喻说法还包括所谓的反语,比

---

① 《创世记》20:2、12。
② 《哥林多前书》10:4;《以西结书》36:26;《启示录》5:5;《彼得前书》5:8。

如说一件不存在的东西很丰富，说某个酸的东西很甜；"不能照亮的光"。圣经里就有这样的表达法，"他必当面弃掉（bless）你。"①这是魔鬼撒旦论到圣约伯对主说的话，"bless"的意思就是"curse"。诽谤拿伯（Naboth）的人也用这个词来捏造他的罪名，说他"谤讟神和王了"②，即用"bless"这个词来意指"curse"的意思。假如含有比喻的说法和行为都应当定为说谎，那么这些表达方式也得算在谎言之列。然而，用一物来转指另一物不是谎言，而是对真理的一种领会，那么不仅雅各为得他父亲的祝福所做的或所说的，而且约瑟愚弄他哥哥的话③，大卫假装疯癫④，必须认为全不是谎言，而是比喻意义上的话语和行为，引向对那些真实之事的领会，那些真事可以说被比喻的外衣遮盖着，目的是为了训练敬虔的探索者的理解力，也为了不让它们显得一目了然、浅薄粗俗。虽然我们也看到，其他地方论到这些事时说得直接而明白，但把它们隐藏起来，然后把它们（以某种方式）挖掘出来，它们就显得焕然一新，散发出新鲜的甜美。倒不是它们对学习者吝啬，故意以这些方式把意思变得晦涩，而是以一种更加吸引人的方式表现自己，可以说以退为进，越是隐藏起来，就越能激起人追求的热情，人越是怀着急切的渴望，得着时所体验到的快乐也就越大。也就是说，所说的是真实的事，而不是虚假的事，因为无论是用语词还是行为，所意指的都是真事，而非假象，换言之，所言说的事就是所意指的事。它们之所以被当作谎言，仅仅因为人们不明白所论说的事就是所意指的真事，误以为所论说的事是虚假的事。举个

---

① 《约伯记》2：5。
② 《列王纪上》21：10、13。
③ 《创世记》42。
④ 《撒母耳记上》21：13。

例子可以使这一点更清楚。请注意雅各所做的事。毫无疑问,他用山羊羔的皮包在自己的肢体上。如果我们寻找的是直接原因,就会认为他做了假,因为他这样做,是为了让人以为他是他所不是的那个人。然而,如果把这一行为看作是真实意义的比拟,那么就可知道,羊羔皮比喻罪,用羊皮把自己包起来的人,寓指担当别人的罪而非自己的罪的主。因而,真实的含义是绝不可以称之为谎言的。在行为上如此,在语词上也如此。也就是说,当他父亲说:"我儿,你是谁"时,他回答说:"我是你的长子以扫。"①如果这话是指那孪生兄弟,那显然是谎言;但如果是指经上所记载的那些事和那些话,这里就应当把他理解为主基督,他在自己的身子即教会里论及此事,说:"你们要看见亚伯拉罕、以撒、雅各和众先知都在神的国里,你们却被赶到外面,在那里必要哀哭切齿了。从东、从西、从南、从北将有人来,在神的国里坐席。只是有在后的,将要在前;有在前的,将要在后。"②因而在一定意义上,小的确实取代大的得了长子身份。既然事情是如此真实,还有什么东西应当看作是在虚假意义上行的或说的?既然所意指的事情真的并不是所不是的事,而是事实所是的事,不论是过的、现在的,还是将来的,那么毫无疑问,这是真正的含义,而不是谎言。我们抽丝剥茧地讨论了比喻意义,不过,这个问题已经显得冗长了。无论如何,真理得胜,因为通过比喻真理得以预告,通过层层分析,真理已经显山露水了。

  25. 本文我没有对普里西利安主义者进行这样的探讨,那是与你关系更直接的问题,但你已经暴露了他们的藏身之地,也就是揭露了

---

① 《创世记》27:16—19。
② 《路加福音》13:28—30。

他们虚假而悖逆的教条。只要再深入作这样的考察，就不会被假象迷惑，以为应当教导他们，而不是驳斥他们。因而你要做的事更应当是把他们彻底击倒，让他们无还手之力——事实上你已经这样做了，把他们暴露出来，目标清楚，就更容易击中要害——免得我们原本想要揭露行假的人，结果却让虚假本身立住脚跟，似乎它们是不可克服的。我们更应当在潜在的异端分子心里消灭虚假，而不是通过宽恕虚假来找出作假行骗的人。而且，在他们那些必须推翻的教条里，他们作为核心教条阐述的一点是，为了隐藏信仰，敬虔的人应当说谎，不仅在其他不涉及教义的问题上，而且关于信仰本身，都可以说谎，免得暴露在外人面前。换言之，人为了在基督的仇敌中间做秘密的基督徒，可以不认基督。我恳请你也要把这种不敬而邪恶的教条一并推翻了。为巩固这一教条，他们确实从圣经里收集了不少的证据，以表明谎言不仅是可宽恕、可容忍的，甚至还是可称颂的。因而你在驳斥那种可恶的派别时，应当指明圣经里的那些见证该怎样领受，或者说明那些被看作谎言的例子只要在其应有的意义上理解，就绝不可能是谎言，或者说明那些显然是谎言的例子是不应当效仿的，或者无论如何，那些事，至少涉及信仰教义的，绝不可以说谎。这样，就把他们的根基真正摧毁了，也就把他们的藏身之地摧毁了。可以说，在大多数问题上，我们必须避免他们的错误，但是有一点是值得肯定的，那就是他们为了隐藏自己的异端邪说，坦然承认自己是说谎的。这一点必须首先攻破，因为可以说，这是他们得心应手的防御工事，必须用真理的老拳把它一举击碎。我们也不可再给他们另一个隐藏之地，他们以前不曾有过，现在一旦有机会就会以此作庇护，即万一有人暴露身份，他们企图引诱，却没有得逞，就会说："我们只是想要试探他们，因为谨慎的大公教徒教导说，为识别异端分子做这样的事是正当的。"无论如何,请你务必比较详尽而真诚地向人解释,说明为何这在我看来是驳斥那些想要引用圣经来支持他们的谎言的人的三重法,即有些被认为是谎言的经文,只要理解正确,其实不能看作是谎言;其次,如果有些例子明显是谎言,那么它们是不可效仿的;再次,与一切认为好人有时候也必须说谎的人的观点相反,在信仰教义上,任何时候都绝不允许说谎。这就是我不久前所举荐的,在某种意义上也要求你遵循的三点。

26. 为表明圣经里的某些被认为是谎言的事,只要正确理解,就不会认为它们是谎言,你必须全面驳斥他们,他们不是从使徒作品中,而是从先知书中找出说谎的先例。他们所提到的那些人——每个人都说了谎——的名字,在那些书里都是按比喻意义记载的,不论是他们的话,还是他们的许多行为,因为这些事也是在比喻意义上成就的。而那些表面看起来像是谎言的,只要在比喻意义上正确理解,就会发现是真理。然而,使徒在他们的书信里以另一种方式说话,在《使徒行传》里以另一种方式记载,也就是说,原本在那些预言的形象里蒙着帕子的,如今新约全都显明出来了。简言之,在所有的使徒书信里,在按正统真理记载使徒行迹的那部巨著里,我们找不到有人说谎,好让这些人引为范例来佐证说谎。彼得和巴拿巴用装假来强迫外邦人行犹太人的事,这毫无疑问应当谴责并纠正,既为了避免当时可能伤害人,也为了避免给后代留下效仿的先例。当使徒保罗看到他们行得不正,与福音的真理不合,就在众人面前对彼得说:"你既是犹太人,若随外邦人行事,不随犹太人行事,怎么还勉强外邦人随犹太人呢?"①但是就他自己所行的事来说,意在按照犹太人的习俗保留

---

① 《加拉太书》2:13—14。

遵行某些律法规定，以便表明他并非与律法和先知为敌。我们绝不可以为他这样做是在作假。事实上，关于这个问题，他自己的观点已是众所周知。他说，相信基督的犹太人不必放弃他们祖先的传统，外邦人成了基督徒之后也不要求如此。这样，那些众所周知的出乎神的神圣礼仪就不会被看作是渎神的东西避而远之，也不再算作是必不可少的条件，似乎没有它们，任谁皈依神也不可能得救，因为如今新约已经显明出来。曾有过一些人这样想也这样讲，尽管已经领受了基督的福音。彼得和巴拿巴也假装认同这些，因而强迫外邦人随从犹太人的做法。因为即使在领受了福音之后仍把它们当作必不可少的条件来传讲，似乎没有它们就不可能在基督里得救，这就是一种强迫。某些人确实错误地这样认为，彼得确实因为惧怕而这样装假，保罗确实出于自由而把它击得粉碎。因而，他所说的"向什么样的人，我就作什么样的人"①，不是通过说谎，而是通过与他人同受苦痛来行的。你要救一个人，你就把自己变成你要救的那个人，如同你就处在那样的惨境里，你希望人以怎样的怜悯来救你，就以怎样的怜悯去救他。因而，保罗把自己变成那个人，不是为了欺骗他，而是为了像他那样来思考自己。我前面多次提到保罗所说的以下这话："弟兄们，若有人偶然被过犯所胜，你们属灵的人就当用温柔的心把他挽回过来；又当自己小心，恐怕也被引诱。"②因为他说过，"向犹太人，我就作犹太人，为要得犹太人；向律法以下的人，我虽不在律法以下，还是作律法以下的人，为要得律法以下的人"③，倘若因为他说了这样的话，就认为他是以说谎的方式采纳旧律法的礼仪，那么他应当以同样的方

---

① 《哥林多前书》9：22。
② 《加拉太书》6：1。
③ 《哥林多前书》9：20。

式,即说谎采纳外邦人的偶像崇拜,因为他也说向没有律法的人,他就做没有律法的人,然而他绝不会那样做。他不曾在任何地方祭献偶像,或者崇拜那些假物,而是以基督见证者的身份直截了当地表明,它们是可恶的,必须避而远之。因而,使徒的所言所行中,没有哪一点可以让这些人宣称适合作为说谎的例子效仿的。至于先知的言行举止在他们看来似乎有他们所要的东西,那只是因为他们把比喻当作谎言,这些比喻有时候确实有点像谎言。但是只要把这些行为和话语理解为其所寓含的比喻意义,就能看到它们满是真理,根本不是什么谎言。所谓谎言,就是包含骗人意图的虚假意思。然而就比喻来说,虽然一物指向另一物,但只要正确理解,被喻示的事物是真实的,所以那绝不是虚假意思。

27. 就是我们的救主也在福音书里有过一些类似的事,因为众先知的主自己也屈尊成为先知。比如讲到那个患了血漏的女人,主问:"摸我的是谁?"①还讲到拉撒路,他问:"你们把他安放在哪里?"②听起来似乎他不知道这些事,其实他早就知道。他这样假装自己不知道,是为了借他这种表面的无知预示另外的意义,由于这另外的意义是真实可信的,所以他这样做肯定不是说谎。无论是借着患血漏的女人,还是借着死了四天的男人——就是无所不知的主在某种意义上也不知道他——都意指比喻意义。女人是外邦人的预表,如预言早已应验的:"我素不认识的民必侍奉我。"③而拉撒路离开阳世,躺在那个地方,这喻意主所在的地方,他的声音说:"我从你眼前被隔绝。"④

---

① 《路加福音》8:45。
② 《约翰福音》11:34。
③ 《诗篇》18:44。(和合本为43节。——中译者注)
④ 《诗篇》31:22。

基督假装不认识那女人是谁,也不知道那男人被放在何处,借这样的问话引出一个比喻,借真实的意义把一切关于谎言的说法驳倒。

28. 这也就是你所提到的,即他们说,主耶稣复活之后与两个门徒一起在路上走,当他们将进所要去的村子时,耶稣装出好像还要往前行的样子,也就是福音书作者所说的"耶稣好像还要往前行"①,说谎者非常高兴地引用这句话,好使他们说谎避免惩罚,似乎凡是假装的事都是谎言,却不知为了用一物比喻另一物,有许多事物都在真实的意义上装假。如果耶稣假装还要往前走,他并不以此意指任何别的意义,那么有理由论断这是一种作假行为。但如果正确理解,认为它指向他所要意指的东西,那么这是一个奥秘。不然,凡是用比喻所说的事,虽然根本没有做,但与已经做的事有关,都将成为谎言了。比如,一个人有两个儿子,大儿子与父亲住在家中,小儿子却去云游四方,这个故事记载得非常详细。② 在这类故事里,叙述者甚至把人的行为或话语理解为非理性的动物或没有感觉的东西,通过这种虚拟但包含真实意义的故事叙述,好叫他们以更吸引人的方式指明希望人做什么样的事。不仅世俗书信的作者使用这种方法,比如贺拉斯(Horace)③的书信里,就有老鼠与老鼠的对话,鼬鼠与狐狸的故事,通过虚拟的叙述指向所讨论问题的真实含义。类似的伊索(Aesop)寓言也是出于同样的目的,没有哪个人会无知到认为应当把它们称为谎言的地步。而且圣经(Holy Writ)也如此,如在《士师记》里所叙述的,树木要找一树为王,就对橄榄树、无花果树、葡萄树以及荆

---

① 《路加福音》24:28。
② 《路加福音》15:11—32。
③ 《讲章》2章6节;《书信》1章7节。

棘说。① 无论如何，这都是虚假的，目的在于叫人领会它所意指的含义，叙述诚然是虚拟的，但不是谎言，而包含真实的意义。这就是我就经上关于耶稣所写的话"他自己却装作还要往前走"的解释，免得有人像普里西利安主义者那样，企图从这样的话找到说谎的合法性，争辩说不仅其他许多人说谎，就连基督也说谎。若还有人不明白基督利用装假所预示的事，就让他留意基督的行为所产生的果效。因为他后来确实继续向前，升到诸天之上，但并没有抛弃他的门徒。为了表明将来他作为神所做的这样的事，现在他作为人要装那样的假。因而，在那假装往前走的行为里包含着某种真实的意义，因为这种离去确实演绎出了真正的意义。所以，人若是否认基督用行为成全了他所寓示的事，就让他认为基督装假说谎吧。

29. 因而，说谎的异端分子在新约各书里找不到任何说谎的事例可以让他们效仿，他们就从旧约先知书里找，因为书里记载的事，除了极少数能领会的人之外，那些指向真理的比喻说法和做法并没有向一般人显明出来，所以他们似乎找到了许多事例，称之为谎言，由此自以为已经有了非常充分的证据，于是宣称说谎是正当的。但他们为了自我辩护，想要找到欺骗的先例可以效仿，于是就自我欺骗，并且"出于邪恶谎话连篇"②。然而，还有些人，谁也不认为他们有说预言的本意，但是如果在行事或说话中出于骗人的动机作了假，有可能就从他们所做或所说的事中形成某种预言，那么这应该是神出于大能把预示贮藏在里面，就如一粒种子预先埋在里面，因为他知道怎样把人的恶行转化为好事，然而就那些人本身来说，毫无疑问，他们说

---

① 《士师记》9：8—15。
② 《诗篇》26：12（希伯来圣经27篇）；七十士译本的英文本译为"口吐凶言的"。

了谎。但不能仅仅因为他们出现在那些配称为神圣的书里就认为他们应当受到尊敬,为人所效仿。因为那些书所记载的既有人的恶事,也有人的善行,前者必须避免,后者应当效法。对有些事书上已经作出了判断,有些事则没有任何定论,留给我们自己来判断。因为我们不应当只是得到那些浅显字句的滋养,还应通过含义晦涩的话语得到训练。

30. 但这些人为何认为他们可以效仿他玛(Tamar)说谎,却不认为可效仿犹大(Judah)行淫?① 因为他们在经上读到这两件事,但圣经没有对它们作出或贬或褒的评判,只是单纯叙述,让我们自己作出判断来拒斥两者。如果认为哪件事可以效仿而不受任何惩罚,那是令人惊异的。我们知道,他玛作假扮作妓女不是出于淫欲,而是出于怀胎生子的愿望。淫乱也是这样,尽管犹大的行淫不是这样,但有人的淫乱就是为了得子传宗接代,就如他玛作假说谎是为了怀孕得子一样。那么如果出于这样的原因说谎是正当的,是否就可以说出于这样的原因行淫也是正当的呢?因而,这里不只涉及说谎,还涉及人的一切行为。可以说,由此就出现了补偿性的罪,我们必须思考应当怎样判断,免得打开了一条通向罪的路,不仅通向小罪,甚至通向一切邪恶,不可让任何凶残、邪恶、渎神的行为有立足之地,免得遗留什么空间,让人以为行这样的事是有理有据的,以至于把整个生活的道德原则颠倒了。

31. 我们必须认为,有人若是说有些谎言是正义的,那就无异于说有些罪是义的,因而推出,有些不义的事是义的。还有比这更荒诞不经的吗?试问,罪为何称之为罪?不就是因为它与公义相反吗?至

---

① 《创世记》38:14—18。

于为何可以说有的罪大，有的罪小，那是因为确实如此。我们不可听斯多葛主义的胡言乱语，说什么所有的罪都是同等的。但若是认为有些罪是不义的，有些罪是义的，那岂不是说恶有义与不义之分？使徒约翰说："凡犯罪的，就是行恶；罪就是恶。"①因而罪根本不可能成为义，除非我们把罪的名称放在一件根本不是罪的事情上。也就是说，为罪的献祭称为"罪"，对罪的惩罚有时也称为罪。毫无疑问，如果讲到义的罪时所指的是公义的献祭和公正的处罚，那是可以理解的。但那些违背神的律法的事绝不可能是义的。经上有话对神说："你的律法尽都真实"，因而，凡违背真理的都不可能是义的。谁能怀疑凡谎言都是违背真理的？因而，不可能有义的谎言。再者，谁能不清楚地看到，凡是义的都属于真理？约翰大声说："没有虚谎是从真理出来的。"②因而没有谎言是义的。这样说来，圣经里若向我们提供了说谎的例子，那么它们其实不是谎言，只是因为我们没有理解它们的含义而错以为是谎言；如果它们真的是谎言，那么也不是我们可以效仿的，因为它们不可能是义的。

32. 至于经上所记载的神施恩给希伯来的收生婆，耶利哥城的妓女喇合（Rahab）③，这不是因为她们说了谎，而是因为她们怜悯神的子民。因而，之所以奖赏她们不在于她们的欺骗，乃在于她们的仁爱，在于心里的良善，而非谎言的罪恶。如果神因为她们所做的善工愿意在另一个时间赦免她们以前所行的恶事，这不会令人吃惊，也毫无荒谬之处。同样，神若是在同一个时候，出于同一原因，看到这两

---

① 《约翰一书》3：4。（和合本此节译为："凡犯罪的，就是违背律法，违背律法，就是罪。"——中译者）
② 《约翰一书》2：21。
③ 《出埃及记》1：17—20，《约书亚记》2：及 6：25。

件事,即怜悯的事和骗人的事,都激励了善人,于是因为这种善而赦免了那种恶,这也毫不为奇。既然出于肉欲而非出于怜悯所行的罪,可以因行的怜悯之事而得赦免,那些出于怜悯本身而行的罪难道不能借着怜悯之工而得赦免?因为意在害人而犯的罪,显然比意在帮人而犯的罪更重。所以,如果前者可以因后来所行的怜悯之工而抹去,为何这较轻的罪不能因人的怜悯本身——不论这怜悯是在他犯罪之前行的,还是在他犯罪之时相伴随的——而抹去呢?所以,看起来,说"我原不该犯罪,但我可以行怜悯之事,好叫我以前犯的罪得赦免",与说"我本来就该犯罪,要不然我就不可能表现我的怜悯"实在是两回事。我的意思是说,说"因为我们已经犯了罪,所以就应当行善"是一回事,而说"我们应当犯罪,这样才能行善"是另一回事。前者是说"我们应当行善,因为我们已经作了恶",而后者则说"我们可以作恶以成善"①。所以,那里我们要汲干罪之阴沟,这里则要警惕教导人犯罪的理论。

33. 另外,我们还要明白的是,就那些妇女来说,不论是埃及的,还是耶利哥的,她们因其仁慈和怜悯所得的奖赏,不管怎么说都是短暂的。但这奖赏本身,虽然她们并不留恋,应当包含比喻含义,预示某种永恒的东西。至于这样做是否正当,即就算是为了救人性命,是否就可以说谎,这个问题就连最博学的人也感到头疼,对于那些生长在那些国度里,习惯了那些行为方式的妇女来说,更是大大超出了她们的能力范围。因而,她们在这事上以及在诸如此类的其他问题上的无知,神耐心地容忍,因为这些事原本不是这个世界的人所能认识的,乃是为将来世代的人所预备的。鉴于她们对他的仆人显示了

---

① 《罗马书》3:8。

属人的仁慈，他赐给她们属世的奖赏，但这种属世奖赏预示着某种属天的奖赏。喇合出了耶利哥，转变为神的子民，由于生养多多，她很可能得着永恒而不朽的奖赏，那不是靠任何谎言所能得着的。不过那时候，她虽然为以色列的探子行那样的善，也为自己的生活境况作可赞美的工，但是她并没有按照神的要求做，"你们的话，是，就说是；不是，就说不是。"①至于那些收生婆，虽然是希伯来人，但是如果她们只是按照肉身的方式生活，能从为别人建殿所得的短暂奖赏中得到什么或者多大的好处？除非借着多多生养达到歌颂神的歌里所唱的那种家："如此住在你殿中的，他们仍要赞美你。"②然而必须承认，这已经非常接近义了，虽然还没有完全实现，就是现在，心灵有这样的盼望和意向也是应当称颂的，即除了出于对某人行善，同时对别人毫无害处的意向和动机之外，绝不说谎。至于我们，当我们问人有时说谎是否是善的一部分，我们不是指埃及的某人，或者耶利哥的，巴比伦的，甚至耶路撒冷的，地上的耶路撒冷，因为耶路撒冷和她的儿女都是为奴的；而是指那在上的、自主的耶路撒冷城——她是我们的母，在天上，永恒的——的民。③对我们的问题，可以这样回答："没有虚谎是从真理出来的。"④那城的儿女就是真理的儿女。那城的儿女也就是经上所说的"在他们口中察不出谎言来"⑤的人。论及这城的儿女，经上还有话说："领受了道的儿女，必远离毁灭；他既领受，就为自己领受，口所出的，毫无妄言。"⑥在上的耶路撒冷的这

---

① 《马太福音》5：37。
② 《诗篇》84：4。
③ 《加拉太书》4：25、26。
④ 《约翰一书》2：21。
⑤ 《启示录》14：5。
⑥ 《箴言》29：27。见拉丁文本圣经（希伯来本圣经里没有）。

些儿女，神圣永恒之城的儿女，因为他们毕竟还是人，倘若有哪种谎言悄悄地潜入到他们中间，他们也会谦卑地祈求宽恕，而不是借此求更多的荣耀。

34. 但是有人会说，那么那些收生婆和喇合若是拒不说谎，从而也未显示任何怜悯，这样是否更好呢？当然不是。就那些希伯来妇女来说，如果我们问，她们是否应当说谎，那么她们既要避免说任何假话，也要极其果断地拒绝杀害婴孩这种下流勾当。但是，你会说，这样她们自己就得死。是的，但是要知道这意味着什么。她们死后将会有天上的住所，那是丰富的奖赏，是她们在地上所能建立的殿无法比拟的。她们既是为最清洁的真理担当死的，死后就要生活在永恒的幸福里。那个耶利哥的女子呢？她能这样做吗？她若不说谎欺骗追问的人，岂不就是说真话出卖藏匿的客人吗？或者她能对追问的人说，我知道他们在哪儿，但我敬畏神，我不能出卖他们？她若已经是心里没有诡诈的真以色列人①，肯定就能这样说。不过，她即将成为这样的人，因为她将借着神的怜悯进入神的城。但是他们听了这样的回答（你会说），就会杀了她，然后在房子里搜查。然而这是否意味着他们必将找到她早已精心藏匿的人呢？那谨慎的女人已经预见到这一点，所以早已把他们藏在安全之处，只要她说个没人相信的谎言，谁也找不到他们。所以，万一她因行了怜悯之事被自己的同胞杀害，就结束了此生，此生是必然要终结的，而这样的死在主耶和华的眼里是极为宝贵的②；同时，她对他们的恩益也不是徒劳的。但是你又会说："万一搜查他们的人四处寻遍之后来到她把他们藏起来的地方，那

---

① 《约翰福音》1：47。
② 《诗篇》116：15。

会怎样呢?"对此可以说：如果一个非常邪恶、卑鄙的女人不仅说谎，还对谎言起誓，也没有使他们相信她，那会怎样呢？当然，即便如此，即便她因畏惧而说谎，事情也会照样过去。但是我们将神的旨意和大能放在何处呢？他难道不能使她既不对自己的同胞说谎，也不出卖属神的人，同时，使属他的那些人免于一切伤害？正是借着神，在妇人说了谎之后得到保全，也正是借着他，即使女人没有说谎掩护他们，无论如何也能得保全。我们莫不是忘了在所多玛发生的事就是这样的，那些出于恶毒的欲望互相焚烧的人甚至找不到他们要搜查的人所隐藏的那户人家的门。而那义人，在几乎完全相同的情况下，不会为客人说谎，因为他不知道他们是天使，担心他们会受到比死更恶劣的暴行。毫无疑问，他很可能像耶利哥女人那样回答那些追查者，因为他们讯问、搜查的方式完全相同。但是那义人不愿意为了他客人的身体让他自己的灵魂因说谎而受玷污，然而为了他们的身体他愿意献出自己女儿的身体，任别人邪恶的淫欲任意妄为。① 这样说来，人可以尽自己所能考虑别人现世的安全，但是问题若是严重到唯有通过犯罪才能保人性命的地步，那就不是他的能力所及了，因而他若意识到自己所能做的是不宜做的，就不可认为自己能行可行的事。就耶利哥的喇合来说，因为她接待了陌生人，神的民，因为她接待他们而使自己处于危险境地，因为她精心地把他们藏到所能藏的地方，因为给予他们非常可靠的建议，叫他们从另一条路返回，所以是可称颂的，甚至配得上面的耶路撒冷之民的效仿。然而因为她说了谎，尽管有智慧的人可以看出其中包含着某种预示，但是按明智的理解，是不宜效仿的，尽管神看重那些善事，仁慈地略过了这一点恶。

---

① 《创世记》19：5—11。

35. 这些事就是这样，要全面讨论狄克提尼乌的《磅》里所确立的可以效仿的说谎先例，那实在太长，无法一一展开。所以在我看来，不仅这些事，类似的其他任何事都必须归结为这样的规则。即或者信以为是谎言的事例必可证明其实不是谎言，这样的情形有两种：其一，真理虽然没有说出来，但是所说的也绝非谎言；其二，一物必须理解成另一物才能领会其真实含义，这种比喻意义上的行为和言语在先知书里大量存在。或者那些被证实是谎言的，必然是不宜效仿的。如果有哪种谎言（如同其他罪一样）悄悄地潜入到我们里面，我们不可认为它们是义的，而要祈求宽恕它们。以上所讨论的事，在我看来是这样，并且也迫使我作出这样的论断。

36. 但是我们都是人，生活在人中间，而且我承认我还不属于那些不受补偿性之罪困扰的人中的一员，我在属人之事上也常常不得不被属人的情感所控制，若有人对我说以下的话，我也无法抵制："请看，这里有个人病入膏肓，生命垂危，如果向他宣告他最亲爱的独生子的死讯，他绝没有气力承受这个不幸的消息。现在他问你他儿子是否还活着，而你明明知道他已经离世，你会怎么回答。不论你怎么回答，不外乎以下三种答案之一：或者说他死了，或者说他还活着，或者说我不知道。你说其他话，他不会相信，唯有说儿子死了他才会相信，而这又是他最害怕你告诉他的，但是他又不愿你说假话。请问你怎么办呢？"即使闭口不说，情形也一样。就那三种回答来说，两种是假的，他听了是否得活，我不知道，但是说这两个回答就意味着说谎。如果你说真话，即说他儿子死了，他可能马上就跟死神走了，人们就会大叫，说你杀了他。谁能忍受别人责备他闯下这么个大祸：说个谎可以救人性命，却拒不说谎，反而说出实话杀死那人？这些责备令我非常感动，却是极其不明智的。当我在自己的心眼前设立神的理智之美,从他口里出来的,毫无虚谎,真理用她的光芒把我照得越来越亮,我那软弱而悸动的感官被击倒,我怀着对那超越一切的美的炽热之爱,把可以临到我头上的一切属人的看法弃置一旁。这种爱非常坚毅,在试探中也不缺乏成效。当我沉思光芒四射的至善——那儿毫无谎言的黑暗,当我们拒不说谎,人们因听到真话死了,从而真理被称为谋杀者,即便如此,我也不为所动。试想,有个淫荡女子求你满足她的淫欲,你若不答应,她因欲火困扰而死了,那么是否贞洁也成了杀人者?或者因为我们念过:"我们在神面前,无论在得救的人身上,或灭亡的人身上,都有基督馨香之气。"①也就是说,在这等人,就作了生的香气叫他活;在那等人,就作了死的香气叫他死。我们能说基督的馨香之气是杀人者吗?然而,我们是人,在这类问题和争论上难免受我们作为人的情感的控制和折磨,正是出于这样的原因,使徒又补充说:"这事谁能当得起呢?"

37. 此外,(这是叫喊得更可怜的原因)我们一旦承认为救那人的命对他说谎,即告诉他儿子还活着,这是正当的,那么恶就会在我们身上一点点积累增加,从一次小小的谎言变成一大堆邪恶的谎言,随着它几乎不知不觉的侵蚀,到最后,小错酿成大祸,横行肆虐,无法抵挡。因而,经上非常具有预见性地写道:"轻视小事的人必一点点地跌倒。"②不仅如此,对于这些因为非常迷恋此生,所以毫不犹豫地选择说谎,而舍弃真理的人来说,为了让某个人不至于死去,确切一点说,为了让总有一天要死的人多残喘一些时日,会要求我们不仅说谎,甚至起假誓。换言之,为了不让人虚空的健康更快地消失,我们

---

① 《哥林多后书》2:15—16。
② 《便西拉智训》19章1节。

就当让我们的主，神的名落入虚空！他们中还有些博学的人甚至制定规则，设立界限，作假证还有什么时候是当行的职责，什么时候是不当行的职责！泪泉啊，你在哪里？我们该做什么，去向何处？如果我们不仅不警醒地避免谎言，甚至还教导作伪证，那么我们如何能躲开真理的怒火呢？那些支持并维护说谎的人，真的要非常当心，不论他们喜欢称哪一种或哪一类谎言为义，至少在敬拜神上他们必须承认不可有任何谎言；至少他们应远离伪证和渎神，至少在插入神的名，神的见证，神的圣誓时，在讨论或谈论神的信仰问题时，不可有任何谎言，不可赞美谎言，教导并要求说谎，不可称谎言为义。至于其他谎言，应当选择在他看来最温和、最清洁的谎言，他也许有理由说这样的谎言。我知道，就算是教导可以说谎的人，也希望别人认为他所教的是真理。因为倘若他所教的东西本身就是虚假的，谁愿意去关注假教义，在其中教的人是在骗人，学的人则受骗？为了能够找到学生，当他教导可以说谎时，他必须主张他所教的是真理。然而，使徒约翰既宣称："没有虚谎是从真理出来的"①，那样的谎言又怎能说是真理呢？因而，有时可以说谎这种观点不是真理。它既不是真理，就根本不可能说服人相信。

38. 然而软弱提出自己的理由，并借托大众的利益宣称自己有不可辩驳的理由。它争辩说："当人毫无疑问受蒙骗就可以避免致命的伤害（对自己的或对别人的），我们作为人若不以同情之心选择说谎，那么还有什么其他办法救人于险境呢？"如果这群必死者，这群软弱者能耐心听我说，我愿意代表真理给予某种回答。可以肯定，最敬虔、真实而圣洁的贞洁不是别的，就是出于真理，凡违背它的，也就是违背

---

① 《约翰一书》2：21。

真理。如果没有别的可能救人于危境，我就可以说谎，尽管它非常明显是违背真理本身的，那么同样，为救人于危境而没有别的选择时，我不也可以卖淫，尽管这违背贞洁，因而也违背真理？为何我们如此看重贞洁，却对真理不惜冒犯？一切贞洁都属于真理，但不是指身体上的贞洁，而是心灵里的贞洁，身体的贞洁住在心灵里面。最后，我前面已经简单提及，这里再说一遍，无论谁为了举荐并维护谎言而驳斥我，他所说的若不是真理，那是什么？如果因为他说真理，因而有人听，那他怎能通过说真话使我成为说谎者？谎言怎么可能拿真理作保护伞？或者，难道她［真理］为自己的敌人征服，以便通过自己让自己被征服？谁能接受这种荒谬之言？所以，我们绝不可说，主张有时可以说谎的人所说的是真实可信的，不然，最荒诞、最愚蠢的东西都可信的话，真理就是教导我们成为说谎者了。请问，这是什么理论：人不行奸淫事，就不可能学会贞洁；我们若不亵渎神，就不可能学会敬虔；若不伤害人，就不可能学会仁慈；若不说谎，就不可能知道真理！既然这种理论不教导真理，它就不是真实的；既然不是真实的，就不值得学；既然不值得学，就可以推出说谎是不当的。

39. 有人会说：“唯独长大成人的才能吃干粮。”① 在许多事上，软弱者可以放纵以求缓解，尽管在真理最真诚意义上说，这些事绝不会令她喜悦。如果总要允许某种谎言存在，那就让不惧怕应当惧怕之后果的人这样说吧。但是无论如何，他们绝不可以毫无限制地向上爬，一直到伪证和渎神的地步。也不可寻找任何借口说，作假证是正当的，或者更有甚者，说神是可以亵渎的。我们不可这样推论，因为渎神只是一种表现和假话，因而神其实并没有受到亵渎。否则，就此

---

① 《希伯来书》5：14。

而言，也可以说并没有作伪证，因为伪证只是通过谎言作的。试问，谁是通过真理而成为伪证者的？同样，依凭真理，就没有谁会成为渎神者。如果人并不知道他所起誓的事是假的，还以为是真的。这种假誓就比较轻，比如扫罗的渎神容易得到宽恕，因为他是在不明白的时候做的。① 之所以渎神比对自己作假更坏，原因在于，在假誓里，只是把神作为虚假之事的见证，而在渎神中，虚假之事就是谈论神本身的。不论是作伪证者还是渎神者，人越是无可辩解，在主张他们所伪证或亵渎之事时，就越是知道或者相信它们必是虚假的。所以，人若说为了某个身陷险境之人的现世安全或生命，可以说谎，甚至可以用神来起誓，或者亵渎神，那么他就走过头了，偏离了永恒安全与生命的道路。

40. 有时候他们会提出危及永恒救恩本身的险境来反对我们，他们叫喊着说，如果没有其他办法，我们就只能说谎来防止这种危险。比如，某人将要受洗，但是他被掌控在不敬不信的人手上，唯有用谎言来骗取看管他的人的信任，此外没有其他办法让他获得水洗得重生。这种最令人反感的叫嚣迫使我们说谎，不是为人此世上转瞬即逝的财富或荣誉，也不是为现世的生命本身，而是为了人能得永恒的救恩。要对付这种声音，除了诉求于你——真理之外，我还能从哪里寻找庇护呢？而借着你在我面前呈现出来的就是贞洁。既然那些看管者受引诱答应我们给那人施洗，那我们为何不能行淫荡之事违背贞洁呢？既然可以用谎言让他们上当受骗，为何就不能行违背真理之事？因为毫无疑问，没有人会真诚地认为贞洁本身是令人愉悦的，只是因为它是真理所要求的。所以，为了找到人给他施洗，就让看守受谎言的欺

---

① 《提摩太前书》1：13。

骗吧,如果真理要求这样做。但是,如果贞洁没有要求我们卖淫以便使某人受洗,那么真理怎么可能命令我们说谎,以便使他受洗呢?那么贞洁为何不这样命令呢?不就是因为真理教导不能这样做吗?这样说来,唯有真理教导的事,我们才当做,而真理教导说,不可为了使人受洗行违背贞洁的事,那么她怎么可能会教导我们为了使人受洗去行违背她自己——真理的事呢?就如眼睛没有足够力量仰视太阳,但是只要能看到由阳光所照亮的物体就非常高兴。同样,灵魂虽然已经有足够的力量以贞洁的美为乐,但还不能直接思考把光照射在贞洁之上的真理本身,因而,只要涉及与真理相悖的事,他们就当惊恐地撤回,就如同有人提出行与贞洁相悖的事,他们就能惊恐地拒斥一样。而那领受了道的儿子,必远离毁灭,从他口里出来的,没有虚假[1],由此,若有人劝他用谎言来救助同胞,他必会断然拒绝,就如同拒绝行淫荡之事一样。父垂听并回应他的祷告,无须谎言,他就可以有效地救助父自己所愿意救助的人,天父的论断无人猜得透。这样的人必对谎言时常警醒,就如同警惕罪一样。事实上,谎言的名字有时就可以理解为罪。经上有话说:"人都是说谎的。"[2]它这样说,就如同说:"人都是有罪的。"又说:"若神的真实,因我的虚谎越发显出他的荣耀。"[3]因而,当他作为人说谎时,就作为人犯了罪,就必担当经上所说的论断:"人都是说谎的";"我们若说自己无罪,便是自欺,真理不在我们心里了。"[4]既然他口里所出的,毫无虚谎,根据那恩典,就必如经上所说的:"凡从神生的,就不犯罪。"[5]倘若这样的出

---

[1] 《箴言》29:27,拉丁译本。
[2] 《诗篇》116:11。
[3] 《罗马书》3:7。
[4] 《约翰一书》1:8。
[5] 《约翰一书》3:9。

生一直本真地存留在我们里面，就不会有人犯罪；等到唯有这种出生存留时，就真的没有人会犯罪了。但如今，我们滞留在那生来就可朽坏的身体里，不过，根据那得了新生的身体，只要我们行在正道上，内心就会一天新似一天。① 这必朽坏的总要变成（或穿戴）不朽坏的，生命必将它完全吞灭，死的毒钩无一留存。这死的毒钩就是罪。②

41. 如此说来，我们或者必须借行正道来避免谎言，或者借忏悔来承认它们。但当我们的生活中不幸地充满谎言的时候，我们不可用教导来使它们变得更多。人若想要使用谎言，就当作出选择，以何种谎言帮助他陷于困境的同胞得何种安全；如果对这样的人我们还可以提出要求，那么无论如何不可起假誓，也不可亵渎神。这两种恶，我们可以说比淫荡之恶更大，或至少不比它更小，有过之而无不及。我们实在可以想到，人们常常这样做，当他们怀疑妻子有奸情时，就强迫她们起誓。可以肯定，他们若不相信，即便是那些不害怕犯奸淫的人也害怕作伪证，那就不会这样做了。因为事实上也有些淫荡女人，虽然不怕用不当的性行为来欺骗自己的丈夫，却害怕起假誓来欺骗她们的丈夫。一个圣洁而虔敬的人，肯定不愿意用通奸的手段来帮助某人得洗礼，那能有什么原因使他愿意用伪证的手段帮助别人受洗呢？这种手段就连通奸者都往往惧怕不敢用。用伪证的手段行这样的事已然如此令人吃惊，更何况以渎神的手段呢？一个基督徒绝不可为了使另一人成为基督徒而否认并亵渎基督，不可为寻找另一个而丧失了自己，否则，只要他告诉另一人这样的事，找到那人的时候也是失去那

---

① 《哥林多后书》4：16。
② 《哥林多前书》15：53—56。

人的时候。因而，取名为《磅》的那本书，你必须以这样的方式驳斥并摧毁它。也就是说，你要明白，他们认为为了掩藏信仰可以说谎，并把它当作教条，这种理论的源头，必须首先予以切除。你也必须以这样的方式表明，他们费力从圣经里找到的作为他们谎言的佐证的那些事例，有一部分不是谎言，另一部分虽然属于谎言，但不适宜效仿。即使软弱强词夺理，说有些事虽然真理没有认可，但她行了也可得谅解，你也要毫不动摇地坚持并捍卫这一立场，即在神圣信仰上，任何时候都不可说谎。至于隐藏的异端，正如我们不是必须通过行奸淫才能揭露奸淫者，不是通过杀人才能揪出杀人犯，不是施用奸计才能识破奸计。同样，我们也不必通过说谎来找到说谎者，通过渎神来发现渎神者。我们在本文所确立的目标，经过这样层层推论，充分论述，最后总算艰难地达到了。

论修士的工作

《订正录》第二卷第二十一章

我之所以要写《论修士的工作》一文，原因如下。还在迦太基时代，就已经开始出现修士。有些修士遵从使徒的做法，自力更生，但是另有一些则希望以信徒的供奉为生，不干任何可以借此获得或者提供生活必需品的工作。他们认为并且夸口说，他们更真切地成全了福音书的律令，就是主所说的"看那天上的飞鸟，野地里的百合花"①。此外，在目标较低但热情似火的俗人中间也出现了吵吵嚷嚷，令教会颇为头痛：有些人捍卫这边，有些人维护那边，而且主张不干活的人中间有些开始蓄发。而谴责身体力行者与主张身体力行者之间的分歧，从他们各自的情绪来看，还在不断升温。出于这些原因，该城的主教，尊敬的老奥勒利乌（Aurelius）希望我就此问题写点东西，我就答应了。

本作品在《订正录》里紧随写于401年的《论婚姻的益处》之后。

---

① 《马太福音》6：26、28。

1. 圣洁的弟兄奥勒利乌，你的命令我应当一丝不苟地遵从，因为越是尽心尽力，我就越是清楚地看到，是谁借着你说出那样的命令。我们的主耶稣基督就住在你的最里面，激发你产生父亲般和兄弟般的爱之忧虑，担心我们的孩子和弟兄，那些不谨慎遵守圣使徒保罗的话"若有人不肯作工，就不可吃饭"①的修士们，是否能得到主的许可。主认为你的意愿和舌头能为他做工，所以借着你命令我要写点东西给你。但愿他也能亲自与我同在，好叫我顺服于他的这种恩赐，也叫我因这种劳动所结的果实和益处明白，我实在是顺服于他的。

2. 首先我们必须搞清楚，那些不愿做工的人所宣称的是什么，然后，我们若是看到了他们的想法不对，那么应该说些什么来纠正他们？他们说："使徒诚然说'若有人不肯作工，就不可吃饭'，但是他立这样的诫律不是指外在的工作，比如农夫的劳作或工匠的活计。"因为使徒不可能违背福音书里主亲口所说的话："所以我告诉你们：不要为生命忧虑吃什么，喝什么，为身体忧虑穿什么。生命不胜于饮食吗？身体不胜于衣裳吗？你们看那天上的飞鸟，也不种，也不收，也不积蓄在仓里，你们的天父尚且养活它。你们不比飞鸟贵重得多吗？你们哪一个能用思虑使身量多加一肘呢？何必为衣裳忧虑呢？你想，野地里的百合花怎么长起来；它也不劳苦，也不纺线；然而我告诉你们：就是所罗门极荣华的时候，他所穿戴的还不如这花一朵呢！你们这小信的人哪！野地里的草今天还在，明天就丢在炉里，神还给它这样的妆饰，何况你们呢？所以，不要忧虑说，'吃什么？喝什么？穿什么？'这都是外邦人所求的。你们需用的这一切东西，你们的天父是知道的。你们要先求他的国和他的义，这些东西都要加给你们了。所

---

① 《帖撒罗尼迦后书》3：10。

以，不要为明天忧虑，因为明天自有明天的忧虑；一天的难处一天当就够了。"①看啊，他们说，这里主命令我们不可忧虑吃什么、穿什么，使徒想的怎么可能与主相反，而教导我们应当如此忧心忡忡，时时挂念吃什么，喝什么，穿什么，甚至要我们去从事工匠的各种技艺、劳作和活计？由此他们说，使徒之所以说"若有人不肯作工，就不可吃饭"，意思必然是指属灵的工。在另一处他所说的也是指这种工，"照主所赐给他们各人的，引导你们相信。我栽种了，亚波罗浇灌了，唯有神叫他生长"，稍后又说："将来各人要照自己的工夫得自己的赏赐。因为我们是与神同工的；你们是神所耕种的田地，所建造的房屋。我照神所给我的恩，好像一个聪明的工头，立好了根基。"②因而，使徒做的工是栽种、浇灌、建造、立根基，若有谁不做这样的工，就不可吃饭。也就是说，人若是不做教化他人的工，得食神的话对属灵意义的吃有什么好处呢？就如懒惰的仆人，领受了某种天赋却把它隐藏起来，不为主的收益工作，那有什么用呢？最后岂不是要把这种天赋拿走，并把他扔进外面的黑暗里去吗？他们说，同样，我们也是这样。我们与弟兄们一同念经，他们带着这尘世的满身疲惫来到我们这里，在与我们一同诵读神的话语、祷词、诗篇、圣歌、灵歌里找到安慰。我们对他们说话，安抚、劝勉他们，按我们所了解到的他们各人的需要程度帮助他们建造生命。这样的工作我们若是不干，我们就很难从主领受我们属灵的供养本身。正是在这个意义上，使徒说："若有人不肯作工，就不可吃饭。"这些人相信自己是在遵守使徒和福音书的话，相信福音书叫人不可忧虑此生外在的、暂时的贫穷，

---

① 《马太福音》6：25—34。
② 《哥林多前书》3：5—10。

也相信使徒所说的"若有人不肯作工,就不可吃饭"是就属灵的工作和食物说的。

3. 但是他们没有注意到这样一点,如果另有人说,主诚然利用寓言和比喻的说法论及属灵的食物和衣裳,意在告诫他的仆人不可因这些原因而忧心忡忡(如他说:"当他们把你们拉到审判台前时,不要思虑该说什么话,到那时候,必赐给你们当说的话。因为不是你们自己说的,乃是你们父的灵在你们里头说的。"①因为他论到属灵的智慧,应许会赐给他们,好叫他们毫无忧虑);但是如今使徒以使徒的方式,更加直接也更加专门的论述,而不是用比喻的说法,在他几乎所有的作品里,尤其是在使徒的书信里,专门论到属体的工作和食物,说:"若有人不肯作工,就不可吃饭。"他们应当考虑主的其他一些话,找到一些证据来证明当他说"不要忧虑吃什么,喝什么,穿什么"时意思是说不要担心有形的食物和生活必需品,否则,他们的主张就会受到怀疑。如果他们注意主所说的"这都是外邦人所求的",就可以知道,他所说的就是指有形的、暂时的东西。所以,使徒在这个问题上所说的"若有人不肯作工,就不可吃饭",指的就是这样的事。这话也可能可以引申出另外的含义,但是在他书信的许多地方,他都非常直接地教导他心里所指的就是这个意思,所以他们试图在自己和别人面前罩上一层迷雾,这纯粹是多此一举。仁爱所要求的事,他们可能不仅拒绝做,甚至拒绝去理解它,或者也不让别人理解,不怕经上所写的"他与智慧善行已经断绝"。②

4. 首先我们应当指出,圣使徒保罗希望神的仆人做属体的工作,

---

① 《马太福音》10:19、20。(和合本经文有点出入:"你们被交的时候,不要思虑怎样说话,或说什么话……"——中译者注)
② 《诗篇》36:3。

这些工作应当以获得巨大的属灵奖赏为目的，为此，他们不可要求别人提供食物和衣裳，而要靠自己的手去挣得生活需用。其次要表明，有些人依据一些福音诫律不仅固守自己的懒惰，还趾高气扬，但是这些福音诫律与使徒的诫律和典范并不冲突。现在我们来看看，使徒这句话"若有人不肯作工，就不可吃饭"是怎么得出来的，他从什么前提出发，在什么样的上下文中作出这样的论断。"弟兄们，我们奉主耶稣基督的名吩咐你们：凡有弟兄不按规矩而行，不遵守从我们所受的教训，就当远离他。你们自己原知道应当怎样效法我们。因为我们在你们中间，未尝不按规矩而行，也未尝白吃人的饭，倒是辛苦劳碌，昼夜作工，免得叫你们一人受累。这并不是因我们没有权柄，乃是要给你们作榜样，叫你们效法我们。我们在你们那里的时候，曾吩咐你们说，若有人不肯作工，就不可吃饭。因我们听说，在你们中间有人不按规矩而行，什么工都不作，反倒专管闲事。我们靠主耶稣基督，吩咐、劝诫这样的人，要安静作工，吃自己的饭。"①对这些事该说什么呢？因为此后谁也不能根据他的愿望，而不是根据爱来解释这话，他为人师表，身先士卒，教导什么，自己就做什么的榜样。他作为一个使徒，传福音的教师，为基督而战的战士，葡萄园的种植者，羊群的牧养人，主已经规定他要靠福音生活。然而他并不索要自己应得的工钱，好叫他为那些对不当得的东西孜孜以求的人树立榜样，如他对哥林多人所说的："有谁当兵自备粮饷呢？有谁栽葡萄园不吃园里的果子呢？有谁牧养牛羊不吃牛羊的奶呢？"②因而，他原本当得的，他不会领受，以便树立榜样制止那些虽然并未在教会任同样的职事，

---

① 《帖撒罗尼迦后书》3：6—12。
② 《哥林多前书》9：7。

却认为自己当得同样的东西的人。不然,他为何要说:"我们在你们中间,未尝不按规矩而行,也未尝白吃人的饭,倒是辛苦劳碌,昼夜作工,免得叫你们一人受累。这并不是因我们没有权柄,乃是要给你们作榜样,叫你们效法我们。"他这诫命是给那些没有使徒权柄的人的,他们当仔细听听,唯有属灵的工,才可以白吃人的饭,吃不是靠体力劳作得来的饭食,如他所说的:"我们靠主耶稣基督,吩咐、劝诫这样的人,要安静作工,吃自己的饭",使徒的话说得如此显而易见,他们绝不可再作辩驳,因为这也与使徒要求他们的做工、吃自己的饭时应当保持的"安静"有关。

5. 然而,假若我没有在他书信的其他地方看到更明显的话,我就会对这些话作更多的探索、更深入的思考和讨论;与那些话相对照来看,这些话会显得更加明白,而且即使没有这些话,有了那些话也足够了。确切地说,他在给哥林多人的书信里,论到这个问题时是这样说的:"我不是自由的吗?我不是使徒吗?我不是见过我们的主耶稣吗?你们不是我在主里面所作之工吗?假若在别人,我不是使徒;在你们,我总是使徒。因为你们在主里正是我作使徒的印证。我对那盘问我的人就是这样分诉。难道我们没有权柄靠福音吃喝吗?难道我们没有权柄娶信主的姊妹为妻,带着一同往来,仿佛其余的使徒和主的弟兄,并矶法一样吗?"[①]请看,他首先表明在他什么事是合法的,因而就他作为使徒来说也是正当的。因为他一开头就说:"我不是自由的吗?我不是使徒吗?"又证明自己如何成为使徒的,说:"我不是见过我们的主耶稣吗?你们不是我在主里面所作之工吗?"证明完这一点之后,他又指出,对其他使徒来说正当合法的事,对他也是合法的;

---

① 《哥林多前书》9:1—7。

也就是说，他不必亲手劳作，只靠福音生活，就如主所指派的那样，这一点在接下来的话里他非常直接地指明了。家道殷实的信主妇女也为了这个目的与他们同行，用她们的物资供给他们，好叫他们在那些与此生的生活需用有关的事上毫无缺乏。圣保罗表明这样的事对他本人来说也确实是正当的，其他使徒也是这样行的，但他后面又说道，他并没有选择使用这样的权柄。有些人对此不理解，对他所说的"难道我们没有权柄带着信主的姊妹妇女同行"这句话，不是解释为"信主的妇女"，而是解释为"娶姊妹作妻子"。他们被含义模糊的希腊语误导了，因为在希腊语里，"姊妹"和"妻子"是同一个词。但使徒既这样说了，他们实在不该犯这样的错误；因为他既不是只说"妇女"，而是说"姊妹妇女"，也不是说"娶带"（那代表婚姻关系），而是说"携带"（表示同行）。不过，其他解释者并没有被这种模糊性所误导，因而没有把这里的"妇女"理解为"妻子"。

6. 若有人认为这样的事，即无论众使徒到哪里传福音，谈吐圣洁的妇女都可以与他们同行，用她们的物资支援他们的日常生活，使徒不可能做，那就请他听听福音，知道他们这样做原是效法主自己的榜样。也就是说，我们的主，照着他惯有的怜悯体恤软弱者，尽管有天使服侍他，他还是随身携带一个口袋，把人——毫无疑问是好人和信主的人——所捐的钱放在里面，作为他们的生活开支，（他把这口袋交给犹大保管，好叫我们学会在教会里也能忍受盗贼——要是我们无法避开。因为如经上所写的，犹大"窃取放在里面的所有"。）主希望妇女跟从他，预备并提供必不可少的物资，表明传福音者和牧养者应当从神的百姓中得到怎样的供给，就如战士从地方居民应得粮饷一样。但是，有人若是选择不使用应有的权利，就像使徒保罗那样，就可能给教会作更多的贡献，因为他不索取自己当得的报偿，反靠自己的劳动挣得每日的吃喝。经上有话对照顾伤者的店主说："此外所费用的，我回来必还你。"① 使徒保罗就是这样付了"额外的费用"，因为他如他自己所见证的，当兵自备粮饷。在福音书里是这样记载的，"过了不多日，耶稣周游各城、各乡传道，宣讲神国的福音。和他同去的有十二个门徒，还有被恶鬼所附、被疾病所累、已经治好的几个妇女，内中有称为抹大拉的马利亚，曾有七个鬼从她身上赶出来；又有希律的家宰苦撒的妻子约业拿，并苏撒拿，和好些别的妇女，都是用自己的财物供给耶稣和门徒。"② 众使徒所效法的就是主的这种榜样，接受本当归于他们的饮食。对此主非常直接地说：你们"随走随传，说：'天国近了！'医治病人，叫死人复活，叫长大麻风的洁净，把鬼赶出去。你们白白地得来，也要白白地舍去。腰袋里不要带金银铜钱。行路不要带口袋，不要带两件褂子，也不要带鞋和拐杖，因为工人得饮食是应当的。"③ 请看，使徒所提到的事正是主所命定的。主叫他们不要带所有那些东西，正是为了这样的目的，即他们需要什么，就可以从听他们传讲神之国的人那里得到什么。

7. 万一有人以为这种权柄唯有十二个门徒才有，请再看一下路加的记载。他说："这事以后，主又设立了七十个人，差遣他们两个两个的在他前面，往自己所要到的各城、各地方去。就对他们说：'要收的庄稼多，作工的人少。所以你们当求庄稼的主，打发工人出去收他的庄稼。你们去吧！我差你们出去，如同羊羔进入狼群。不要带钱囊，不要带口袋，不要带鞋，在路上也不要问人的安。无论

---

① 《路加福音》10：35。
② 《路加福音》8：1—3。
③ 《马太福音》10：7—10。

进哪一家，先要说：'愿这一家平安！'那里若有当得平安的人，你们所求的平安就必临到那家……吃喝他们所供给的，因为工人得工价是应当的。"①这里很显然，这些事不是出于命令，乃是出于允许，凡选择使用这种权柄的，都可以使用主所命定的于他合法的权柄。但若是有人不选择使用这种权柄，并没有违背所命定的事，只是放弃自己的权利，在福音书里表现得更加仁慈和勤劳，就是自己当得的工钱也不接受。若不是这样，那使徒就是违背了主的命令，因为他先是表明这对他来说是合法的，然后马上又补充说："但这权柄我全没有用过。"

8. 我们回到论述的顺序中，对书信里的整段经文深入思考。他说："难道我们没有权柄（靠福音）吃喝吗？难道我们没有权柄带着信主的姊妹妇女同行吗？"他所说的权柄，不就是主赐给他所差遣传天国之福音的人的吗？主说：你们"吃喝他们所供给的，因为工人得工价是应当的"②；并亲自树立使用这权柄的榜样，让极其忠心的妇女用自己的财产供给他诸如此类的生活必需。其他使徒都证明主允许他们这样做，但是使徒保罗走得更远。他之所以补充说"仿佛其余的使徒和主的弟兄，并矶法一样"，并不是要挑他们的刺，而是由此表明，他所没有接受的这种做法，其实他是可以接受的，与他同为战士的其他人的惯常做法就证实了这一点。"唯有我与巴拿巴没有权柄不作工吗？"请看，他消除了一切疑虑，包括最愚笨者心里的疑惑，好叫他们明白他所说的工是指什么。试想，他为何说"唯有我与巴拿巴没有权柄作工吗"这样的话？不就是说明所有传福音和教导人者都有从

---

① 《路加福音》10：1—7。
② 《路加福音》10：7。

主所领受的权柄,不必亲手干活做工,而靠福音吃喝,只做属灵的工,传讲天国,成就教会的平安?显然,当使徒说"唯有我与巴拿巴没有权柄不作工吗"时,谁也不会说他是指这种属灵的工。人若是企图破坏、悖逆使徒的诫律,就让他说所有那些人都有权柄不做这样的工;他若是真有胆量,就让他说所有传福音的人都从主领受了权柄可以不传讲福音。既然这样说是极其荒谬和疯狂的,那他们为何不明白这众所周知的意思呢?也就是说,他们确实领受了权柄,可以不必做体力之工维生,因为"工人得工价是应当的",如福音书所说。因而,不是说唯有保罗和巴拿巴没有权柄不作工,而是所有人都有这种权柄,只是他们两人不用这权柄,免得给教会增加"额外的费用",但是对软弱的人,他们要以适合软弱者的方式传讲福音。出于这样的原因,为防止有人以为他似乎要找其他使徒的差错,他接着说:"有谁当兵自备粮饷呢?有谁栽葡萄园不吃园里的果子呢?有谁牧养牛羊不吃牛羊的奶呢?我说这话,岂是照人的意见?律法不也是这样说吗?就如摩西的律法记着说:'牛在场上踹谷的时候,不可笼住它的嘴。'难道神所挂念的是牛吗?不全是为我们说的吗?分明是为我们说的。因为耕种的当存着指望去耕种,打场的也当存得粮的指望去打场。"①使徒保罗这些话充分表明,与他同为使徒的人绝没有强夺自己不当得的东西,他们不必为了获得此生所需要的物质资料去从事体力劳作,因为主已命定,他们应当靠福音吃喝,他们向人传讲白白的恩典,就应当白白地从人得粮。也就是说,他们就像战士得粮饷,从自己所栽种的葡萄园里白白收取果子,吃自己所牧养的牛羊身上的奶,从自己打场的打谷场上得粮。

---

① 《哥林多前书》9:7—10。

9. 在接下来的话里他说得更加明白，把所有可能的怀疑都一一排除。他说："我们若把属灵的种子撒在你们中间，就是从你们收割奉养肉身之物，这还算大事吗？"①他所种下的属灵的种子是什么呢？不就是关于天国之圣礼的话语和奥秘吗？他说他有权收割的肉身之物是什么呢？不就是肉身生命所必不可少、无法摆脱的这些短暂东西吗？然而，他说，这些当得的东西他并没有追求，也没有接受，免得对基督的福音有什么阻隔。这样说来，他所说的工，借以维持生计的工，我们若不理解为用自己的体力和双手去做的外在的工，还能理解为什么样的工呢？假若他是从属灵的工中去寻求食物和衣裳，也就是说，从那些他用福音教养的人中得这些东西，他就不可能接着说："若别人在你们身上有这权柄，何况我们呢？然而，我们没有用过这权柄，倒凡事忍受，免得基督的福音被阻隔。"②他所说的没有用过的权柄是什么呢？不就是他从主领受的，从他们得肉身之物，好叫活在肉身上的此生得维系的权柄吗？有些人并不是一开始就向他们传讲福音，而是后来到他们的教会向他们传讲福音，这样的人也有这样的权柄。因而，他先是说："我们若把属灵的种子撒在你们中间，就是从你们收割奉养肉身之物，这还算大事吗？"之后又补充说："若别人在你们身上有这权柄，何况我们呢？"当他表明了他们有怎样的权柄之后，又说："然而，我们没有用过这权柄，倒凡事忍受，免得基督的福音被阻隔。"使徒自己既公然说他没有用过这权柄，就请这些人解释一下他是以什么方式从属灵的工作中得维系肉身的食粮的。既然他不曾从属灵的工中得属肉的粮，就只能是从属肉的工中得，因而说：我们"也未尝白

---

① 《哥林多前书》9：11。
② 《哥林多前书》9：12。

吃人的饭,倒是辛苦劳碌,昼夜作工,免得叫你们一人受累。这并不是因我们没有权柄,乃是要给你们作榜样。"①又说:我们"凡事忍受,免得基督的福音被阻隔"。

10. 他又回过头来,想方设法,一次又一次地强调他有这种权柄,但没有用它。他说:"你们岂不知为圣事劳碌的,就吃殿中的物吗?伺候祭坛的,就分领坛上的物吗?主也是这样命定,叫传福音的靠着福音养生。但这权柄我全没有用过。"②还有比这话更直白的吗?还有比这意思更清楚的吗?这话本身如此直白清晰,我倒担心自己弄巧成拙,反而把它解释模糊了。有人若是不明白这样的话,或者假装不明白,那就更不明白或者更不会承认明白我的话了;除非他们真的一下子就明白了我的话,因为他们可以嘲笑他们已经明白的话,但是对使徒的话是不允许这样的。因此,一旦他们无法按照自己的观点来解释,尽管像如此清晰而明白的话,他们就说这话是模糊、不确定的,但不敢说它是错误的和悖谬的。属神的人大声说:主"叫传福音的靠着福音养生。但这权柄我全没有用过";而属血气的人却试图把直的东西弄弯,把开启的东西关上,把清澈的东西弄浑。它说:"他所做的工、得养生的工就是属灵的工。"果真如此,他就是靠福音活的,既如此,他为何要说:"主也是这样命定,叫传福音的靠着福音养生。但这权柄我全没有用过"?如果这里所用"养生"这个词还需要在属灵生命方面作出解释,那么使徒对神根本没有盼望,因为他不是靠福音养生的,因为他已经说了:"这权柄我全没有用过。"然而,使徒应当对永生心怀盼望,因而他的属灵生命是靠福音维系的。由此,他所说

---

① 《帖撒罗尼迦后书》3:8—9。
② 《哥林多前书》9:13—15。

的"但这权柄我全没有用过",毫无疑问必须理解为此世的肉身生命,他说主把这生命给他们,好叫他们传讲福音,他们应当靠福音养生;也就是说,需要食物和衣裳的肉身生命,他们可以靠福音来供养,如他上面提到的其他使徒就是这样做的,主自己论到他们时也说:"工人得饮食是应当的","工人得工价是应当的。"这维持肉身生命的饮食和工价原是传福音者当得的,但是使徒没有从听他传福音的人那里接受这些东西,所以他就如实说:"这权柄我全没有用过。"

11. 他接着又补充说,免得有人以为他之所以不接受,只是因为他们没有给予:"我写这话,并非要你们这样待我,因为我宁可死也不叫人使我所夸的落了空。"①他所夸的是什么呢?不就是他希望与神一同拥有的,在基督里与软弱者一同承受的东西吗?因为他接着非常明白地说:"我传福音原没有可夸的,因为我是不得已的"②,也就是说是出于此生的需要。他说:"若不传福音,我便有祸了。"也就是说,按我自己的意愿,我不想传福音,因为我得忍饥挨饿,没有养生之物。他接着又说:"我若甘心做这事,就有赏赐。""我若甘心做这事",他这话的意思是说,他做这事若不是出于此世生活的生计所迫,这样他就有赏赐,即得神的永恒荣耀。"若不甘心,责任却已经托付我了。"③也就是说,我若不是出于甘心,而是出于生计的迫不得已,才去传福音,"责任却已经托付我了",就是作为管家的责任,因为我所传的就是基督,就是真理,不管出于什么样的原因,不管如何寻求我自己的原因,不管出于什么属世的益处做这事,其他人必然得益,但是我却没有神荣耀而永久的赏赐。"既是这样,我的赏赐是

---

① 《哥林多前书》9:15。
② 《哥林多前书》9:16。
③ 《哥林多前书》9:17。

什么呢？"他说这话就如同在问一个问题，我们读到这里必会停顿，直到他说出答案。为了更容易明白这一点，我们可以向他提出这样的问题："使徒啊，既然属世的赏赐是好的传福音者当得的，虽然传福音不是为了得这样的赏赐，但这是按照主的命定提供给他们的，你却不接受，那么，请问你的赏赐是什么呢？"看看他是怎么回答的："就是我传福音的时候，叫人不花钱得福音"，也就是说，叫信徒看来福音并不是难以得到的，免得他们以为向他们传福音乃是为了这样的目的，即传福音者看起来似乎是在兜售福音。然而他一次又一次地回过头来表明，主给他权柄可行什么样的事，但他没有用这样的权柄，他说："免得用尽我传福音的权柄。"①

12. 他这样做见证了人的软弱，现在我们来听听接下来的话："我虽是自由的，无人辖管，然而我甘心作了众人的仆人，为要多得人。……向律法以下的人，我虽不在律法以下，还是作律法以下的人，为要得律法以下的人；向没有律法的人，我就作没有律法的人，为要得没有律法的人。其实我在神面前，不是没有律法；在基督面前，正在律法之下。"②他所做的事，不是出于骗人的诡计，而是出于同情别人的怜悯。也就是说，不是像有些人所认为的那样，他在耶路撒冷时遵守旧律法所规定的事是在把自己假装成犹太人。他这样做与他自己自由而坦然宣告的观点是一致的。他说："有人已受割礼蒙召呢，就不要废割礼。"也就是说，他的行为举止不要让人以为他已经成为未受割礼的，似乎阉割之处又长出了包皮。如他在另一处所说的："你的割礼就算不得割礼。"③这与他以下的观点是一致的。他

---

① 《哥林多前书》9：18。
② 《哥林多前书》9：19—21。
③ 《罗马书》2：25。

说:"有人已受割礼蒙召呢,就不要废割礼;有人未受割礼蒙召呢,就不要受割礼"①,他做那些事与此是一致的,但是由于人不理解,也没有充分注意,所以就认为他是在作假。他原本就是个犹太人,是受了割礼蒙召的,因而他不可能成为未受割礼的,也就是说,不可能表现得像是未受割礼的一样。但是他现在有权柄做这样的事。因为他实在不是在律法"以下",像那些奴仆般匍匐在律法下的人那样,而是在神和基督的律法"里面"。那律法与神的律法并不是如可恶的摩尼教徒常说的那样,是互不相干的两件事。否则,如果认为他在做那些事时是假装的,那么他也可以假装为异教徒,祭拜偶像,因为他说在没有律法的人,他就做没有律法的人。毫无疑问,论到这些人,他希望我们理解为外邦人,就是我们称为教外人的。因而在律法以下是一回事,在律法里面是一回事,没有律法又是一回事。"律法以下的",就是属肉体的犹太人,"律法里的",就是属灵的人,包括犹太人和基督徒(前者谨守祖先的习俗,但并不把信主的外邦人所不习惯的担子强加在他们头上,因而他们也是受了割礼的),但"没有律法的",则指还没有信主的外邦人。不过,使徒见证自己已经成为与他们一样,借的是充满怜悯的同情之心,而不是可变的、外在的相似。也就是说,如果他自己是属肉体的犹太人或教外人,他自己希望以什么方式得到救助,他便以什么方式去救助属肉体的犹太人或教外人;以体恤人的同情去担当他们的软弱,而不是编出谎言来骗人,正如他接着所说的:"向软弱的人,我就作软弱的人。"②他正是从这一立足点出发去论说所有其他事物的。因为他向软弱的人就做软弱的人,这不是谎

---

① 《哥林多前书》7:18。
② 《哥林多前书》9:22。

言，所以上面反复提到的所有其他事都不是谎言。他向软弱的人自己所成为的这软弱是指什么呢？不就是指与他们一同受苦，不接受主所命定的他当得的赏赐，免得无知的人以为他是在兜售福音，并陷入一种错误的怀疑，从而使神的道受阻？就算他愿意接受，也绝不会说谎，因为这原本就是真正属于他的；他不接受，也绝不是作假。因为他没有说，这是不当得的，而是表明是当得的。尽管当得，他也没有用过，并且承认他无论如何也不会去用，由此而成为软弱的，即他不会使用自己的权柄。换言之，出于深切的怜悯之情，他作这样的思考：假如自己也变得这样软弱，会希望别人怎样待他呢？也就是说，他很可能作这样的设想：假如他看见向他传福音的人接受了报酬，他就会认为这是市场上的一种交易，从而对他们心怀疑惑。

13. 论到他的这种软弱，他在另一处说：我们"在你们中间变为小的，如同乳母乳养自己的孩子。"① 在那一段落里，上下文是这样的："因为我们从来没有用过谄媚的话，这是你们知道的；也没有藏着贪心，这是神可以作见证的。我们作基督的使徒，虽然可以叫人尊重，却没有向你们或向别人求荣耀，只在你们中间变为小的，如同乳母乳养自己的孩子。"② 他向哥林多人所说的话，即他有做使徒的权柄，就像其他使徒一样，但是又证明这权柄他从来不曾用过，这里又向帖撒罗尼迦人说："我们作基督的使徒，可以叫人尊重"，这是照着主所说的"工人得工价是应当的"。他所说的这话，可以由上面所说的作证明："也没有藏着贪心，这是神可以作见证的。"也就是说，由于主命定这权柄归于优秀的传福音者，虽然他们传福音不是为了得这权

---

① 《帖撒罗尼迦前书》2：7。和合本经文译为："只在你们中间存心温柔，如同母亲乳养自己的孩子。"——中译者注
② 《帖撒罗尼迦前书》2：5—7。

柄，而是为了求神的国，但因此所有这些东西都应当加给他们，其他人都将由此受益。论到这些人，他还说："这样的人不服侍我们的主基督，只服侍自己的肚腹。"①使徒希望剪除他们这样的机会，所以即使原本应当归他的，他也放弃了。他自己在《哥林多后书》里论到其他教会为他提供给养时坦然说明了这一点。显然，他变得极其贫困，所以要从遥远的其他教会给他送来物资，而从他所在的那些人中间，他什么也不接受。他说："我因为白白传神的福音给你们，就自居卑微，叫你们高升，这算是我犯罪吗？我亏负了别的教会，向他们取了工价来给你们效力。我在你们那里缺乏的时候，并没有累着你们一个人，因我所缺乏的，那从马其顿来的弟兄们都补足了。我向来凡事谨守，后来也必谨守，总不至于累着你们。既有基督的诚实在我里面，就无人能在亚该亚一带地方阻挡我这自夸。为什么呢？是因我不爱你们吗？这有神知道。我现在所作的，后来还要作，为要断绝那些寻机会人的机会，使他们在所夸的事上也不过与我们一样。"②因而，他这里所说的要断绝的机会，就是他前面所说的"也没有贪心的机会，这是神可以作见证的"中的机会。他这里所说的我"自居卑微，叫你们高升"，就是给哥林多人的第一封书信里所说的"向软弱的人，就作软弱的人"，也是给帖撒罗尼迦人的书信里所说的"在你们中间变为小的，如同乳母乳养自己的孩子。"请注意以下的话："我们既是这样爱你们，不但愿意将神的福音给你们，连自己的性命也愿意给你们，因你们是我们所疼爱的。弟兄们，你们记念我们的辛苦劳碌，昼夜作工，传神的福音给你们，免得叫你们一人受累。"③他上面说过："我们作

---

① 《罗马书》16：18。
② 《哥林多后书》11：7—12。
③ 《帖撒罗尼迦前书》2：7—9。

基督的使徒，原本可以叫你们受累。"因为那时软弱者处于危险之中，所以他就这样做了，就如同父母的古道心肠，为他们颤动，免得他们心中产生错误的怀疑，从而——可以说——恨恶口传的福音。在《使徒行传》里，他也说到同样的事，他从米利都打发人往以弗所请了教会的长老以及许多其他人，对他们说："我未曾贪图一个人的金、银、衣服。我这两只手常供给我和同人的需用，这是你们自己知道的。我凡事给你们作榜样，叫你们知道应当这样劳苦，扶助软弱的人，又当记念主耶稣的话，说：'施比受更为有福。'"①

14. 这里可能会有人说："既然使徒所做的是体力之工，以便供养生活，那他怎么有时间去做那样的工，同时又传讲福音？"对此我回答：假设我不知道的，但他确实做了体力活，借此为生，并没有用过主赐给使徒的权柄，即他既传福音就可以靠福音而活，以上所说的那些事无疑就是见证。因为这不是只在某一处提到，或者只是简单提及，若是那样，非常精明而好辩的变节者也许有可能违背原意，把它曲解成另一种意思。既然他们是如此了不起的权威，能如此有力而迅速地抨击反对者，把对手撕成碎片，为何还要问我他所做的是什么工，或者他什么时候做工？有一件事我是知道的，那就是他不偷不抢，也不是驾马车的，狩猎的，表演的，没有染指任何肮脏的钱财，而是清白而诚实地从事适合人做的工作，比如木匠、泥水匠、鞋匠、农夫，以及诸如此类的。那些喜欢被称为诚实的，但并不喜欢成为诚实的人，凡是他们的骄傲所指责的，诚实本身是不会指责的。使徒不会拒斥做农夫的任何工，也不认为被雇做手工活是可耻的。他既说："不拘是犹太人，是希腊人，是神的教会，你们都不要

---

① 《使徒行传》20：33—35。

得罪他"①，我不知道他还能在谁面前蒙羞。他们若说犹太人，那么先祖们还牧牛羊呢；若说是希腊人，就是我所说的教外人，那么他们有些哲学家虽然德高望重，却还是鞋匠呢；若说是神的教会，那么那被拣选来见证婚姻中的持久童贞的义人，就是生了基督的童女马利亚的丈夫，原本就是木匠。② 这样说来，无论什么工作，人只要诚实无欺地去做，都是好的。使徒本人也对此作了预先警示，人不可因着生活所需而转向邪恶的工作。他说："从前偷窃的，不要再偷。总要劳力，亲手作正经事，就可有余，分给那缺少的人。"③ 由此完全可以知道，就是在劳力的工中，使徒做的也是善工。

15. 至于他一般在什么时候干活，也就是说，什么时候做工不妨碍传福音，那谁能搞得清楚？但是，关于他昼夜做工这一点，经上并非全无论说。④ 然而这些人似乎非常繁忙，日理万机的样子，询问使徒什么时间做工。他们是做什么的？他们有否从耶路撒冷直转到以利哩古，到处传基督的福音？⑤ 或者去到偏远的化外人的地方，让那里充满基督教会的平安？我们只知道他们属于某个神圣的团体，悠闲自在地聚会消遣。使徒做了一件令人惊奇的事，他对所有教会都关怀备至，不论是在他的关怀和操劳下栽种的，还是别人栽种的，劳心劳力，同时还从事着养活自己的生计之工。因此，当他在哥林多人中间缺吃少喝时，并没有劳累他所在之地的那些人，而是由与他相隔千里的来自马其顿的弟兄们提供给养与他。⑥

---

① 《哥林多前书》10：32。（和合本此节经文译为："……你们都不要使他跌倒。"——中译者注）
② 《马太福音》13：55。
③ 《以弗所书》4：28。
④ 《帖撒罗尼迦前书》2：9；《帖撒罗尼迦后书》3：8。
⑤ 《罗马书》15：19。
⑥ 《哥林多后书》11：9。

16. 因为他自己还要照顾圣徒们的类似需要，圣徒们虽然遵守他的律令，即"要安静作工，吃自己的饭"，但可能由于种种原因，还是需要外界的补给，以解生计之需，因而他先是这样教训并告诫他们："我们靠主耶稣基督，吩咐、劝诫这样的人，要安静作工，吃自己的饭"，然后为防止有人以为反正人会为神的仆人提供日常所需的一切，就借此机会变得越来越懒，所以接着又说："但是弟兄们，你们行善不可丧志。"①他在写给提多的信里说："你要赶紧给律师西纳和亚波罗送行，叫他们没有缺乏"②，为表明从什么方面不应当让他们有所缺乏，他又马上补充说："并且我们的人要学习正经事业，预备所需用的，免得不结果子。"同样，就提摩太来说，他称之为他的真儿子③，因为他知道提摩太身体虚弱（他说："因你胃口不爽，屡次患病，再不要照常喝水，可以稍微用点酒"，由此可知），考虑到他可能会因为自己体力不支，不能劳作，又不愿意从听他传福音的人那里接受日常所需，从而去找某种事做，好让他的心力交织其中。（须知，身体劳作，心灵自由，这是一回事，比如手工艺者，只要他不是奸诈、贪婪，对自己的私利斤斤计较，就是这种状态；而身体不劳作，心里老算计着敛财是另一回事，比如商人、管家、企业家，因为这些人只在心里挂虑着自己的工作，双手并没有实际去做，因而他们的心里充满对得失的忧虑。）为了不让提摩太因为自己虚弱的身体不能亲手做工而陷入这样的思路，他劝告、警示并安慰他说："你要和我同受苦难，好像基督耶稣的精兵。凡在军中当兵的，不将世务缠身，好叫那招他当兵的人喜悦。人若在场上比武，非按规矩，

---

① 《帖撒罗尼迦后书》3：12、13。
② 《提多书》3：13—14。
③ 《提摩太前书》1：2。

就不能得冠冕。"①因而，为防止他陷入困境，说："锄地呢，无力；讨饭呢，怕羞"②，他又说："劳力的农夫理当先得粮食。"③这是与他对哥林多人所说的话一致的："有谁当兵自备粮饷呢？有谁栽葡萄园不吃园中的果子呢？有谁牧养牛羊不吃牛羊的奶呢？"④由此，他就成为毫无忧虑的贞洁的传福音者，他传福音不是为了拿福音作交换，但由于自己没有力量干活养活自己，因此他应当明白，不论他需要什么，都可以从他们获得。他们之于他，就如地方居民之于战士。他们就是他所栽培的葡萄园，或者如同他所牧养的牛羊。从他们拿取，不是乞丐索求，而是出于权柄。

17. 因此，不论是出于神的仆人这种职业，还是由于体弱多病，使徒不仅允许良善的信徒为圣徒提供需要，而且还非常积极地呼吁他们这样做。除了那权柄——他说自己不曾用过这权柄，但是信徒必须遵守它——他又补充说："在道理上受教的，当把一切需用的供给施教的人。"⑤这权柄是传讲道理的人对受教的人的权柄，这是他屡屡证明的。此外，他还论到圣徒卖了一切所有分给别人，住在耶路撒冷过圣洁的团契生活，从不说有什么东西是他们自己的，一切都是共有的，他们与主一心一意，这样的人应当借着外邦人的教会得到他们一切所需的东西，他这样吩咐并劝告。对罗马人也一样："现在，我往耶路撒冷去供给圣徒。因为马其顿和亚该亚人乐意凑出捐项给耶路撒冷圣徒中的穷人。这固然是他们乐意的，其实也算是所欠的债。因外邦

---

① 《提摩太后书》2：3—5。
② 《路加福音》16：3。
③ 《提摩太后书》2：6。
④ 《哥林多前书》9：7。
⑤ 《加拉太书》6：6。

人既然在他们属灵的好处上有分,就当把养身之物供给他们。"[1]他对哥林多人说的话也与此类似:"我们若把属灵的种子撒在你们中间,就是从你们收割奉养肉身之物,这还算大事吗?"[2]在给哥林多人的第二封书信里也说:"弟兄们,我把神赐给马其顿众教会的恩告诉你们,就是他们在患难中受大试炼的时候,仍有满足的快乐;在极穷之间,还格外显出他们乐捐的厚恩。我可以证明:他们是按着力量,而且也过了力量,自己甘心乐意地捐助,再三地求我们,准他们在这供给圣徒的恩情上有份。并且他们所作的,不但照我们所想望的,更照神的旨意,先把自己献给主,又归附了我们。因此我劝提多,既然在你们中间开办这慈惠的事,就当办成了。你们既然在信心、口才、知识、热心和待我们的爱心上,都格外显出满足来,就当在这慈惠的事上也格外显出满足来。我说这话,不是吩咐你们,乃是借着别人的热心试验你们爱心的实在。你们知道我们主耶稣基督的恩典:他本来富足,却为你们成了贫穷,叫你们因他的贫穷,可以成为富足。我在这事上把我的意见告诉你们,是与你们有益,因为你们下手办这事,而且起此心意已经有一年了,如今就当办成这事。既有愿作的心,也当照你们所有的去办成,因为人若有愿作的心,必蒙悦纳,乃是照他所有的,并不是照他所无的。我原不是要别人轻省,你们受累,乃要均平,就是要你们的富余,现在可以补他们的不足,使他们的富余,将来也可以补你们的不足,这就均平了。如经上所记:'多收的也没有余,少收的也没有缺。'多谢神,感动提多的心,叫他待你们殷勤,像我一样。他固然是听了我的劝,但自己更是热心,情愿往你们那里去。我

---

[1] 《罗马书》15:25—27。
[2] 《哥林多前书》9:11。

们还打发一位兄弟和他同去，这人在福音上得了众教会的称赞。不但这样，他也被众教会挑选和我们同行，把所托与我们的这捐资送到了，可以荣耀主，又表明我们乐意的心。这就免得有人因我们收的捐银很多，就挑我们的不是。我们留心行光明的事，不但在主面前，就在人面前，也是这样。"①从这些话里多么明显地体现出使徒的愿望，他不仅希望主的会众能尽心资助神的圣洁仆人的需要，因为这与其说有益于受资助的人，还不如说对行此事的人更有益（对那些人来说，有益的是另一件事，即他们把弟兄对他们的这种供给作为圣洁之用，事奉神不是为了得到这些东西，拿取这些东西也不是为了滋养懒惰）。同样，圣使徒说他非常关心这次使命，就是借提多移交捐项的事，所以一路上有人相伴，他告诉我们，这人是教会任命的属神的人，颇受好评，按使徒的说法，"这人在福音上得了众教会的称赞。"他说，任命这人与他同行，还出于这样的目的，即为了避免别人的指责，没有圣徒与他一同执行这样的圣事，为他作见证。那些软弱而不敬的人就可能会认为，他为供给圣徒的需要而接受、亲自送去分给圣徒中的贫穷者的捐资，是他为自己接受的，是为了中饱私囊。

18. 稍后他说："论到供给圣徒的事，我不必写信给你们，因为我知道你们乐意的心，常对马其顿人夸奖你们，说亚该亚人预备好了，已经有一年了，并且你们的热心激动了许多人。但我打发那几位弟兄去，要叫你们照我的话预备妥当，免得我们在这事上夸奖你们的话落了空。万一马其顿人与我同去，见你们没有预备，就叫我们所确信的，反成了羞愧；你们羞愧，更不用说了。因此，我想不得不求那几位弟兄先到你们那里去，把从前所应许的捐资预备妥当，就显出你们

---

① 《哥林多后书》8：1—21。

所捐的，是出于乐意，不是出于勉强。少种的少收，多种的多收，这话是真的。各人要随本心所酌定的，不要作难，不要勉强，因为捐得乐意的人是神所喜爱的。神能将各样的恩惠多多地加给你们，使你们凡事常常充足，能多行各样善事。如经上所记：'他施舍钱财，周济贫穷，他的仁义存到永远。'那赐种给撒种的，赐粮给人吃的，必多多加给你们种地的种子，又增添你们仁义的果子，叫你们凡事富足，可以多多施舍，就借着我们使感谢归于神。因为办这供给的事，不但补圣徒的缺乏，而且叫许多人越发感谢神。他们从这供给的事上得了凭据，知道你们承认基督，顺服他的福音，多多地捐钱给他们和众人，便将荣耀归与神。他们也因神极大的恩赐显在你们心里，就切切地想念你们，为你们祈祷。感谢神，因他有说不尽的恩赐。"[①]当使徒论到基督的战士与他的其他子民之间彼此帮助，满足相互的需要时，他内心深处该是洋溢着多大的喜乐啊！他们一方为另一方提供属肉体的需要，另一方为这方提供属灵的需要，这种丰盈的圣洁喜乐喷薄而出，他情不自禁地高呼："感谢神，因他有说不尽的恩赐！"

19. 因而，更确切地说，神的圣灵充满使徒并激动他的心，使他不停地劝勉已经具备这种素质的信徒，神的仆人应当无所缺乏，因为他们立志要在教会里拥有更高层次的圣洁，切断一切世俗指望的纽带，以自由的心献给属神的战事。他们也应当遵从使徒的诫律，同情软弱的，不受贪爱私财的捆绑，为共同的好处亲手劳作，顺服在上的毫无怨言，好叫他们所缺乏的，由良善的信徒的捐献来补充，因为他们虽然也劳力做一些工，从中获得供养，但仍然会有些人体弱多病，而且传教的职业或者带来救恩的教理知识也配得信徒们的尊重。

---

① 《哥林多后书》9章。

20. 这些不愿做体力工的人，我倒想知道他们的时间都花在什么事上。他们说："用来念祷词、诗篇、经文、神的话。"毫无疑问，一种圣洁的生活，并且是在基督的甜美里，是值得称颂的，但是我们的日常工作并不是要求我们停止做这些事，无论是饮食，还是预备日常需用，都不影响我们做这些事。既然神的仆人由于身体有病，不得不时时找出时间来做这些事，我们为何不能花一点时间去留意使徒的诫律？人若遵守诫律，即使只祷告一次，神也会垂听。人若鄙视诫律，即使祷告一千次也传不到神那里。至于圣歌，即使手上在干活，也可以轻轻松松地诵唱，就像划船的人喜欢唱船歌，同样，神圣旋律能使劳苦变得轻松。我们难道不知道一切做工的人往往都是这样，手里不停地忙着活计，不论干的是多么琐碎，甚至大部分是肮脏的活，心里和口舌上就说出富有戏剧色彩的故事？那么神的仆人手上在干活时为何就不能深思主的律法，歌颂至高的主的名[①]？当然，他得有时间把所学的东西反复回忆记在心里。为此，也不可没有那些信徒的善工，那是补充生活需用的资源，免得当人致力于积累心灵财富的时候，因无法从事体力上的活，而面临生活缺乏的困境。但是那些说把时间用在诵读上的人，难道他们没有读到使徒的盼咐吗？这样说来，人虽然希望花时间读经，却拒不按所读到的律条行事；可以花很多时间念诵教导良善的话，却拒不按所教导的话去做，这岂不是最大的悖逆吗？谁不知道人在念诵好教训时，越早把所读的话付诸行动，就越早得益？

21. 再说，就算必须有人专门与人讲论，使讲论者没有时间去从事劳力工作，那么难道修道院里的所有人都能与那些来自完全不同的生活背景的人谈话，不论是解释神圣教训，还是回答所提出的问题，

[①] 《诗篇》1：2；13：6。

都能说得头头是道？既然并非所有人都有这种能力，为什么所有人都以此为借口拒绝做别的事？即使所有人都有这种能力，他们也该轮着做，不仅因为这样其他人可以腾出身来做必要的工，而且因为一人讲话大家听就行了。就使徒来说，他若不定出时间来传授神的话，又怎能找出其他时间从事体力劳动呢？事实上，神也不想隐藏这点不让我们知道，因为圣经并非没有谈及他做的是什么工，什么时间用来传讲福音。也就是说，当他在特罗亚时，因为次日就要离开，时间非常匆促，便在七日的第一日，弟兄们聚会擘饼的时候，与他们讲论，他非常热忱，论说又是如此为人渴求，所以就一直讲到了半夜①，甚至忘了那日不需要守斋。② 然而，就算他在某地待的时间超过预定期限，并且每日辩论，谁又能怀疑他早已留出一定时间尽那份职责？在雅典，因为发现了最勤勉的求问者，经上这样记载他："于是在会堂里与犹太人和虔敬的人，并每日在市上所遇见的人辩论。"③不是每日在会堂里——一般只在安息日时才在那里讲论，而是每日在市上与所遇见的人讨论，这无疑是因为雅典人的好学。经文接着说："还有伊壁鸠鲁和斯多葛两门的学士与他争论。"稍后又说："雅典人和住在那里的客人都不顾别的事，只将新闻说说听听。"我们不妨设想，他在雅典的那些日子其实不必干活，事实上，他的需要由马其顿的弟兄供给，如他在致哥林多人的第二封书信里所说。④ 当然，他可以在讲论之外的时间，也可以在晚上干活，因为他的心灵和身体都非常健壮。但我们来看看，当他离开雅典以后，圣经是怎么说的。它说"每逢安息日"

---

① 《使徒行传》20：7。
② 由此圣奥古斯丁认为，使徒时代的基督徒在领圣餐前是不吃饭的。
③ 《使徒行传》17：17。
④ 《哥林多后书》11：9。

保罗在会堂里"辩论"①，这是在哥林多。而在特罗亚的时候，由于离开之日迫在眉睫，他的讲论一直延续到半夜，那是七日的第一日，就是主日。由此我们知道，他那时不与犹太人一起，乃与基督徒一起，叙述者本人也说，那时他们聚在一起擘饼。事实上，这也是最好的安排，将一切事都放在一定时间里，按一定顺序做，免得混乱一团，把我们弄得手忙脚乱，不知所措。

22. 另外，经上还说到使徒做的是什么工作，它说："这事以后，保罗离了雅典，来到哥林多。遇见一个犹太人，名叫亚居拉，他生在本都，因为革老丢命犹太人都离开罗马，新近带着妻百基拉从意大利来。保罗就投奔了他们。他们本是制造帐棚为业。保罗因与他们同业，就和他们同住作工。"②他们若是试图从比喻的意义来解释这些话，以便表明他们在教会学识上，在他们夸口说终日致力的事上是怎样的行家里手，那么至少，就以上所引的那些经文，比如"独有我与巴拿巴没有权柄不作工吗？""我们没有用过这权柄"③；"我们作基督的使徒，虽然可以叫人尊重，却没有向你们或向别人求荣耀"④，"昼夜作工，免得叫你们一人受累"⑤；"主也是这样命定，叫传福音的靠着福音养生。但这权柄我全没有用过"⑥，以及诸如此类的经文，请他们或者从另外的角度作出解释，或者按最清晰的真理之光来解释、领会并遵守。如若不愿这样做，或者心有余而力不足，至少让那些愿意的人成为更好的，让那些同时还有能力为之的，成为比他们更快乐

---

① 《使徒行传》18：4。
② 《使徒行传》18：1—3。
③ 《哥林多前书》9：6、12。
④ 《帖撒罗尼迦前书》2：6。
⑤ 《帖撒罗尼迦后书》3：8。
⑥ 《哥林多前书》9：14—15。

的人。因为借托身体之病——不论是事实，还是假称——是一回事，然而，如果懒惰作王，主宰着一群无知的人，使他们自欺欺人，甚至被认为是神的仆人能获得更多义的证明，那就是另外一回事了。也就是说，证明身体真的有病的人，必然会得到仁慈的对待，而假装身体有病却没有可信的证据令人相信的人，必然要留给神来省察。但是这两种人谁也没有定下恶毒的规则。因为神的良善仆人不但对自己有病的弟兄仁慈宽厚，即使那人是在骗他，他若相信，那么因为他不认为对方是坏人，因而没有效法他，成为坏人；他若不信，认为那人在骗他，那么他也仍然没有效法那人。但有人会说，"这是真义，我们效仿天上的飞鸟，不事劳力，因为做这样的工就是违背了福音"。凡心里软弱的人听了这话，就会相信这话，那他必定有祸了，不是因为他如此度过一生，而是因为他始终陷于这样的谬误之中。

23. 由此提出另一个问题。万一有人说："那怎样呢？其他使徒、主的弟兄，还有矶法，因为没有做工就有罪吗？或者他们阻隔了福音吗？——因为圣使徒说他不曾用这种权柄，免得给基督的福音带来阻隔。"如果他们因为没有做工就犯了罪，那就意味着他们没有领受权柄，可以不做工，只靠福音得养生。但是他们既然领受了这权柄，按主的命定，传福音的当靠福音养生，主还说"工人得粮是应当的"，只是这种权柄要增加额外的负担，保罗不会使用，那么他们其实并没有犯罪。他们既没有犯罪，就没有阻隔福音。因为阻隔福音不可能不被视为犯罪。既然如此，他们就可以说："对我们来说，同样有权选择使用还是不使用这种权柄。"

24. 这个问题我可以很简单地回答，我只要说，我也应当这样说：我们必须相信使徒，就可以了。因为他本人清楚地知道，为何在外邦人的教会里不适宜只限于口头上传福音。他这样做不是要对其他使徒挑刺，而是他自己行事的特色。毫无疑问，他们在圣灵的告诫下，这样分派各自传福音的省份，保罗和巴拿巴往外邦人那里去，他们往受了割礼的人那里去。① 但他这诫律是为那些没有类似权柄的人立的，这一点从许多说过的话里可以清楚地看出来。而据我所知，我们中的这些弟兄却草率地自称拥有这种权柄，如果他们是传福音的人，我承认他们有这权柄，若是站讲堂的传道人，圣礼的施行者，那就完全不用自称，而是清楚地证明了他有何种权柄。

25. 倘若情形是这样，他们在这世上至少曾有足够的家底，不用干活就可以轻松维持生计。当他们皈依之后，就把这些财产分发给穷乏人。若是如此，那么我们必须相信他们确实身体有病，并且要宽厚待之。因为这样的人通常如许多人认为的那样，从小体弱多病，不适宜做体力活。很可能耶路撒冷有很多这样的人。如经上所记载的，他们卖了田产，照各人所需的分给各人。② 因为神看他们对外邦人，即经上所说的一切在远方的人③ 有用，且离他们也较近，就把这些人召来，命他们抛弃偶像崇拜，如经上所说的："训诲必出于锡安；耶和华的言语必出于耶路撒冷"④，因而使徒称外邦人中的基督徒为他们的债主，他说，这其实是他们所欠的债，然后解释原因说："因外邦人既然在他们属灵的好处上有分，就当把养身之物供给他们。"⑤而如今所以这些人都认信主，事奉神，不论是奴隶，是自由人，是被主人释放或预备释放的人，还是摆脱了耕作生活、手工劳作和粗活的人，其实，对这些人来说，越是艰苦的活，对他们的成长越是有利。不接受

---

① 《使徒行传》13：2；《加拉太书》2：9。
② 《使徒行传》2：45；4：34。
③ 《使徒行传》2：39。
④ 《以赛亚书》2：3。
⑤ 《罗马书》15：27。

他们，是一种重罪。这类人中，有许多最终都成为真正的伟人，值得人效法。因此，"神却拣选了世上愚拙的，叫有智慧的羞愧；又拣选了世上软弱的，叫那强壮的羞愧。神也拣选了世上卑贱的，被人厌恶的，以及那无有的，为要废掉那有的，使一切有血气的，在神面前一个也不能自夸。"①这种敬虔而圣洁的思想表明，就是他们归信了主，也不能证明他们的生活已经变得良善了。因为它并不表明他们是真心实意地侍奉神的，抑或只是为了逃避贫穷而艰苦的生活，借侍奉神的工作获得吃喝和衣裳；而且，也为了得到原本常常鄙视他们，把他们踩在脚下的那些人的尊敬。这样的人不可能以身体之病为借口不干活，因为他们相信过去的生活习惯，因而把自己藏在某个邪恶的团体里，对福音作恶意曲解，试图歪曲使徒的诫律。没错，他们是"空中的鸟"，只不过是借着傲慢把自己抬升到高处的；实是"地上的草"，心里的念头全是属肉体的。

26. 也就是说，放荡的年轻寡妇的举止体现在他们身上，那是使徒要求必须避免的，他说："并且她们又习惯懒惰，挨家闲游；不但是懒惰，又说长道短，好管闲事，说些不当说的话。"②他说这些事是专指恶女人的。但令我们哀叹而伤心的是，这样的恶在男人身上也屡见不鲜。我们还在使徒的书信里读到这样的人，懒惰成性，说长道短，好管闲事，说些不当说的话。他们中如果有人确实是为了使那他们自称归属于的主喜悦，来到这圣军中当兵③，那无疑是好事，因为他们身体健康强壮，不仅可以接受训练，更使人高兴的是，还可以干活。但由于接受了这些人的懒惰和败坏言论——因为他们心智未开，质朴

---

① 《哥林多前书》1：27—29。
② 《提摩太前书》5：13。
③ 《提摩太后书》2：4。

老实,没有判断能力——就被传染玷污,与他们同样令人讨厌,不仅不效法安静做工的圣徒的顺服,也没有其他严以律己、遵守使徒守则的修士的顺服,而且侮辱比他们优秀的人,胡说懒惰是福音的守护者,指控仁慈是对福音的背叛。让软弱者的灵魂求教于神的仆人的美名,这比让人用双手去给饥饿者掰饼要仁慈得多。所以,希望让自己的双手闲着的人,但愿神让他们的舌头也莫要说话。须知,他们若是树立榜样,那就不仅是懒惰的榜样,而且是沉默的榜样,免得很多人心甘情愿地效法他们。

27. 然而,事实上,他们引用基督的福音来反对基督的使徒。懒惰者的作为是多么令人吃惊,使徒这样吩咐,这样作为,是为了不让福音受阻隔,他们却只想借福音得好处,不顾福音是否受阻隔。我们若是要求他们怎样理解福音里的话,就怎样按这理解去行,他们首先就会抱怨说,他们确实理解了福音里的话,人们却不理解他们。因为他们肯定会说,他们之所以不必干活,是因为天上的鸟也不种,也不收,主用这样的比喻要求我们不要忧虑诸如此类的生活需用。既如此,他们又为何不留意接下来的话呢?福音里并非只是说,它们"也不种,也不收"①,还说:"也不积蓄在仓里。"这里的"仓"就是"谷仓"或"粮仓"。那么这些人为何既想游手好闲,又想得谷粮满仓呢?他们为何把从别人那里得来的劳动果实积蓄、聚敛起来,以便能天天丰衣足食呢?简言之,他们为何要磨粉做饭?飞鸟可不做这些。或者,他们若找到人连这些活也替他们做了,也就是把每日的需用备好送到他们手上,至少他们还得去泉里汲水,或去渠里、井里取来放好。天上的飞鸟可不做这些。如果他们乐意,就让良善的信徒来

---

① 《马太福音》6:26。

研究这个问题，让它成为关于永恒之王的最虔敬主题：服待主无比勇猛的战士的需用是否要尽心到这样的程度，使他们甚至不必自己挑水做饭，难道如今的人在义上已经超越那时在耶路撒冷的人，踏上了新台阶？我们知道，那时，由于饥荒即将来临，先知预言的时日就在眼前，所以良善的信徒就从希腊送去谷物供给耶路撒冷的那些人，我想他们把谷物做成了饼，或至少磨成了粉。而这种事飞鸟是不做的。如果今日的这些人，如我所说的，在义的程度上超过了那些人，凡是与生活需用有关的事，一律如鸟类一样行，那么请他们告诉我们，他们是否推己及鸟，自己希望别人怎样待他们，他们也便怎样待鸟类。然而他们对待鸟类唯有一种做法，就是把它们抓住，关进笼子，因为人不相信它们，怕它们一飞走就不再回来。只不过这些鸟宁愿享受自由，从田里获得充足的食物，也不愿从人那里获得调制好放到它们面前的食物。

28. 这里，就更高层次上的义来说，这些人反过来被另外一些人超过，那些人行事一丝不苟，井然有序，每日下到田地里就如去牧场，什么时间到达，什么时间带饭，什么时间解饥，什么时间返回，都一刻不差。但是坦率地讲，就田地的看管者来说，如果主能赐给翅膀那该多好，这样，神的仆人出现在别人的田地里，也不会被当成盗贼，只如同麻雀一样，赶走就是了。然而，事实上，这样的人必会尽一切可能成为如同一只老鹰抓不到的飞鸟。但愿众人都允许神的仆人这样做，只要他们愿意，就可以进入人的田地，坦然无惧地得到饱食，然后离开，就如律法对以色列民所规定的，有人进入你的田地不可拿他当小偷，除非他想把粮食装在器皿里带走[①]；只要他不拿什

[①] 《申命记》23：24、25。

么，只填饱肚子，就让他去，不可惩罚他。同样，主的门徒掐麦田里的麦穗吃，犹太人也只是污蔑他们做安息日不可做的事①，而没有说他们是小偷。然而，我们如何了解一年中哪些时候可以当场拿走不是在田地里找到的食物？凡试图把一煮就可以吃的东西带回家的人，在这些人的理解来看，都应当照福音书所说的，对他大喝一声："放下它！因为飞鸟是不做这样的事的。"

29. 我们也可以这样设想，一年到头都可以在田地里找到各种不用烧煮就可吃的东西，比如树、草、根之类的，或者无论如何，应当让身体多锻炼锻炼，须烧煮的东西也可以试着生吃，无伤大雅。更有甚者，在寒冷的季节，无论多粗糙的东西，人都当粮食吃下去。由此可以说，没有拿什么作预备的，就没有为明日积蓄什么。然而有些人不可能遵守这些规则，因为他们多日离开人的视线，把自己禁闭起来，不许任何人靠近，以虔心祷告为生。这些人常常积蓄好生活必需品，然后就闭门不出，尽管积蓄的东西非常便宜、廉价，毕竟也是一种积蓄，可以在不见人的日子里借以维生。这样的事鸟类自然是不做的。至于这些人在如此惊人的忍耐力上的自我训练——他们有时间做这些事，为人树立的榜样不在于滔滔不绝的讲述，而在于充满怜悯的圣洁，对此，我不但不能指责，简直就不知道该如何赞颂才能颂尽其德呢。然而，根据这些人对福音话语的理解，我们该怎样评价这里所论到的人呢？岂不是越圣洁就越不同于鸟类？因为他们若不为自己贮存多日的食物，就把自己与世隔绝，岂不是要体力不支吗？尽管福音书上有话对他们说——也是对我们说的——"不要为明天忧虑。"②

---

① 《马太福音》12：1、2。
② 《马太福音》6：34。

30. 至此，我可以简单地概括一下整个问题。这些人既然如此曲解福音书里所说的劳作，从而曲解使徒的诫律，那就不可为明日忧虑，甚至要像空中的飞鸟一样，否则就应当遵守使徒的话，如同听话的孩子。或者更确切地说，他们就当兼而为之，因为两者并不矛盾，而是和谐一致的。因为耶稣基督的仆人保罗是绝不会传与他的主相违背的事的。① 我们可以对这些人坦言，既然你们这样理解福音书里的空中飞鸟，好叫你们不用双手劳作去获得食物和衣裳，那么你们也不必为明日在仓库积蓄，就像飞鸟从不积蓄一样。然而，如果为明日有所积蓄很可能并不违背福音书里所说的话"你们看那天上的飞鸟，也不种，也不收，也不积蓄在仓里"②，那么认为通过体力劳作维持肉身生命的观点，就既不违背福音也不违背关于天上飞鸟的比喻。

31. 如果他们根据福音书认为，人不可为明日积蓄，那么他们必须回答这样的问题："为何主本人还曾带着钱囊，常取其中所存的？"③ 为何离预言的饥荒还有很长时间的时候，就把谷物准备好送到众长老那里？④ 众使徒为何东奔西走地为贫穷的圣徒们提供需用，免得他们以后有所缺乏，乃至最圣洁的保罗写信给哥林多人说："论到为圣徒捐钱，我从前怎样吩咐加拉太的众教会，你们也当怎样行。每逢七日的第一日，各人要照自己的进项抽出来留着，免得我来的时候现凑。及至我来到了，你们写信举荐谁，我就打发他们，把你们的捐资送到耶路撒冷去。若我也该去，他们可以和我同去。"⑤他们提出了大量诸如

---

① 《罗马书》1：1。
② 《马太福音》6：26。
③ 《约翰福音》12：6。
④ 《使徒行传》11：28—30。
⑤ 《哥林多前书》16：1—4。

此类的话，都是极其真诚的。所以我们要这样回答他们：你们知道，尽管主说过"不要为明天忧虑"，但你们并没有因这话而强迫自己，不为明天积蓄。既如此，为何又说你们根据同样的话禁止自己做任何事呢？你们为何不以天上的飞鸟为榜样，不为明天积蓄，却要以它们为榜样无所事事？

32. 有人会说："如果人抛弃先前在这个世界上的作为，转向属灵的生活和事奉，却还要求他像一个普通工人一样做事，那么做神的仆人又有什么益处呢？"似乎人真的可以用语言轻易地展示主回答那富人的话里包含了多大的益处——那富人求问如何才能得到永生，主告诉他说，如果他愿做完全的人，可去变卖他所有的，分给穷人，就必有财宝在天上。此外还要跟从他。① 或者谁能如此毫无障碍地跟从主，如使徒所说的，"没有空跑，也没有徒劳"？② 唯有使徒不但吩咐要做这些工，自己也亲力亲为。 我们既有如此伟大的权威教导并告知我们这样的话，就当以此为榜样抛弃旧有的财产，用双手劳动维持生计。当然，我们在主本人的帮助下，也能在一定意义上思考，神的仆人抛弃先前的生意，做这样的工究竟有什么益处。如果有人离弃富裕生活，转向这样的生活，而且没有疾病的妨碍，我们是否毫无基督的馨香之气，甚至无法明白这样的道理：人一旦把毁灭他心灵的渣滓除去了，同时不拒斥普通的甚至低级的体力劳作——因为这虽然卑微，却仍然是维持此生所必不可少的——这将是对旧时骄傲的多好的医治？他若是抛弃微薄的财产，转向这种生活方式，也不可以为自己所做的事与以前没有区别，财产虽然微薄，对它的欲望必是日益增加的，所

---

① 《马太福音》19：21。
② 《腓立比书》2：16。

以只要抛弃对自己私人财富的喜好,不再求自己的事,但求耶稣基督的事①,他就融入了共同的爱的生命里,与那些与神一心一意的人一起生活,从而没有一人说他的东西有一样是自己的。凡所有的,都是大家公用的。②古代的人们常常用非常炽热的语言讲述他们的首领所做的事,他们视城邦全体公民的共同利益高于自己的私人利益,其中有一人在征服非洲时取得了辉煌的胜利,若不是元老院下令从公共财产中赠一部分给他女儿,他原本不打算给她一分钱作嫁妆。地上之国的首领们能做到这个份上,作为天上永恒之城的耶路撒冷的公民,岂不更应一心为公,就算是他自己用双手劳作得来的东西,也应当与弟兄们共享。如果有人有所缺乏,就当从公共财产中拿出来供应,遵从使徒的律令,学习他的榜样,并像他那样说:"似乎一无所有,却是样样都有的。"③

33. 因而他们放弃或分发了先前的所有,不论是丰足的,还是微薄的,以敬虔而健全的谦卑之心决定成为基督里的一名贫穷者;只要他们身体强壮,又没有教会之职(尽管由于他们确实非常强烈地证明了自己的信心,抛弃先前的所有,不论是巨富,还是薄产,捐给社群里的穷乏人,因而公共基金会为他们提供一定的生活给养,弟兄们的爱也会回报他们)。就用自己的双手做工,那么就可以消除那些出生较为卑微因而也更应当习惯做苦力的懒惰弟兄们的一切借口,因而他们的行为比把自己的所有财产分发给穷人的行为显得更加仁慈得多。倘若他们实在不愿意这样做,那谁又能强迫他们呢?不过,在修道院里应当可以找到他们可做的工,而这工若不需要很多体力,只要求警醒

---

① 《腓立比书》2:21。
② 《使徒行传》4:32。
③ 《哥林多后书》6:10。

管理，那么就是他们也不可以白吃饭，因为这已经成了共同的财产。我们也不能说这是某人在哪个修道院或者某个地方把自己先前的财产捐给他穷乏的弟兄的，因为所有基督徒都合成一个共同体。因此无论在什么地方，凡在基督徒身上花费他们所需之物的，无论在什么地方接受他所需用之物的，都是从基督的财产里接受的。因为无论他在什么地方捐出，除了基督还有谁受之？但人若还未进入这个圣洁的社会，靠自己的劳动维持生计——这是人进入修道院的主要原因，也是人类之为人类的主要原因——如果他们不做工，那就不能吃饭。因为在基督徒的这种争战中，目的不是让富人变得卑微而虔敬，而穷人则升高成为傲慢者。其实，那样的生活方式绝不是让元老院里的人成为做苦工的人，而普通的工人则成为游手好闲的人；绝不是让原本拥有房子和田地的人抛弃财产，而让普通农民腰缠万贯。

34. 但主说："不要为生命忧虑吃什么，喝什么，为身体忧虑穿什么。"①没错，因为他上面早已说过："你们不能又侍奉神，又侍奉玛门。"②传福音若还留意吃什么，穿什么的人，可以说他既侍奉神，因为他传讲福音，又侍奉玛门，因为他为这些需用传讲福音。这样的事，主说是不可能的。因而，为了这些事而传讲福音的人，就被认为不是侍奉神，而是侍奉玛门。然而神可以利用他使别人得到提高，而他不知所以然。为此主补充说，"所以我告诉你们：不要为生命忧虑吃什么，喝什么，为身体忧虑穿什么"，不是说他们不可以求这些事，作为生存所需，他们可以通过诚实的方式谋求；但他们不可以这些事为目标。若这些事要他们怎样传福音，他们就怎样传福音，那就本末倒

---

① 《马太福音》6：25。
② 《马太福音》6：24。

置了。他把意图也就是做事的目的称为眼睛，稍前他论到这一点以便阐明这种观点。他说："眼睛就是身上的灯，你的眼睛若明亮，全身就光明；你的眼睛若昏花，全身就黑暗。"①你的行为也是这样，若做事的意图光明，整个行为就光明。其实他前面关于捐资所说的话很可能是为了引出这一点，他说："不要为自己积攒财宝在地上，地上有虫子咬，能锈坏，也有贼挖窟窿来偷；只要积攒财宝在天上，天上没有虫子咬，不能锈坏，也没有贼挖窟窿来偷。因为你的财宝在哪里，你的心也在那里。"②然而又说："眼睛就是身上的灯。"也就是说，捐钱的人之所以捐献，不是为了取悦于人，也不是求地上的回报，因此使徒要求提摩太告诫富人，他说："吩咐他们……甘心施舍，乐意供给人，为自己积成美好的根基，预备将来，叫他们持定那真正的生命。"③从此主把他们捐钱的眼睛引向将来的生命，为着天上的奖赏，只要眼睛单纯，行为本身就可以充满光明（关于那最后的赏赐意指他在另一处所说的东西，"人接待你们，就是接待我；接待我，就是接待那差我来的。人因为先知的名接待先知，必得先知所得的赏赐；人因为义人的名接待义人，必得义人所得的赏赐。无论何人，因为门徒的名，只把一杯凉水给这小子里的一个喝，我实在告诉你们，这人不能不得赏赐。"④），为了防止碰巧在他指责那些把需要之物捐给缺乏的先知、义人以及主的门徒之人的意图之后，那些受惠者的眼睛被腐化，好使他们接受馈赠，是为了像基督的战士那样侍奉他。他说："一个人不能侍奉两个主。"稍后又说："你们不能又侍奉神，又侍奉玛

---

① 《马太福音》6：22—23。
② 《马太福音》6：19—21。
③ 《提摩太前书》6：18—19。
④ 《马太福音》10：40—42。

门。"接着又马上补充说:"所以我告诉你们:不要为生命忧虑吃什么,喝什么,为身体忧虑穿什么。"

35. 接下来论到天上的飞鸟,野地里的百合,其目的在于指出,谁也不可以为神不关心他仆人的需要,他那最富智慧的神意在创造并管理一切时已经考虑到这些。因为我们绝不可认为那些用自己双手劳动得食的人就不是他所喂养,给他们衣服穿的。但是为了防止他们把基督徒的侍奉目的转向获得这些东西,主预先告诫他的仆人说,在做这份以他的圣事为中心的工作中,我们不可为这些事着想,乃要为神的国和义着想,所有这些事都会加给我们,不论是靠我们自己双手劳动的,还是由于身体疾病不宜劳动,或者由于忙于为主的这场争战无法为他事分心的。因为我们不能作这样的推导:主既然曾说,"要在患难之日求告我,我必搭救你,你也要荣耀我"①,使徒就不应当那样逃走,让他的门徒在夜间用筐子把他从城墙缒下去,逃离追杀者之手②,而应当等他们来把他带走,因为主必会来救他,就像在大火中救出那三个孩子一样。或者出于这样的原因,主不应当说这样的话:"有人在这城里逼迫你们,就逃到那城里去"③,因为他曾说过:"你们若向父求什么,他必因我的名赐给你们。"④当基督的门徒逃离逼迫的时候,有人若向他们提出这样的问题,他们为何不站着不动,求告神,借着他神奇的作为获得拯救,就像但以理脱离狮子之口,彼得脱离缚身之链,那么他们会回答说,他们不应试探神,他若是乐意,彼时彼地,当他们束手无策的时候,也完全可能这样来搭救他们。但是

---

① 《诗篇》50:15。
② 《使徒行传》9:25;《哥林多后书》11:33。
③ 《马太福音》10:23。
④ 《约翰福音》16:23。

他有时也让他们自己来选择路线,使他们得以逃脱,即便如此,若不是借着他,他们也不可能逃脱。同样,神的仆人有时间和力量跟从使徒的榜样和律令,用自己的双手获得养身之物,如果有人从福音书里的话提出关于天上的飞鸟也不种,也不收,也不积蓄在仓里,提出野地里的百合花也不劳苦,也不纺线,那么对此可以轻松地回答:如果我们由于疾病或职业不能干活,他必会给我们吃的,供我们穿的,就如他对飞鸟和百合花那样,它们属于不干活的一类。但我们若是有能力干活,就不可试探神,因为我们的这种能力,也是借着他的恩赐得的。我们靠它得养身之物,就是靠他的丰富而活。他大大地赐给我们所有,使我们得享这种能力。因而我们不必忧虑这些生活必需之物。因为我们要是能够做工,供给整个人类吃穿的主必给我们吃的穿的;我们若是不能做这些事,他既让飞鸟和百合花得吃的和穿的,也必给我们吃的和穿的,因为我们比它们高贵。这样说来,在我们的这场争战中,我们不必为明天忧虑,因为我们已经显明我们向他不是为了这些暂时的事,这些事只与明日相关,而是为了那些永恒的事,对它们来说永远只有今天,这样不将世务缠身,好叫那招我们当兵的主喜悦。①

36. 圣洁的弟兄,这些事既是如此,请容我(因为主借你给了我极大的胆子)把这些事再唠叨给我们的儿女和弟兄听,我知道你与我们都怀着极大的爱在阵痛中抚育他们,直到那使徒的行为准则在他们内成形。神的仆人,基督的战士啊,你们一举粉碎了我们最狡猾敌人的阴谋,他畏惧你们的美名,基督的馨香之气,恐怕心地善良的人会

---

① 《提摩太后书》2:4。

说,"我们爱慕你膏油的香气"①,从而脱离他的网罗,于是想方设法用自己的恶臭来淡化这种香气,从四面八方派出穿着修士外衣的伪君子,在各地四处漫游,无目的地,无固定区,无处立足,无处安栖。有的沿街叫卖关于殉道者肢体的流言,如果那真是殉道者肢体的话;有的夸耀他们的头上边缘的头发和护符,有的编造故事,说他们如何听说自己的父母或亲戚住在这个或那个国家,他们此番就是去找寻他们,所有这些人都乞讨,都索取,不是为奢侈享受的花费,就是为假装圣洁的支出。同时,不论他们在何处被人发现行了恶事,或者以什么方式变得臭名昭著,都假以修士的名,你的目标被亵渎了,这目标原是如此美好,如此圣洁,我们在基督的名里渴望它发扬光大,传往其他各地,也传遍整个非洲。那么你岂不是要燃起神圣的嫉妒?你的心岂不是在你里面发热,你默想的时候,火就烧起?② 所以你要以良善的工来驱逐这些人的恶工,从而断绝他们干卑鄙勾当的机会,免得他们伤害你的美名,在软弱者面前设下绊脚石。你要多多仁慈,多多怜悯,向人表明你不是轻轻松松地求备好的生计,而是要穿过窄路求神的国。你与使徒有同样的理由斩断求机会者的机会,好叫那些因他们的恶臭窒息的人,从你的馨香之气得生机。

37. 我们不是要把难担的重担捆起来,搁在你们的肩上,自己则一根指头也不肯动。仔细看看,不得不承认我们所从事的职业很辛苦,我们有些人身体确有疾病,我们所事奉的教会如今已经形成习惯,所有这些都不允许我们有时间去做那些我们劝你们做的事。我们

---

① 《雅歌》1:3、4。
② 《诗篇》39:3。

虽然可以说："有谁当兵自备粮饷呢？有谁栽葡萄园不吃园里的果子呢？有谁牧养牛羊不吃牛羊的奶呢？"①然而我求告我们的主耶稣，以他的名无畏无惧地说这些事，以见证我的心，就我自己来说，只要方便，我非常愿意每日花一定时间，根据管理良好的修道院的规则，用我的双手做一些工，再用其他自由时间诵读、祷告，或者做与神圣书信有关的一些工作，这胜过如今这样，不得不忍受别人提出来的关于俗事的这些恼人难题。对于这些问题，我们或者必须通过裁定终结，或者通过斡旋减少。使徒也曾把这些麻烦事加给我们（不是出于他自己的观点，而是出于那借他说话的主），但我们不认为他自己得忍受它们。事实上，他虽然作为使徒跑来跑去，但作使徒并不是包含这种麻烦事的工作。他也没说："你们若有属世的讼事，拿到我们面前来"，或者"让我们来审判"，而是说："你们若有今生的事当审判，是派教会所轻看的人审判吗？我说这话是叫你们羞耻。难道你们中间没有一个智慧人能审判弟兄们的事吗？你们竟是弟兄与弟兄告状，而且告在不信主的人面前。"②所以，智慧的信徒和圣徒才是他愿意将这样的事告诉，并请求审判的人，这些人在不同的地方有自己固定的住所，不像那些因福音的事东奔西走的人。经上没有一个地方说他什么时候曾花时间去处理这样的事——而我们是不可能摆脱这样的事的，当然我们是微不足道的——因为要是没有智慧的人，他宁愿把事搁在一边，也不愿把基督徒的事务拿到公共法庭去争讼。然而，我们担当那样的劳苦并非没有主的安慰，我们有对永生的盼望，好叫我们凭忍耐结出果子。因为我们是他教会的仆人，并且大部分是软弱肢体的仆人，不

---

① 《哥林多前书》9：7。
② 《哥林多前书》6：4—6。

管我们可能是同一身体上的哪个肢体。其他数不胜数的传教上的忧虑，唯有经历过的人才能得赏，我就不一一叙述了。因而，我们没有把难担的担子捆起来放在你们肩上，自己却连一个手指头也不动。事实上，如果与我们的职责没有影响，（试炼我们心的主洞悉这一点！）我们宁愿做这些我们劝你们去做的事，而不愿做那些被迫不得已才做的事。对你们和我们来说都是这样，虽然我们都是根据自己的能力和职责做工，但道路都是狭窄而艰苦的。然而，我们在盼望中喜乐，他的轭是容易的，他的担子是轻省的，他呼召我们走向其他人，他从流泪谷来到我们面前，他自己也不是毫无忧愁。如果你们是我们的弟兄，我们的孩子，如果我们与你们同作仆人，或者毋宁说是基督里你们的仆人，请听我们所告诫的，承认我们所吩咐的，接受我们所分派的。即便我们是法利赛人，把难担的担子捆起来放在你们肩上[①]，你们也要按我们所说的行，尽管你们可能并不赞同我们所做的事。对我们来说，被你们论断，或被别人论断，都是极小的事。[②] 我们对你们的挂虑是出于多么深切的爱，主当洞悉，我们所能给的，他的眼睛所洞悉的，都是他赐给的。总而言之，请想一想我们对你的希望，使徒保罗在主里吩咐命令你，要安静——也就是静心而顺服地——做工，吃自己的饭。[③] 对于他，如我所认为的，你相信他毫无恶意，是主，就是你一直相信的主，借着他说话。

38. 奥勒利乌，我最亲爱的，也是在基督里面备受尊敬的弟兄，他既借你命令我就修士的工作有所论述，又赐给我这份能力，我不敢迟疑，写下以上这些话。我把这事作为我的大事，免得原本顺从使徒

---

① 《马太福音》23：3—4。
② 《哥林多前书》4：3。
③ 《帖撒罗尼迦后书》3：12。

律令的良善弟兄,却因懒惰和不顺从被认为是悖逆福音的人;使不做工的人,至少认为那些做工的人毫无疑问比自己好。但是谁能忍受那反抗权威、抵制使徒最忠良告诫的人,不仅被看作比较软弱的弟兄宽厚容忍,甚至还作为比较贞洁的(chastised)人受教成长?那原本建立在完全教义上的修道院,必将因这双重的诱惑而败坏,一个是放任闲暇,不干活,一个是妄称圣洁之名。那么就让其他人都知道,我们的弟兄和孩子因为常常支持这些人,由于无知维护这种假设,所以必须首先自我纠正,以便其他人也得纠正,免得他们"行善丧志"①。没错,他们确实毫不犹豫且欢欢喜喜地供给神的仆人所需要的东西,所以我们不仅不能指责他们,还要最真诚地拥护他们。只是要注意,他们虽然为这些人的今生提供资助,却不可以悖逆的怜悯去伤害这些人的今生和来世。

39. 只要人不赞同罪人心里的欲望,不说行恶者的好话②,罪就会少一些。请问,希望得到在下者的顺服,却拒不顺服在上者,还有比这更可恶的事吗?当然在上者我是指使徒,而不是指我们。因为他们甚至让自己的头发长长。这件事,他根本不会计较,他说:"若有人想要辩驳,我们却没有这样的规矩,神的众教会也是没有的。"③这使我们明白,我们所要追求的不是理性的敏捷,而是能发布命令叫人遵从的权威。请问,人们如此公然违背使徒的律令蓄留长发,这是什么原因?难道是因为大家必须休闲,就连理发师也不可干活?或者因为他们说他们要效法福音书里的飞鸟,那么他们是否担心毛发被拔掉,飞不起来?出于对某些留长发弟兄的尊敬,我不想再就这种错误多说

---

① 《帖撒罗尼迦后书》3:13。(原文是"行善不可丧志"。——中译者注)
② 《诗篇》10:3。
③ 《哥林多前书》11:16。

什么。这些弟兄,除了这一点之外,其他各方面都是很受人尊敬的。但我们越是爱他们,就越是要忧心忡忡地告诫他们。我们也不担心他们会谦卑地拒斥我们的告诫,因为我们也希望得到像他们这样的人的告诫,免得我们有时跌倒或者偏离正道。于是我们告诫如此圣洁的人们,不可被虚妄之人愚蠢的唠叨所感动,免得效法他们的这种悖逆,在其他一切事上,他们都是迥然不同的。因为那些人传播一种败坏的伪善,唯恐修剪了头发就没有留长发那样显得圣洁。显然,凡看到他们的人,就会想起我们在经上读到过的那些古人,撒母耳以及其他没有剃发的人。① 他们也不想想两者之间的区别,那些先知是蒙着帕子的,而福音书里已经拿去了帕子,但如使徒所说:"他们的心几时归向主,帕子就几时除去了。"②也就是说,摩西的脸与以色列民的看见之间插入了帕子所预示的东西③,那些时代圣徒们所留的长发也有同样的意义。因为这位使徒说过,长发也代表帕子,这些人在他的权威面前无路可退。他公然说:"男人若有长头发,便是他的羞辱。"他们便说:"我们招来这种羞辱,这是我们的罪应得的",装出一副假惺惺的谦卑相,目的在于拿它作骄傲的幌子。当使徒说:"凡男人祷告或是讲道,若蒙着头,就羞辱自己的头"④;"男人本不该蒙头,因为他是神的形象和荣耀"⑤时,他岂是在教人骄傲吗? 结果,说"本不该"的人竟不知道如何教导谦卑! 这种羞辱,在先知时代原是包含神圣含义的事,到了福音时代,这些人若是把它看作谦卑的事,那就请他们剃掉头发,用头巾把头蒙起来。唯有到那时,再没有吸引人眼目的交易

---

① 《民数记》6:5。
② 《哥林多后书》3:16。
③ 《出埃及记》34:33。
④ 《哥林多前书》11:4。
⑤ 《哥林多前书》11:7。

可做，因为参孙（Samson）用来蒙头的不是头巾，而是自己的长发。

40. 然后他们又使出另外的把戏（如果语言能表达），这是多么可笑，他们竟然为自己的长辫炮制出辩词！他们说："使徒禁止男人留长头发，但那些已经为神的国自阉了的人已经不再是男人了。"无与伦比的昏聩！说这话的人很可能是为了反对圣经里最明显的宣告，以令人吃惊的不敬，在弯曲的道上悖逆而行，试图引出一种害人的理论，这理论所讲的不是"不从恶人的计谋，不站罪人的道路，不坐亵慢人的座位……这人便为有福。"①因为他若昼夜思想神的律法，就会发现使徒保罗本人显然是认信最高的贞洁的，他说："我但愿人都像我一样"；但又表明自己是个男人，不仅本质上如此，说话上也是，因为他说："我作孩子的时候，话语像孩子，心思像孩子，意念像孩子；既成了人，就把孩子的事丢弃了。"②不过，我又何必提到使徒呢，其实就是关于我们的主和救主，说这些事的人都不知道自己是怎么想的。经上所说的话显然就是指着主说的："直等到我们众人在真道上同归于一，认识神的儿子，得以长大成人，满有基督长成的身量，使我们不再作小孩子，中了人的诡计和欺骗的法术，被一切异教之风摇动，飘来飘去，就随从各样的异端。"③这些人用这些诡计欺骗无知的人，在敌人的诡计和骗人法术中不仅自己飘来飘去，还在飘摇中试图使依附他们的软弱者也（以一定方式）与他们一同旋转，好让那些人也不知道自己身在何处。他们听到或读到过经上所写的话："你们受洗归入基督的，都是披戴基督了。并不分犹太人、希腊人、自主的、为奴的，

---

① 《诗篇》1：1—2。
② 《哥林多前书》13：11。
③ 《以弗所书》4：13—14。

或男或女。"①他们不明白这话指的是肉身上的淫欲,因为就里面的人来说,我们的内心一天新似一天,根本不存在这种性别之分。所以他们不可仅仅因为雄性功能丧失了就否认自己是男人。结了婚的基督徒要行房事,这是他们与其他非基督徒甚至牲畜共同的地方,就此而言,就不能算是基督徒了。因为由于疾病而放弃(性事)或是为了繁衍后代而把它看作债务是一回事,而为把握不朽坏的永生借信仰的宣称而表示又是另一回事。因而,吩咐男人不可蒙头,其实这是借身体所提出的一个比喻,此话的真正含义在于心灵。在心灵意义上,男人是神的形象和荣耀,如经文本身所说的:"男人不可蒙头,因为他是神的形象和荣耀。"这形象体现在何处,他还亲口作了说明,因为他有话说:"不要彼此说谎,因你们已经脱去旧人和旧人的行为,穿上了新人,这新人在知识上渐渐更新,正如造他主的形象。"②谁能说这种更新不是发生在人的心里呢?万一有人还心存疑虑,就请他听听更直接的观点。使徒在另一处提出同样的告诫,说:"你们……学了他的真理,就要脱去你们从前行为上的旧人,这旧人是因私欲的迷惑渐渐变坏的。又要将你们的心志改换一新,并且穿上新人,这新人是照着神的形象造的。"③那怎样呢?难道女人的心志没有同样改换一新,成为穿上神的形象的新人吗?谁会这样说?但就她们的性别来说,她们并不寓示这一点,所以要蒙头。也就是说,她们作为女人所意指的那一部分也可以称为有声色之欲的部分,只要行为举止完全正当有序,是受制于心灵的,其本身也是顺服于自己的神的。因而,同一个人有心灵和肉身之分(一个是支配的,另一个是被支配的;那个是主人,这

---

① 《加拉太书》3:27—28。
② 《歌罗西书》3:9—10。
③ 《以弗所书》4:21—24。

个是仆从），同样，男人和女人，是比喻意义上展现的身体的不同性别。当使徒说男人应当蒙头，而女人不可蒙头时，所指的就是那样的圣礼。因为心灵更显著地走向高级事物，而情欲更不可避免地受制于低级事物，直到整个人以及如今必死、脆弱的身体在最后的复活中穿戴上不朽和永生，那时死就被得胜吞灭了。①

41. 因而，人若不能行正当之事，至少应当避免教导错误之事。尽管我们这里所要指责的是另外的人，但犯有这种错误的人，即违背使徒律令任自己蓄长发的人，冒犯了教会，给教会带来了麻烦，因为只要有人不愿意认为他们有什么差错，就必然会把使徒含义明显的话曲解、误解，还有人则选择维护对圣经的正确理解，而不是盲目跟从什么人。这样在软弱的弟兄和强壮的弟兄之间就会出现极其激烈而危险的争端，这些人若是一开始就知道这样的结果，就很可能会毫不犹豫地纠正自己的做法，我们敬佩他们，并在他们里面爱其他所有人。那些人，我们也不指责，只借着基督的神性和人性，以及圣灵的爱请求并严肃地恳求，请他们不要再把这样的绊脚石放在软弱者面前，基督乃是为他们死的；他们在其他事上行的大善，值得我们以相当的基督徒的爱尊敬他们，但在这样的事上，我们难免想到，恶人若是看到他们这样做，该会多么轻而易举地效仿这种恶行去欺骗人类，这使我们心里加倍忧伤和痛苦，唯有请求他们不要再增加我们的痛苦。然而，我们提出这样的告诫，或者毋宁说这样严肃的恳求之后，他们若依然故我，悖逆如初，那我们就毫无办法，只有徒然忧愁和悲叹了。希望他们知道这一点，这就够了。如果他们是神的仆人，当有怜悯之心。他们若没有怜悯之心，我就没有必要再多说了。我唠唠叨叨说了

---

① 《哥林多前书》15：54。

这些话，很可能超过了你的职责和我自己的职责所希望的程度。如果你赞同我所说的一切，就让我们的弟兄和孩子们知道，因为你是代表他们把这担子交给我的。如果你觉得不能接受或者有什么需要修正的，也请告诉我，我将不胜感激。

论 忍 耐

伊拉斯谟认为，本文从风格和语言来看，不是圣奥古斯丁的作品，应与《论自制》、《论爱的本质》、《论对无形之物的信心》这些文章属于同类范畴。本尼迪克会编辑承认本文的风格比较独特，容易引人怀疑，但他们觉得既然有奥古斯丁自己的证明，就应当把它算作其本人作品，因为奥古斯丁在致达里乌的信里（Epistle to Darius，231.第七章）[第一卷584] 提到本文与《论自制》。至于它没有列入《订正录》里，原因可能是由于它显然是作为一篇布道辞书写的，见第一和第三章。奥古斯丁原本打算再写一本订正录，把他所有的讲论和书信作重新评论，然而最终没有完成夙愿。就本文所涉及的问题和教义来说，与圣奥古斯丁本人的著名教义和观点并没有相反或不一致之处。

1. 被称为忍耐的这种心灵美德是神的伟大恩赐，就是在赐给我们这一美德的主里面也借着忍耐［或者长期忍耐］之名等候恶人有朝一日诚心悔改。所以，虽然在神不可能有任何苦难，而"忍耐"这个词之所以有"a patiendo"之名，就是源于受苦，然而我们不仅真心相信一位忍耐的神，而且也全心认信这一点。也就是说，我们虽说神是不会受苦的，但不是没有耐心的。甚至是最有耐心的。他的忍耐有什么性质，究竟有多大，谁能用语言描绘呢？因而，他的忍耐，就如同他的嫉妒、他的忿怒，以及其他诸如此类的，都是不可言喻的。如果我们认为这些东西就如同我们身上所体现的那样，那么在神是丝毫没有这类东西的。也就是说，若没有苦难，我们就不可能感受到这些情绪，但我们绝不可猜想神那不能受苦的本性会受什么苦难的影响。事实上，然而，正如他嫉妒但并不使灵变暗，发怒但并不烦乱，怜悯人但没有任何痛苦，懊悔但没有任何过错，同样，他忍耐也没有任何苦难。而就人的忍耐来说，我们都可以培养并拥有，所以现在我要按神的允许试图在本文中简洁地讨论这种忍耐的本质。

2. 人的忍耐是可赞可叹的真正美德，使我们能以平静的心忍受恶事，免得我们骚动不安，心绪不宁，不配得好事，无法达到更高境界。而没有忍耐的人，因为不能忍受恶事，最终也不能超越恶事，只能忍受更大的恶事。忍耐的人选择不作恶，忍受恶，而非不能忍受恶，却作恶；借着忍耐不仅可以使所受的苦难变得轻一点，而且还脱离没有忍耐就可能陷入的大恶。而那些伟大而永恒的好事，他们并没有丧失，同时对短暂而轻微的坏事，他们也全不顺从，因为如使徒所说的："现在的苦楚若比起将来要显于我们的荣耀，就不足介意了。"[1]他还说："我们这至暂至轻的苦楚，要为我们成就极重无比永远的荣耀。"[2]

---

[1] 《罗马书》8：18。
[2] 《哥林多后书》4：17。

3. 看啊，亲爱的朋友，人为了自己病态地爱着的东西，能忍受怎样艰苦的劳作和深切的忧伤，他们越是想要从中得到快乐，就越是痛苦地贪求它们。对虚假财富的追逐，对虚妄名誉的喜好，对游戏和表演的热衷，是多么危险，却是多么耐心地为此忍受痛苦！我们看到人们那样费尽心机地追求钱财、荣誉、声色，为了能获得所欲求的东西，为了不失去这些东西，他们是如何甘愿日晒雨打，不怕冰冻寒冷，怎样的恶劣风浪都无所畏惧，战争的残酷和难料，沉痛的打击，可怕的伤残，全不在话下。不是因为它们不可避免，而是出于可恶的意志。然而，这些疯狂在一定意义上是得到允许的。因而，贪婪、野心、奢侈以及各种游戏与表演的愉悦，只要没有因为追求这些东西做出人的法律所禁止的恶事或暴行，都被认为是清洁无罪的。不仅如此，人只要不伤害别人，无论是为了获得或积聚财富，为了获得或保持荣誉，还是在竞技中、狩猎中或表演戏剧中你争我夺，都不能指责他俗气虚妄，这还不够，还要用赞美的话歌颂他，如经上所写的："因为恶人以心愿自夸。"①因为欲望能使人忍受艰难和痛苦，而人若不是为了自己所爱的，就不可能甘心情愿地忍受困苦。但这些欲望——如我所说的，人为实现这些他们所酷爱的欲望，能够十分耐心地忍受异常的艰难困苦——是法律所允许的，可行的。

4. 不仅如此，甚至对公然的邪恶，人岂不也是这样的？忍受许多极大的困苦不是为了惩罚这些恶，而是去施行这些恶。世俗书信的作者们岂不是说到有一个高贵的叛国者，无论是饥渴、寒冷都能忍受，他的身体可以忍受不吃不喝不睡不御寒，甚至到达超过信念的地步？

---

① 《诗篇》10：3。

何必再说拦路抢劫的人呢？他们隐蔽等候过路客时可以彻夜不眠，只在等待那些心无歹念的无辜客人路过，把他们逮住。不论天气多么恶劣，身心充满害人的歹念，专注于一个目标。更不要说他们中间的有些人，还常常轮流彼此折磨，甚至这种忍受痛苦的训练还不只是一时半会儿的痛苦。他们不是受到审判者的严刑拷打，以便在剧痛下吐出真话，而是由自己的伙伴来折磨，以便训练对痛苦的忍受力，免得背叛真理。然而，在所有这些事上，忍耐与其说是可赞美的，不如说是可惊叹的。应该说既不是可惊叹的，也不是可赞美的，因为它根本不是忍耐。不过我们倒真是要惊叹困苦，否认忍耐，因为这里没有什么可赞美的东西，也没有什么可效仿的有益的东西。就此，你必会作出正确的论断，心灵越是该受到大的惩罚，它就越是把美德作为手段服务于邪恶目的。忍耐是智慧的伙伴，不是声色欲望的情妇；忍耐是良知的朋友，不是清洁之心的敌人。

5. 因而，不可一看到有人耐心地忍受什么，就不假思索地把它作为忍耐来赞美，因为这只是通过受苦表现出来的现象。如果它是出于好的目的，那是真正的忍耐，否则，它若受了欲望的玷污，那就要把真正的忍耐与虚假的忍耐区分开来。若是在犯罪上也冠以忍耐的名称，那就大错特错了。正如并非凡是知道的人就分有知识，同样，并非凡是忍受痛苦的人就有忍耐的美德，正确忍受痛苦的人才是可赞美的，这样的人才配得忍耐的冠冕。

6. 然而，为了淫欲，或者甚至为了邪恶，总而言之，为了此世的短暂生命和幸福，人能令人吃惊地忍受许多可怕苦难的打击，既然如此，岂不更告诫我们，为了美善的生活更当耐心忍受，因为那是永生，没有任何时间的限制，没有任何益处的浪费和丧失，是真正的福祉和平安。主说："你们常存忍耐，就必保全灵魂。"①他没有说保全你们的农场，你们的美誉，你们的奢侈，而是说保全"你们的灵魂"。灵魂为了拥有可能失去的东西都能忍受如此大的痛苦，若是为了拥有不会失去的东西，岂不更应忍受剧痛？就某种无可指责的事来说，为了救肉身，灵魂能忍受如此大的痛苦，甘愿让外科医生截肢或烧灼，那么为了它自己脱离敌人的怒火，又能忍受怎样的大痛呢？外科医生让身体经受疼痛是为了它的益处，免得它死亡，但敌人用痛苦和死亡来威胁身体，就可能诱使我们把灵魂和身体一同杀死在地狱里。

7. 事实上，只要为了公义鄙视身体短暂的生命和幸福，为了公义极其忍耐地承受痛苦或死亡，那么就能更多地求得将来的幸福，甚至包括身体的康福。使徒在那段话里最后要说的正是身体的得救，他说："就是我们……也是自己心里叹息，等候得着儿子的名分，乃是我们的身体得赎。"然后他又说："我们得救是在乎盼望；只是所见的盼望不是盼望，谁还盼望他所见的呢？但我们若盼望那所不见的，就必忍耐等候。"②因而尽管不幸确实令我们备受折磨，但不是因为我们行了坏事，而是让它借着忍耐得着灵魂。不仅如此，在忍耐等候中，就是身体本身只是暂时受苦或残缺，随之而来的将是永远的安宁和得救，借着叹息和死亡，它为自己积聚的是永不受损的健康、快乐和不朽。因而主基督劝勉他的殉道者要忍耐，应许将来这个身体必完整无损，不是指肢体健全，而是指毫发不损。他说："我实在地告诉你们，你们连一根头发也必不损坏。"③之所以如此，乃是因为——正如使徒说的："从来没有人恨恶自己的身子"。满有信心的人靠着忍耐

---

① 《路加福音》21：19。
② 《罗马书》8：23—25。
③ 《路加福音》21：18。（和合本里"我实在地告诉你们"为"然而"。——中译者注）

对自己的肉身状态保持警醒，而不是失去耐心①。有什么损失就补什么不足。若是为获得将来的不朽坏这无可估量的利益，他们岂能不以更大的忍耐看顾自己的身子吗？

8. 忍耐虽是心灵的美德，但心灵实施这种美德部分是在心灵里，还有部分是在身体上。当身体完好无损，未受伤害，但心灵受到困境或者污秽的事或话的刺激，怂恿它做出某种不体面的事，说出某些不合宜的话，此时就要在心灵本身施行忍耐的美德，耐心地忍受一切邪恶，免得它自己行恶事或说脏话。就是在我们的身体健康的时候，我们也能靠着这种忍耐，在这个充满罪恶的世界里等候被耽延的祝福，这就是我刚刚引用过的经文所说的："我们若盼望那所不见的，就必忍耐等候。"圣大卫凭着这份忍耐，忍受辱骂者的咒骂。②他完全可以自己回击对方，然而他不但自己没有这样做，就连旁边的人愤怒地要为他抱不平，他也阻止了。所以，他不是以施行报复，而是以禁止报复来显示他作为王的权能。那个时候，他的身体并没有遭受任何疾病或伤害，但有一个公认的谦卑的时代，见证神的旨意，为此要以最忍耐的心忍受别人的傲慢无礼。主所教导的就是这样的忍耐，因为他曾论到一个比喻，当仆人为田里混杂的稗子愤怒不已，想要把它们拔掉时，主人回答说："容这两样一齐长，等着收割。"③也就是说，必须耐心忍受它们，不可迫不及待地把它们除掉。主本人就树立了这种忍耐的榜样。他面临自己身体受难，仍然如此容忍自己的门徒犹大，虽然指明他就是卖主的人，仍容忍他作贼④；在

---

① 《尼西亚教父选集》这句话的翻译也比较含糊。中译参考了 Saint Augustine, Treatises on Various Subjects, p. 242 的翻译。——中译者注
② 《撒母耳记下》16：5—12。
③ 《马太福音》13：30。
④ 《约翰福音》12：6；13：29。

即将经历捆绑、十架和死亡之际，仍然没有拒斥那充满诡诈的嘴唇，与他亲嘴。① 所有这些以及诸如此类的，不必一一列举，全都属于那种忍耐的范型。心灵借着这种忍耐，当身体完好无损的时候，在自身里耐心地忍受，不是忍受它自己的罪恶，而是忍受各种无缘无故的邪恶。另一种忍耐则是无论身体上遭受什么痛苦，心灵都借此耐心忍受种种困苦和忧愁，不是像蠢人或恶人那样，为了求得虚妄的东西或犯罪而忍受，而是如主所界定的那样：是"为义"。② 圣殉道者就是在这两种忍耐里争战。或者身体虽然未受损伤，恶毒的辱骂却铺天盖地而来，心灵有自己的（可以说）打击和伤害，要耐心忍受，不为所动；或者他们的身体受到捆绑，投入牢狱，遭受饥渴、折磨、咬噬、撕裂、焚烧、残杀，他们的心灵却敬虔而不可动摇地顺服于神，他们的身体上遭受的所有那些令人发指的残暴，都可以在心灵里设想出来。

9. 若是看不见的敌人用逼迫和暴怒来激发我们，那就是更大的忍耐之战，对这样的敌人要公然而明确地表示拒斥，就可以打倒它们。但是魔鬼（他也同样通过不信之子如同利用自己的器具逼迫光明之子）自己悄悄地袭击我们，借他的怒火逼我们做反对神的事，说违背神的话。约伯就受到这样的挑衅和诱惑，但是他借着忍耐的大力和敬虔的武器没有被魔鬼征服。最初，他的身体未受伤害，但是失去了一切所有，为了在他身体未受到折磨之前，使他因为神收回了人孜孜以求的事物而心灵破碎，从而叫他抱怨神，指责神让他失去这些事物，因为魔鬼认为他是基于这些事物才敬拜神的。他还遭受了突然失去所

---

① 《马太福音》26：49。
② 《马太福音》5：10。

有儿子的痛苦，他一个一个生养长大的儿子，转瞬之间全部死去，似乎多子多孙不是为了加增他的福气，而是为了增添他的悲剧性。然而，他忍受了这些事，仍然守在神里不动摇。信靠神的旨意，只要他自己愿意信靠，神是不可能失去的。他虽然失去了那些事物，对拿走那些事物的神却坚信不移，因为他将在神里面找到永不会失去的东西。因为神不是仇敌，把它们拿走不是出于害人的恶意，而仇敌害人的歹意倒是他所允许的。魔鬼接下来又向身体进攻，而且不是攻击人从外面得来的那些事物，而是人本身。他身上的各个部位，凡是可以受到攻击的，全都未能幸免，从头顶到脚掌每一处都在烧灼，疼痛，爬满虫蝇，长满毒疮。身体虽然糜烂发臭，心灵却完整无损，痛不欲生的身体备受折磨，惨不忍睹，但是他以坚定的敬虔和不败的忍耐忍受这一切。他的妻子在一旁不但没有给丈夫安慰和帮助，反而叫他亵渎神，弃神而去。其实，我们绝不会以为，魔鬼取走了他的儿子，却把妻子留下，是因为在干坏事上还不老练，相反，他早已在夏娃身上看到，留下她对试探者是多么必不可少。然而，这一次他没有看到第二个亚当，试图利用女人把他诱走的阴谋没有得逞。约伯在忧愁之时比亚当在喜乐之中谨慎多了，一个身处愉悦之物中被魔鬼打倒，另一个在痛苦之中打倒了魔鬼；一个接受了那看起来似乎美好的东西，另一个在痛苦煎熬中没有屈服于最令人恐惧的东西。另外还有他的朋友，不但没有安慰他所遭受的恶，反而怀疑他作了恶。由于他遭受如此大的灾难，他们就以为他原本不是清白的，他们的口也禁止不住，说出他的良知绝不会说的话，因而在身体遭受无情折磨的同时，他的心灵也很可能受到失实的指控。然而，他在肉身上忍受自己的痛苦，在心灵里忍受别人的错谬，责备妻子的愚顽，教导朋友以智慧，在一切事上都坚守忍耐。

10. 让那些动不动就速速求死的人①看看这个人吧，他们放弃此生，还否认来生。如果人们迫使他们否认基督或者做背弃公义的事，他们就当像真正的殉道者那样，耐心忍受一切，而不是贸然求死，毫无忍耐之心。如果为了脱离种种恶就可以这样做，那么约伯宁愿杀死自己，免得让魔鬼如此残忍地陷他于如此的大难，财产、儿子、肢体上遭受如此苦难。然而他没有这样做。他也绝不会这样做。愚顽的妇人都不会提出来的事，聪明的人也绝不会做在自己身上。即使妇人提出这样的建议，她也完全可能得到同样的回答，即当她叫他弃离神时得到的回答："你说话像愚顽的妇人一样。哎！难道我们从神手里得福，不也受祸吗？"②假若连他也失去耐心，像她所建议那样亵渎神，或者选择连她也不敢提议的自杀，那么他死后就成为经上所论到的那些人中的一员："失去耐心的人有祸了！"③肉身死后他就会被急急拖去，那些渎神者，或者杀人者，或者比杀人者更可恶的人就会来惩罚他，那就不是解除痛苦，而是增加痛苦了。如果杀人者因为那样的原因比自杀者更恶，因为他杀的不只是一个人，而是一个亲近的人，那么在杀人者中间，杀的越是亲近的人，所犯的罪就越大。毫无疑问，杀死自己的人罪就更大了，因为没有比自己更亲近的人了。这些可怜的人，不但在今生备受痛苦折磨，在来世也必遭受神降在他们头上的痛苦，因为他们不仅对神不敬不虔，还对自己残酷不仁，那么他们为何这样做呢？岂不是求殉道者的荣耀吗？因为即使他们是为真正见证基督而遭受逼迫的，但是他们自杀了，很可能并没有在逼迫者手里受什么苦，因而完全可以对他们说："失去耐心的人有祸了！"如果没有

---

① 多纳徒主义者（Donatists）。
② 《约伯记》2：10。
③ 《便西拉智训》2章14节。

耐心受苦的人都能得到冠冕，那耐心忍受的人又该得到怎样的奖赏呢？经上有话说：你"当爱人如己"①，你不可杀人，却把自己杀了，这样的人怎么能说是清洁无罪的呢？

11. 请圣徒们聆听圣经关于忍耐的诫律吧："儿呀，如果你要侍奉主，就当行在义里，心怀敬畏，你的灵魂要时刻准备接受考验。要谦卑恭敬，逆来顺受，这样到了末了之时，你的生命就可增添福寿。一切临到你头上的苦难，都当甘心接受。在痛苦里学会忍受，在谦卑里不失忍耐。须知，真金要经过火炼，神所悦纳的人要经过耻辱的熔炉。"②在另一处，我们又读到这样的经文："我儿，你不可轻看耶和华的管教，也不可厌烦他的责备。因为耶和华所爱的，他必责备，他所接纳的儿子，他必管教。"③这里所说的"他所接纳的儿子"也就是上面提到的"所悦纳的人"。确实，我们因违背神的诫命求逆性的事而失去了伊甸园里最初的福乐，通过谦卑地忍受烦人的事，可以重新获得福乐；行恶就会丧失，忍受恶就能复得；因为行恶是背义的，忍受恶是为义的。

12. 现在我们必须探讨真正的忍耐，名副其实的美德，它是如何获得的。有些人④认为它属于人的意志力量，不在乎神的协助，只在乎自由意志的决断。这种错谬就是傲慢的错谬，是安逸的人常犯的错误。论到他们经上有话说："安逸人的讥诮和骄傲人的藐视。"⑤因而，这不是"必不永久被忘"的"穷乏人"的忍耐。⑥因为这些穷乏

---

① 《马太福音》19：19。
② 《便西拉智训》2章1—5节。（此段经文系根据英文直译。——中译者注）
③ 《箴言》3：11—12。（和合本最后一句译为："正如父亲责备所喜爱的儿子"。——中译者注）
④ 帕拉纠主义者（Pelagians）。
⑤ 《诗篇》123：4。
⑥ 《诗篇》9：18。

人是从那富裕者（Rich One）领受忍耐的，"你是我的神，我的好处你不缺乏"①这话就是对他说的；"各样美善的恩赐和各样全备的赏赐"②都是从他来的；缺乏的穷人向他哭喊，求告，寻求，叩问，说："我的神啊，求你救我脱离恶人的手，脱离不义和残暴之人的手。主耶和华啊，你是我的忍耐，从我年幼，你是我所盼望的。"③但是这些安逸的人，在神面前鄙视穷乏的人，没有从主领受真正的忍耐。他们夸口自己虚假的忍耐，企图"叫困苦人的谋算变为混乱，因为耶和华是他的盼望。"④他们也不敬神，因为是人，就把很多东西归功于自己，即归功于人的意志，正好符合经上所论到的那种人："指望人的，那人有祸了。"⑤因而，即使他们偶尔忍受了某种艰难或困苦，那也是因为他们不愿得罪人，或是为避免受更大的苦，或者在自娱自乐、自我陶醉中以目空一切的意志忍受这些困难。圣使徒雅各论及智慧所说的也适用于他们的忍耐："这样的智慧不是从上头来的，乃是属地的、属情欲的、属鬼魔的，"⑥关于他们的忍耐也可以这样。既然有傲慢者虚假的智慧，为何不可以有傲慢者虚假的忍耐？而真正的智慧源于神，真正的忍耐也源于他。如谦卑的人所吟唱的：我的心哪，顺服于神，因为我的忍耐是从他而来。⑦

---

① 《诗篇》16：2。（和合本此节经文译为："你是我的主，我的好处不在你以外"。——中译者注）
② 《雅各书》1：17。
③ 《诗篇》71：4—5。（和合本最后一句译为："你是我所盼望的，从我年幼，你是我所倚靠的。"——中译者注）
④ 《诗篇》14：6。（和合本此节经文译为："你们叫困苦人的谋算变为羞辱，然而耶和华是他的避难所。"——中译者注）
⑤ 《耶利米书》17：5。（和合本此节经文译为："倚靠人血肉的膀臂……那人有祸了。"——中译者注）
⑥ 《雅各书》3：15。
⑦ 《诗篇》62：5。（和合本此节经文译为："我的心哪，你当默默无声，专等候神，因为我的盼望是从他而来。"——中译者注）

13. 但是他们回答说:"人凭自己的自由意志的力量,不靠神的帮助,忍受了如此多的可怕困苦,不论是心灵上的,还是身体上的,以便能够在这必死而充满罪恶的生命中享有快乐,那么为何就不能以同样的方式,这人的意志靠着自由选择的力量,不依靠神的帮助,只靠自身自足的本能,为义和永生最耐心地忍受一切临到它的劳苦和悲痛?难道说不义者的意志是自足的,不需要神的帮助,甚至在别人折磨他们之前,能为罪恶目的自己折磨自己;难道说迷恋短暂此生的人的意志是自足的,不需要神的帮助,可以在残忍而漫长的折磨中始终坚守谎言,免得承认了自己的恶行被治以死罪。而义人的意志却不自足,唯有靠从上面来的力量,才能为公义之美或者永生之爱而忍受各种临到他们头上的痛苦?"

14. 说这些话的人不明白,每个恶人越是能够忍受不幸,这世界的欲望在他里面就越大;同样,就每个义人来说,越是勇敢地忍受不幸,对神的爱就越大。而世界的欲望是从意志的选择开始的,在享受快乐中不断生长,在习惯的锁链中得到确认,而"神的爱浇灌在我们心里",这爱不是源于我们自己,乃是"所赐给我们的圣灵"将它浇灌在我们心里。① 因而,义人的忍耐是从他来的,他们对他的爱也是靠着他才源源流出的。使徒赞美许多优秀品质,尤其论到爱,说它是"恒久忍耐",又说爱是"凡事包容",稍后又说"凡事忍耐"。② 这样说来,圣徒们对神的爱越大,就越能为他们所爱的神忍受一切;而恶人对这世界的欲望越大,就越能为他们所追逐的事物忍受一切。所以,从那同一个源头生出的有义人的真正忍耐,生出他们对神的

---

① 《罗马书》5:5。
② 《哥林多前书》13:4、7。

爱，又生出不义者的虚假忍耐，生出他们对世界的欲望。对此使徒约翰说："不要爱世界和世界上的事。人若爱世界，爱父的心就不在他里面了。因为凡世界上的事，就像肉体的情欲，眼目的情欲，并今生的骄傲，都不是从父来的，乃是从世界来的。"①也就是说，这种声色之欲，不是从父来的，乃是从这世界来的，它越是强烈而火热地在人里面，人就越能为自己所欲求的事忍受一切困难和忧伤。因而，如我们以上所说的，这不是从上面来的忍耐，敬神者的忍耐才是从上面来的，从众光之父那里来的。所以，前者是属地的，后者是属天的；前者是属血气的，后者是属灵的；前者是鬼魔的，后者是神圣的。因为声色之欲是从世界来的，犯罪的人借此愚顽地忍受一切困苦，而爱是从神来的，行义的人借此勇敢地忍受一切困苦。因而，就那种虚假的忍耐来说，有可能不需要神的帮助，人的意志就可以自足，就此而言，欲望越是强烈，忍受不幸的耐力越大，就变得越坏。而就这种真正的忍耐来说，人的意志若没有从上面来的帮助和激励，是不能自足的，原因就在于圣灵才是那火源，若不是借着他点燃心中对那不朽灭之善的爱，它就不可能忍受临到头上的不幸。

15. 正如那属神的话语所见证的："神就是爱，住在爱里面的，就是住在神里面，神也住在他里面。"②因而，人若是说没有神的帮助就可以得到神的爱，岂不等于说没有神也可以得到神吗？这样的话就连疯子也不敢说，难道基督徒敢说吗？因而，使徒借圣徒之口，以赞颂的口气论到真正的、敬虔的、忠心的忍耐，说："谁能使我们与基督的爱隔绝呢？难道是患难吗？是困苦吗？是逼迫吗？是饥饿吗？是赤身露

---

① 《约翰一书》2：15—16。
② 《约翰一书》4：16。

体吗？是危险吗？是刀剑吗？如经上所记：'我们为你的缘故终日被杀，人看我们如将宰的羊。'然而，靠着爱我们的主，在这一切的事上已经得胜有余了。"接着又补充说："因为我深信无论是死，是生，是天使，是掌权的，是有能的，是现在的事，是将来的事，是高处的，是低处的，是别的受造之物，都不能叫我们与神的爱隔绝；这爱是在我们的主基督耶稣里的。"①这就是"神的爱"，是"所赐给我们的圣灵浇灌在我们心里的"。而恶人的声色之欲，如使徒约翰所说，"不是从父来的"②，而是从世界来的，因而他们的忍耐乃是虚假的忍耐。

16. 这里有人会说："既然恶人的声色之欲——使他们为自己所追求的东西忍受一切恶事——是从世界来的，那么怎么能说是出于他们的意志呢？"试问，他们既爱世界，抛弃那世界借其而造的神，他们自己岂不就是属于世界的吗？因为"他们……去敬拜侍奉受造之物，不敬奉那造物的主。主乃是可称颂的，直到永远。"③"世界"这个词指使徒约翰或者是指爱世界的人，那么意志，也就是他们自己的意志，就是属世界的意志；或者他用这个词来包含天地以及里面的一切，那么就是普遍意义上的受造物，无论哪种意指，显然都可以看出，属这世界的是受造物的意志，而不是造物主的意志。因此主对他们说："你们是从下头来的，我是从上头来的；你们是属这世界的，我不是属这世界的。"④又对使徒说："你们若是属这世界的，这世界就爱他自己的样式。"但为了不让他们夸口过于自己该当的，他说他们不属这个

---

① 《罗马书》8：35—39。
② 《约翰一书》2：16。
③ 《罗马书》1：25。
④ 《约翰福音》8：23。

世界时，防止他们以为这是出于本性，而不是出于恩典。他于是又说："但因你们不属这世界，我已从这世界拣选了你们，所以这世界就恨恶你们。"由此可见，他们曾是属世界的，为了使他们不再属这世界，他将他们从世界拣选出来。

17. 这拣选，使徒指出不在于功德，而在善工之前，只在乎恩典，因此他说："如今也是这样，照着拣选的恩典，还有所留的余数。既是出于恩典，就不在乎行为。"①这是出于恩典的拣选，也就是说，借着神的恩典，人才得以被拣选。我再说一遍，这是出于恩典的拣选，在人的一切功德善工之前。如果这是因为某种善工才赐给的，那么就不是白白地给的，而是作为亏欠付给的，这样它就不能称为真正的恩典，如使徒所说的："作工的得工价，不算恩典，乃是该得的。"②它若是真正的恩典，也就是白白给予的，不可能在人身上找到与它相匹配的功德（从"你救他们毫无所求"③这样的话里可以很好地理解这一点），那么可以肯定，它不是为功德而给的，相反，功德乃是因它而来的。所以，它甚至在信心之先，而一切善工乃是从信心开始的。如经上所写的："义人因信得生。"④但不止于此，恩典不仅帮助义人，而且还使不义的人称义。因而，即使当它实实在在地帮助义人，并且看起来似乎是因他的功德赐给他的，即便在那样的情形中，它也仍然是恩典，因为它所提供的帮助是从它自身来的。正是因为这种先于人的一切善工的恩典，所以基督不仅是被不义的罪人治死的，而且就是"为罪人死"⑤的。他在死之前，拣选了众使徒，当然不是

---

① 《罗马书》11：5—6。
② 《罗马书》4：4。
③ 《诗篇》56：7。但希伯来本和英文本经文为："他们岂能因罪孽逃脱吗?"
④ 《哈巴谷书》2：4。
⑤ 《罗马书》5：6。

因为他们原本就是义的,乃是为了叫他们称义。他对他们说,"我从世界拣选了你们";还对他们说,"你们不属于这世界"。然后,为了不让他们以为自己从来就不是属于这世界的,他又说:"因为我已经从世界拣选了你们。"显然,他们之所以不属这世界,是因为他拣选了他们。因而,如果他们被拣选是由于自己的义,而不是借着神的恩典,那么他们就不可能被拣选离开这世界,因为他们如果原本就已经是义的,那么原本就是不属于这世界的。再者,如果他们之所以被拣选的原因在于他们原本就是义的,那么他们一开始就早已选择了主。须知,若不是因为选择了义,谁能成为义的呢?"律法的总结就是基督,使凡信他的都得着义"①,"神又使他成为我们的智慧、公义、圣洁、救赎。如经上所记:'夸口的,当指着主夸口。'"②这样说来,他本身就是我们的公义。

18. 同样,道成肉身之前的古代义人,正是在这种基督的信心里,在这种真正的公义里(基督就是我们的这种公义)得称义的。我们相信已经临到的,他们那时候就相信将要临到。他们自己得救也是本乎恩,因着信,并不是出于他们自己,乃是神所赐的,也不在乎他们的行为,免得他们自夸。③ 因为他们的善工不是在神的怜悯之前,而是在它之后,从它而来。早在基督还远远未在肉身里到来之前,经上就有话写着对他们说:"我要怜悯谁,就怜悯谁;要恩待谁,就恩待谁。"④在久远之后,使徒根据神的这些话说:"据此看来,这不在乎那定意的,也不在乎那奔跑的,只在乎发怜悯的神。"⑤同样也是在基

---

① 《罗马书》10:4。
② 《哥林多前书》1:30—31。
③ 《以弗所书》2:8,9。
④ 《出埃及记》33:19;《罗马书》9:15。
⑤ 《罗马书》9:16。

督还远未成肉身到来之前,他们自己有话说:"我的神,他的怜悯要临到我。"①他们既借着基督的爱早早地向我们预告了基督的到来,又怎可能偏离基督的信心,在他之外呢?没有对基督的信心,必死的人无论是以前、是现在,还是将来,都不可能成为义的。所以,如果众使徒原本就已经是义的,因而被基督拣选,那么他们应该先选择了他,然后义人才能被拣选,因为没有他,他们不可能成为义的。但事实并非如此,如他亲口对他们说的:"不是你们选择了我,乃是我选择了你们。"使徒约翰也论到这一点说:"不是我们爱神,乃是神爱我们。"②

19. 事实既然如此,人若在此生中使用自己特有的意志,而不是选择并爱神,那么人会成为什么?除了不义和罪恶之外,还会是什么呢?若不是造他的主"顾念他"③,白白地拣选他,白白地爱他,人算什么东西?不就是背离造主的受造物吗?因为他自己是不可能去拣选,去爱的,唯有先被拣选,被爱,才能得医治,因为他选择了盲目,所以他就不知道,因为爱懒惰,所以一会儿就感到疲乏。不过,有人也许会说:经上既说:"凡作孽的,都是你所恨恶的"④,那么神以什么方式首先拣选了恶人,并爱他们,好叫他们得称义?我们能想象他是以什么方式呢?那必是奇异而无法言喻的方式。无论如何,我们还是能想象,这美善的医生是如何对病人既恨又爱的:恨他是因为他得了病;爱他是为了能使他的病得痊愈。

20. 关于爱,我们必须不惜笔墨,因为没有爱在我们里面,就不

---

① 《诗篇》59:10。(和合本此节经文译为:"我的神要以慈爱迎接我。"——中译者注)
② 《约翰一书》4:10。
③ 《诗篇》8:4。
④ 《诗篇》5:5。

可能有真正的忍耐。在义人里面，正是对神的这种爱，才使他们能凡事忍耐。正如在恶人里面，正是对这世界的欲望，使他们也能忍受一切。但这爱是借着所赐下的圣灵浇灌在我们心里的。因此，我们里面的爱从他而来，忍耐也从他而来。但这世界的欲望，尽管也能忍耐地承受任何灾难的重负，却夸口它自己意志的力量，就如同夸口疾病带来的昏呆，而不是夸口健康产生的强壮。这种夸口是疯狂的，它不是忍耐说出的话，乃是昏聩所发的言。这样的意志，越是对现世的美物贪得无厌，看起来就似乎越能忍受艰难困苦，因为越缺乏永恒的东西。

21. 既然鬼魔的灵唆使它，使它产生虚假的异象和不洁的动机，两者同流合污，达成邪恶协议，这灵就使人的意志或者产生错误的幻想，或者对某种属世的快乐充满炽热的欲望。因此，这似乎表明了一种对难以忍受之恶的惊人忍耐力，然而并不能由此说，恶的意志没有另一个不洁之灵的怂恿就不能存在，如同好的意志没有圣灵的帮助不能存在一样。即使没有任何灵来诱惑或激发，也完全可以有恶的意志，魔鬼自身就是最明显的例子。他成为魔鬼，不是因为别的魔鬼促成，而是出于他自己特有的意志。因而，一个恶的意志，不论是因欲望而蠢蠢欲动，还是因畏惧而退避三舍；不论是因高兴而膨胀，还是因悲伤而退缩，在所有这些不宁的心绪中，忍受着在别人看来或者在另外时间看来是非常痛苦的事。这恶的意志，不需要别的灵引诱刺激。自己因缺乏而失足从高处坠入低处，它越是乐于视之为追求的对象，担心失去的对象，因得到而喜乐，因失去而忧伤的东西，就越能为它的缘故忍受一切，只要享有它的快乐胜过为它所忍受的痛苦。因为不论那是什么东西，都是属受造物，即属于欲求的。因为在某种意义上，被爱者主动靠近爱者，惺惺相惜，体验所给予的甜蜜。

22. 但是造主的喜乐，就是经上所写的"你必叫他们喝你乐河里的水"①的那种喜乐,是完全不同的一种,因为他不像我们一样是受造的。若不是它的爱从那里赐给我们,我们里面的爱就成了无源之水。所以,善的意志,叫我们爱神的意志,若没有神的运作,叫人立志行事,就不可能在人里面。② 因而,这良善意志,就是忠心地顺服于神的意志,就是由那在上的圣洁激情在火上锤炼的意志,就是爱神并为神而爱邻人的意志,不论是借着爱—— 对此使徒彼得回答说,"主啊,你知道我爱你"③;还是借着畏惧—— 对此使徒保罗说,"当恐惧战兢,作成你们得救的工夫"④;是因为喜乐,对此他说,"在指望中要喜乐,在患难中要忍耐"⑤;还是因为忧愁,他说他为弟兄大有忧愁⑥;不论以何种方式忍受苦楚和艰辛,都是因为神的爱才能"凡事忍耐"⑦。这爱唯有借那赐给我们的圣灵才能浇灌在我们心里⑧,源源不断。敬虔使人心无疑惑,但正如使人爱神的仁爱是神的恩赐,同样,使人敬虔地忍受的忍耐也是神的恩赐。因为圣经是不可能欺人或自欺的,不仅旧约里有对此事的许多见证,比如经上有话对神说:"你是我的忍耐,"又如"我的忍耐是从他而来"⑨;另一位先知说,我们领受了坚毅的灵⑩,而且在使徒的作品中我们也读到"因为你们蒙恩,不但得以信服基督,并要为他受苦"⑪。因此,人心不

---

① 《诗篇》36:9。(和合本此节经文见 8 节。—— 中译者注)
② 《腓立比书》2:13。
③ 《约翰福音》21:15。
④ 《腓立比书》2:12。
⑤ 《罗马书》12:12。
⑥ 《罗马书》9:2。
⑦ 《哥林多前书》13:7。
⑧ 《罗马书》5:5。
⑨ 《诗篇》71:5 及 62:5。(和合本经文分别译为:"你是我所盼望的"和"我的盼望是从他而来"。—— 中译者注)
⑩ 《以赛亚书》11:2。(和合本此节说到"智慧和聪明的灵、谋略和能力的灵、知识和敬畏耶和华的灵",没有说到"坚毅的灵"。—— 中译者注)
⑪ 《腓立比书》1:29。

可因自己的功德而自高自大，要知道他是另一位的怜悯所恩赐的。

23. 此外，如果没有爱——这爱是灵里的合一，是和平的纽带，是大公教会联合起来的基石——没有这爱，却陷入纷争，人因恐惧地狱和永火，不否认基督，而忍受患难、困苦、饥饿、赤身露体、逼迫、危险、牢狱、捆绑、折磨、刀剑，或者上火刑、喂野兽、挂十架，那么所有这些都是无可指责的。不仅无可指责，还可以说是一种值得称颂的忍耐。因为我们不能说，他若不认基督，以避免遭受这些苦难，倒比他认信基督而受苦更好。我们必须认为，这也许能使他在审判中更能忍受，而不是说，不认基督就可以避免这些苦难。所以，使徒所说的"我若舍己身叫人焚烧，却没有爱，仍然与我无益"，应当理解为对获得天国无益，而不是说对他在最后的审判中忍受苦刑无益。

24. 当然，完全可以问这样一个问题，离开教会的人出于对永久痛苦的畏惧，借着忍耐忍受暂时的痛苦，不是为了使他离开教会的错误，而是为了仍然保守他里面的圣礼或道的真理，这种忍耐是否也是神的恩赐，抑或应归于人的意志力？我们必须十分小心，免得当我们论断忍受是神的恩赐的时候，有人认为它也应当属于神的国。但我们若否认它是出于神的恩赐，就不得不承认，没有神的帮助和恩赐，也可以在人的意志里有某种善。因为我们并不否定，一个人相信自己若不认基督就要忍受永久惩罚之痛苦，并为那样的信念，忍受、轻视人所能遭受的刑罚，这是一件好事。

25. 这样说来，我们不是要否认这是神的恩赐，因而我们明白，那在上的耶路撒冷的子孙必拥有神的某些恩赐，这位耶路撒冷是自主的，是我们众人的母亲[①]（因为这些在一定意义上就是我们所承受的

[①] 《加拉太书》4：26。

产业，因为我们就是"神的后嗣，和基督同作后嗣"①），而使女的儿子也可能承继其他东西。所谓使女的儿子就是比喻属肉体的犹太人，或者分门别类的人，或者异端分子。因为经上有话写着："把这使女和她儿子赶出去！因为这使女的儿子不可与我的儿子以撒一同承受产业。"②神也曾对亚伯拉罕说，"从以撒生的，才要称为你的后裔"，使徒对此解释说："这就是说，肉身所生的儿女不是神的儿女；唯独那应许的儿女才算是后裔"③，好叫我们明白，亚伯拉罕的子孙因基督而成为神的儿女，就是基督的身子和肢体，亦即神的教会，统一的、真正的、独生的、大公的教会，怀着敬虔的信心。这信心不是借颂扬或畏惧做工，"使人生发仁爱的信心才有功效"。④然而，就是使女的儿子，亚伯拉罕虽然把他们送走，离开他的儿子以撒，他并没有忘记赐给他们一些礼物，免得他们两手空空，只是不可把他们看作承继产业的。我们读到经上的话说："亚伯拉罕将一切所有的都给了以撒。亚伯拉罕把财物分给他庶出的众子，趁着自己还在世的时候，打发他们离开他的儿子以撒。"⑤我们若是自主的耶路撒冷的儿女，就当明白哪些是给那些打发出去不能承继产业的人的恩赐，哪些是给承继产业者的恩赐。因为承继产业的，就是经上所说的："你们所受的不是奴仆的心，仍旧害怕；所受的乃是儿子的心，因此我们呼叫：'阿爸，父！'"⑥

26. 因而我们要以仁爱的灵呼叫，并在承继产业、始终保守在这

---

① 《罗马书》8：17。
② 《加拉太书》4：30；《创世记》21：10。
③ 《创世记》21：12；《罗马书》9：7、8。
④ 《加拉太书》5：6。
⑤ 《创世记》25：5—6。
⑥ 《罗马书》8：15。

产业里之前,借着那叫人作自主之子的爱,而不是借着那叫人受捆绑的怕,忍耐痛苦。只要我们还是穷乏人,就要呼叫,直到得着那产业,成为富足的。我们已经领受了多大的真诚,因为基督为我们成为富足的,自己成为穷乏的;他受到那在上的富足人的赞美,派来一位把圣洁的渴望吹进我们心里,那就是圣灵。这些穷乏人,相信但还未亲见,盼望但还未享有,在渴望里叹息,还未在福祉里作王,在忍饥挨寒,还未得到饱足。但是,这些穷乏人的"忍耐必不永远落空"①,不是说那里也有忍耐,因为在那里不再需要忍耐。"不落空"的意思是说,它不会不结果子。它结的果子它将永远拥有,所以它"不永远落空"。徒然劳作的人,当他孜孜以求的盼望落空了,就有充分的理由说"我白作了这么多的工",而收获了劳作所得的果子的人则自我庆贺说,我的工没有白做。说工没有落空(或白做),不是因为它永久持续,而是因为它不是徒然无所得。同样,基督的穷乏人(他们要作为基督的儿子成为富足的),他们的忍耐不会永远落空,不是因为在那里我们也必须耐心忍受,而是因为我们在这里已经耐心忍受的,到那里就要享有永恒的幸福。那赐给意志暂时的忍耐的,必不会叫永久的福祉终止,因为这两者都是他给予爱的恩赐,而爱也是出于他的恩赐。

---

① 《诗篇》9:18。(和合本经文译为:"困苦人的指望必不永远落空。"——中译者注)

论对死者的料理

《订正录》第二卷第六十四章

1. 我尊敬的同工，保利努斯（Paulinus）主教，很长时间了，您老的问题还未答复，债务一直没还。你曾写信给我，谈到我们最虔敬的女儿福罗拉（Flora）一家的疑问，问我人死后尸体以纪念某个圣徒的仪式埋葬是否有用。这也就是上述这位寡妇为她死去的儿子请教你的问题，你给她回了信，安慰她，告诉她，她出于母爱和虔敬之情所求的事已经如愿以偿了，也就是说，忠诚的年轻人塞奈基乌（Cynegius）的尸体已经放在最神圣的认信者费利克斯（Felix）大教堂里。结果你把回信也发给了我，提出同一个问题，希望我谈谈对这件事的看法，同时也坦率地发表了你自己的观点。你说，在你看来，如此照料他们死去的朋友，从虔敬而忠心的心里所产生这些念头，绝不是空洞无益的。你还说，整个教会都常常为死者举行祷告仪式，这也不可能是毫无意义的。由此可以进一步推测，人死后，他的朋友们把他葬在这样的地方，相信会得到圣徒们的帮助，这与他确实是有益的。

2. 果真如此，这样的观点怎么能与使徒的话吻合呢？使徒说：

"因为我们众人必要在基督台前显露出来，叫各人按着本身所行的，或善或恶受报。"①你其实也引用了这话，但没有很好理解。因为使徒这话是告诫人，那死后可能有益的事必须在生前就成就，不是说原本应当在生前成就的事到现在来接受。没错，这个问题可以这样解决，即有一种生命，人若还活在肉身里时得到它，就可能使这些事在他死后对他有所帮助。所以，正是"按着本身所行的"，叫各人在离开身体之后，得到那些为他们虔敬做成的事的帮助。对有些人来说，这些事根本毫无帮助，也就是说，如果这些事是为那些恶贯满盈的人做的，那么他们根本不配得到这些事的帮助；或者是为那些善行多多的人做的，那么他们根本不需要得到它们的帮助。因而，各人由身体引向的那种生命，当它到来之后，这些为他而敬虔做成的事，不论是什么，在他死后，与他或者有益，或者无益。就这些事所能产生的益处来说，如果生前不曾获得，那么死后也是妄求。同样也可以说，教会或者关心的朋友为死者举行的宗教仪式不是没有意义的。然而，同样，各人"按着本身所行的，或善或恶受报"，主按各人所行的事报应他。若是此事在他离开身体之后能对他有益，那它原本就是他未离开身体之前的生命应当获得的。

3. 也许我这样简单回答已经解决了你的问题。但另一个问题触动了我，我想也应当给予回应，希望你能稍作留意。我们在《马加比书》（Maccabees）里读到过对死者的祭祀。②然而，即使旧约里没有任何记载，这样的事也不乏权威的依据，整个教会的惯常做法是很清楚的，即祭司在神的坛上献给主的祷告中，也提到对死者的赞颂。不

---

① 《哥林多后书》5：10。
② 《马加比书下》12 章 43 节。

过，死者尸体所葬的地方是否对他的灵魂有益处，这是需要更仔细探讨的问题。首先，人的尸体若不埋葬，是否会对他们死后的灵有很大影响或者加剧不幸，这需要探讨，但不是根据普遍为人接受的观点来研究，而是要按我们宗教的神圣智慧来研究。我们不是要说，如《马若》(*Maro*)中所记载的，未得埋葬者就不可航行并跨越阴河，因为"没有一个可以跨过可怕的河岸，诸水咆哮，他们还未找到适宜的居所，骨头就已经沉下安息"。谁能让一个基督徒真心接受这种胡编乱造的诗？主耶稣为了使基督徒在敌人抓住他们、宰割他们的身体时，能毫无畏惧地顺服，就说他们头上的毛发也不会失去一根，由此劝勉他们，对那些除了杀身体之外无能为力的人，不必惧怕。① 对此，我在《神之城》②(*The City of God*)第一卷里已经作了充分的讨论，把那些人的牙齿打碎在嘴里，他们将那惨绝人寰的灾难，尤其是罗马近来所遭受的灾难，归咎于基督徒，这确实使我们不由得想到，就连基督也不曾救他自己。当我们回答他们说：就信徒来说，主会按照他们信心的功德保护他们的灵魂，这时，他们就会谈到信徒死无葬身之处来侮辱我们。关于尸体的埋葬这个问题，我就说到这里。

4. "但是，"(我说)"如果尸体成堆，岂能一一埋葬？"敬虔的信心也无须对此大大惊恐，要坚信所预告的信息，即就是被野兽吞吃也不会妨碍身体的复活，它连一根头发也不会损坏。③ 倘若敌人所选择的对待被杀者的尸体的处理方法对将来的生命无论如何总有影响，那么真理无论如何也不会说这样的话："那杀身体不能杀灵魂的，不要怕

---

① 《马太福音》10：28。
② 通译为《上帝之城》。为了译文的统一，这里把"上帝"都译为"神"。——中译者注
③ 《路加福音》21：18；12：4—7；《马太福音》10：28—30。

他们。"除非有人荒谬至极,提出这样的观点,死之前不要怕他们,免得他们杀身体,但死后当怕他们,免得他们杀了身体之后,暴尸野外,不给掩埋。他们既然能对死尸做这么大的事,基督所说的话是不是错误的?他说:"那杀身体以后不能再作什么的,不要怕他们。"①我们绝不可认为真理所说的话会是错误的。这里的意思是说,他们既杀身体,就确实做了什么,因为身体被杀时是有感觉能力的,但是此后他们就不能再做什么了,因为身体既已被杀,就没有任何知觉了。许多基督徒的尸体并没有掩埋在泥土里,但他们谁也不曾与天地分离,因为主将自身亲临在整个天地之间,他知道如何使他所造的事物复活。《诗篇》里诚然有话说:"把你仆人的尸首,交与天空的飞鸟为食;把你圣民的肉,交与地上的野兽。在耶路撒冷周围他们的血流如水,无人葬埋。"②然而,这是为了进一步突出做这些事的人的残忍,而不是加增遭受这些事的人的不幸。因为在人眼里,这些事看起来可能是残忍可怕的,然而,"在耶和华眼中,看圣民之死极为宝贵。"③因而,对丧葬的注重,墓地的赠与,仪式的隆重盛大,所有这一切与其说是对死者有什么用处,还不如说对生者有些安慰。如果豪华墓葬对恶人真有益处,那么对他的尸体草草埋葬或者根本没有埋葬就必对他有害。那身裹紫袍华服的财主确实得到家人为他布置的在人眼里隆重的葬礼,但是那满身长疮的穷人从守护天使那里得到的葬礼要更加壮美得多,天使不是把他埋入大理石坟墓里,而是把他带去放在亚伯拉罕怀里。④他们对这一切大加嘲笑,我们为捍卫神的城所要反对的

---

① 《路加福音》12:4。
② 《诗篇》79:2—3。
③ 《诗篇》116:15。
④ 《路加福音》16:19—22。

就是这样的人。其实，就是他们自己的哲学家们也对墓葬之事嗤之以鼻。当军队为地上的国抛头颅洒热血时，战士们关心的往往不是尸骨会埋在何处，或者会成为哪种野兽的口中之食。许多诗歌用赞颂的口吻说到这样的事："他虽然没有坟墓可以躺卧，却头顶苍穹，以天为盖。"①就基督徒来说，他们的身体本身及其所有肢体都要复活，不仅从地上复活，甚至从其他东西，从尸体消失在其中的最隐秘的裹尸布那里复活，而且必是在瞬间就恢复原状，完全变为原初的样子，这是神所应许的，那么他们岂不是更没有必要为基督徒未埋葬的尸体造墓建坟吗？

5. 但是这并不等于说可以鄙视死者的身体，可以把它弃置不顾，尤其是公义而忠心的人的身体，因为他们的身体是为他们的灵作圣用、行各样善事的官能和器具。比如，父亲的衣服、戒指以及其他诸如此类留给子女的东西，子女越是珍爱它们，就越显出子女对父母的感情之深，绝不会让他们的身体受到侮辱。说实在的，我们对自己所穿戴的这身体比任何其他穿戴物都更熟悉、更亲密，因为它们不是关乎装饰或者帮助，那是外在之物的功能，而是关乎人的本性。因此，古代义人的埋葬是受到人们尽职尽心的关怀的，要举行葬礼，提供墓地②；他们自己生前就论到埋葬事宜，甚至把自己的尸体交给儿子处理。多比因为死人找墓埋葬而得到了神的恩惠，得到赞颂，由天使作见证。③ 三天后要复活的主也是这样，不但自己传讲，还赞成别人传讲一位虔敬妇人做的美事，因为她把一瓶极贵的香膏浇在他身上，并

---

① Lucan vii. 819，说的是法撒利亚（Pharslia）战场上被杀的士兵，凯撒禁止焚烧或埋藏他们的尸体。
② 《创世记》23：25；9、10；47：30。
③ 《多比传》2 章 7 节；12 章 12 节。

且是为他安葬做的。① 那些从十字架上把他的身体领走，仔仔细细、充满敬虔地看着它被包裹好，然后安放在坟墓里的人②，福音书记载了她们的名，赞颂并纪念她们。然而，这些权威并不是让我们以为死人身体里有什么知觉，而是促使我们意识到神（而且他对这样敬虔的职责很喜悦）的意志本身掌管着死人的身体，它们预示这样的含义，意在叫我们对复活的信心坚定不动摇。倘若我们对人没有生命的肢体给予的尽职尽心的关照都不会在神面前落空，那么我们岂不是可以充分地知道，我们对活着有知觉的人所行的捐助之事可能会得到多大的回报。其实，还有另外一些事，在论到贮藏或销毁他们的身体时，圣先祖们希望我们知道这是借着说预言的圣灵说的，但是这里不适宜详尽讨论这些事，因为我们所讨论的问题已经讲清楚了。再说，既然没有那些维持生计所必不可少的东西，比如食物、衣服，无论这种缺乏产生了多大的困苦，也无损于义人忍辱负重、坚忍不拔的男子汉气概，也不会磨灭他们心里的敬虔，只会在不断磨炼中生出更多的果子，更何况缺乏的不过是那些常用来料理死者身体的安葬和保存的东西呢？这绝不会使他们显得可怜无助。须知，他们正在敬虔者隐蔽的住所里安息呢！因而，即使由于大城或其他城镇的毁灭，基督徒的尸体没有获得这些东西，这既不是生者的过错，因为他们付不起这些东西，也不是死者的痛苦，他们不可能感觉到这些东西。③ 这就是我对墓葬之原因和理由的看法。这是从本人的另一部著作里转引过来的，因为复述这一观点，比用另一方式表述同一个问题要更容易一点。

----

① 《马太福音》26：7—13。
② 《约翰福音》19：38，39。
③ 《神之城》第1册，第12章第13节，第2卷，第10页。

6. 果真如此，那么毫无疑问，提供圣徒墓地的一处地方作安葬死者身体之用，这表示对死者健在的朋友的美好情感，因为如果在殡葬上有什么虔敬可言，这虔敬就只能是思考该将尸体安葬在何处。不过，这样安慰活着的人虽然是可取的，可以向他们所爱的人表示其敬虔的心，但我并不认为他们对死去的人会有什么帮助，最多不过是：他们回想着埋葬他们所爱的人的墓地，在祷告中把他们交托给同在墓地里的那些圣徒，让这些圣徒像保惠师一样看顾他们，在神面前帮助他们。其实，这样的事即使没有把所爱的人葬在这样的地方，他们也能做。这样看来，之所以要给死者的那些坟墓写墓志铭或立纪念碑，使其别具一格，唯一的原因就是想叫人时时想起，使我们心里常常记得，好叫他们虽然死了，从活着的人眼前消失了，却并没有被人遗忘，没有从人心里消失。因为纪念（Memorial）这个词非常清楚地表明了这一点，同样，纪念碑（Monument）也是源于告诫，意思是记在心里。希腊人为何把我们称为纪念馆或纪念碑的东西称为"*mnemeion*"？因为在他们的语言里，记忆本身就是"*mneme*"。因而，只要心里一想起某个至亲朋友的身体安葬的地方，就浮现出因某个殉道者之名而受人敬仰的地方，可以在缅怀和祷告中把灵魂交托给该殉道者。如果这种情感是信主且为死者之至亲的人向死者表现出来的，那么无疑对死者是有益的，他们生前就认为这样的事与他们死后的生命是有益的。即使由于情势所迫，没有条件把身体安放在坟墓里，或者不能放进这样的地方，也仍然不可忽略为死者的灵祈求，这样的仪式应当为所有基督教和大公教会团契里的死者举行，即使没有提到他们的名字，只是一般性的纪念，而且教会要亲自主持，这样做的目的在于那些没有父母或子女或其他亲戚朋友的人，可以通过一位共同的敬虔母亲为他们这样做。倘若没有这些祈求，这些以正当的信心和敬虔为死者举行的仪式，那么我得说，就是把无生命的身体安放在圣地，也于他们的灵毫无益处。

7. 因而，虔敬的母亲渴望把她死去的虔敬儿子的身体安葬在殉道者的墓地，因为她相信他的灵魂会得到殉道者的功德的帮助，这种信本身就是一种祈求，若说有什么益处，这份信就有益处。因为她在自己心里一遍遍地想起这个墓地，在祷告中越来越多地提到她的儿子，死者的灵就得到帮助，不是由于这个安放尸体的地方，而是由于从对这个地方的怀念而生发出来的东西，是母亲鲜活的感情。因为她在祷告的时候，关于交托谁，向谁交托的念头立即就触动了她虔敬的心，由此产生的情感绝不是毫无益处的。在向神的祷告中也是这样，人利用身体的各部分来祈求，比如跪下双膝，伸展双手，甚至俯伏在地，以及其他种种外在姿态，尽管神知道他们内在的意志和心里的念头，根本不需要这些姿势，任何人的心灵都是向他敞开的，唯一的意义是人由此更激发自己祷告，更谦卑也更深沉地叹息。我不知道这是怎么回事，虽然若不是心里先有某种动机，身体不可能做出这些动作，但同样，由于身体作出了这些外在的看得见的动作，产生这些动作的内在看不见的意向也加强了，由此促使外在动作产生的心里感情也因这些动作的展现而浓郁起来。但是我们仍然要说，人若受控于别人，或者甚至被捆绑，使他的肢体无法作出那些动作，这并不意味着他里面没有祷告。在神的眼里，他在其最隐秘之处忏悔，俯伏在地。同样，虽然人把自己死后的身体放在何处，同时为自己的灵向神祈求，这有非常大的意义，因为起先是出于感情选择了一块圣洁之地，把身体安放在那里之后，对那圣地的回忆能更新并加深先前所产生的感情。然而，他所爱的人可能无法安息在那个他虔心选择给他躺卧的地方，即使如此，他也绝不可停止为死者的交托祈求。因为无论死者的肉体葬在何处，或者没有埋葬，灵都要求安息，并且必须得到安息。因为灵在离开肉体时带走了意识，没有意识，它就无法辨别人的存在状态，是良善的，还是败坏的；它就不会向肉身寻求生命援助，因为原本就是它把生命给予肉体的，如今它离开了肉体，就把生命收回来，等到它返回肉体时再重新把生命给它。因为不是肉体使灵获得功德，而是灵使肉体获得功德，甚至包括复活之功，不论它来生是受惩罚，还是得荣耀。

8. 我们从优西比乌（Eusebius）用希腊语写的、鲁菲努（Ruffinus）转译成拉丁语的《教会史》（*The Ecclesiastical History*）里读到殉道者的尸体在高卢（Gaul）怎样成为野狗之食，甚至超乎人的想象，把那些狗吃剩的残渣和死者的骨头用火焚烧，再把它们的灰烬撒到罗讷河（Rhone）里，免得留下什么痕迹作纪念之用。① 我们必须相信，神允许这样的事发生，不是为了别的目的，就是要基督徒在认信基督时知道，他们轻看此生，更轻看坟墓。这样的事，即如此野蛮残暴地对待殉道者的身体，若真能对他们产生一点点伤害，对他们完全得胜灵的幸福安息有所损伤，那他们就肯定不会如此逆来顺受，任凭如何对待了。因而，当主说："那杀身体以后不能再作什么的，不要怕他们"②，他所要表明的意思不是说，他不会允许他们对跟随他的人死后的身体做任何事，而是说，不论允许他们做什么事，都不可能减损死去的基督徒的福分，不可能触及他们死后仍然鲜活的意识，不会造成任何损伤，甚至对身体本身的完整性也不会减少丝毫，它们复活之后将毫发未损。

---

① 优西比乌《教会史》第5册第1章，讲述了里昂（Lyons）的这些殉道者的身体连续六天暴露在室外，然后被焚烧，骨灰撒入罗讷河。
② 《马太福音》10：28；《路加福音》12：4。

9. 然而，由于人心里的那种感情，因而"从来没有人恨恶自己的身子"①，如果人有理由知道死后他们的身体将没有各国各族中惯常的埋葬都要求有的那些东西，那么他们作为人会感到难过。那些死后得不到的东西，他们在生前就为自己的身体担心，因此我们在《列王纪》里看到，神借一个先知威胁另一个悖逆了他的话的先知说，他的尸体不得放入他列祖的坟墓。圣经是这样记载的："耶和华如此说：'你既违背耶和华的话，不遵守耶和华你神的命令，反倒回来，在耶和华禁止你吃饭喝水的地方吃了喝了，因此你的尸身不得入你列祖的坟墓。'"②我们在思考究竟如何理解神作出这样的惩罚时，不妨借鉴一下福音书，从中知道身体被杀之后，没有任何原因惧怕，担心没有生命的肢体会遭受什么待遇。就此而言，这种惩罚甚至不能算是惩罚。但是我们想一想人对自己的身体的属人感情，虽然人死后，那身体不会有任何感觉，但是他还活着的时候，很可能会对此感到恐惧和悲伤。而这正是对他的一种惩罚，因为心灵因那将要临到它身体上的事而感到痛苦，尽管当这样的事真的发生的时候，身体不会有任何痛苦之感。出于这样的目的，神这样惩罚他的仆人，因为他不是由于自己的叛逆本性拒不遵守主的命令，而是受了别人假话的蒙骗，以为自己是在遵从主的命令，其实没有遵从。这不是要我们以为他既被野兽咬死了，灵魂就要打入地狱受苦，因为那咬死他的狮子就站在他尸身旁边看顾他，而且他骑去的驴也未受伤害，与那猛兽一同安详地站在主人的尸身旁边。从这奇异的事迹可以看出，属神的人宁愿暂时受阻，甚至死，也不愿死后受罚。关于这个问题，使徒在阐释某些罪恶时也

---

① 《以弗所书》5：29。
② 《列王纪上》13：21—22。

曾提到过许多人的病和死,他说:"我们若是先分辨自己,就不至于受审。我们受审的时候,乃是被主惩治,免得我们和世人一同定罪。"①而那个先知,就是骗了他的那人,对自己的坟墓作了大量安排,还留下话要葬在他的旁边,尸骨挨近他的尸骨,希望这样就能使自己的尸骨得到宽恕。根据那属神之人的预言,犹大的约西亚王确实在那地挖出了许多死人的骨头,并用这些骨头玷污一直为阴间之像设立的亵渎神的祭坛。但是他放过了那个坟墓,里面躺着三百年前预言这些事的那个先知,因为他的缘故,引诱他的人也幸免于难,坟墓没有遭到破坏。也就是说,由于那种感情,没有人会恨恶自己的身体,由于那种感情,此人虽然因说谎已经杀死了自己的灵魂,却不忘预先为自己的尸身作了安排。出于这样的原因,每个人对自己的身体都有与生俱来的爱,所以对一个人来说,让他知道他死后不得进入列祖的坟墓,就是对他的一种惩罚;对另一个人来说,他要预先作好安排,若能躺在谁也不会破坏其坟墓的人旁边,就能使他自己的尸骨也得幸存。

10. 为真理而战的基督的殉道者们却克服了这种情感,所以毫不奇怪,他们根本不关心自己的尸骨会落在何处,因为他们生前所感受到的种种困苦,死后,毫无感觉的尸体不可能再受其折磨。毫无疑问,神是大能的(他甚至不许狮子咬死了先知之后再碰他的身体,把凶手变成一个看守),我是说,他能保守属于他自己的尸身,虽然人把它们扔给野狗,他却可以让它们免受野狗糟蹋;他能够用数不胜数的方法阻止人的暴怒,使他们不敢焚烧尸体,抛撒灰烬。但是要显明各种各样的试探,就不可缺乏这样的经历,免得坚毅的信心为坟墓的尊荣而担心忧虑,它原本不会为了身体的生存而屈服于野蛮的逼迫;总

---

① 《哥林多前书》11:31—32。

而言之，免得复活的信心害怕身体被吞食。所以，这样的事也让它发生，目的在于，在这些如此骇人的恐怖事件之后，热烈认信基督的殉道者也成为这真理的见证，好叫他们知道那杀他们身体的人，杀了他们的身体之后就不能再做什么了。① 因为不论他们对死人的身体做什么，都不会有任何意义，因为那肉身已经完全没有生命，死者不可能感受到什么，造他的神也不可能失去什么。然而，尽管殉道者对这些事毫不畏惧，以极大的毅力忍受，这样对待死者的身体，在弟兄中间却引起了强烈的伤痛，因为没有留下任何东西可以让他们对圣徒的残骸致以最后的敬意，残忍的哨兵警备森严，不允许他们偷偷地取回任何部分（如同样的历史所表明的）。所以，那些被杀死的人，虽然肢体被四分五裂，骨头被焚烧殆尽，骨灰被抛撒江河，却不可能感受到一点悲伤，然而这些得不到他们的任何部分可以掩埋的人，出于对他们的感情，感到异常痛苦。因为那些人死了就没有任何感觉，而这些人活着，出于对他们的感情要有所作为，因而对那些人来说不再有任何痛苦，而这些带着悲痛怜悯做的人则为他们感到痛苦。

11. 正是考虑到我所提到的这种悲痛怜悯，那些厚葬了扫罗和约拿单的人，受到大卫王的赞赏和祝福。② 然而，给予那对诸事皆毫无感觉的人怜悯，那是什么怜悯呢? 也许这是对那关于阴河的谎话——未得埋葬的人就不能跨过那河——的回击? 这绝不是基督徒的信心所认为的，否则，它岂不是恶待了如此众多的殉道者，因为他们的身体不可能得到妥善安葬。如果这些人真的能够对他们做成如此大的恶

---

① 《马太福音》10：28。
② 《撒母耳记下》2：5。

事，使他们无法过到所渴望的地方去，那么真理所说的话"那杀身体以后不能再作什么的，不要怕他们"①就是在欺骗他们。然而，这毫无疑问是完全错误的，身体无法入坟这对忠诚的信徒不可能有任何伤害，不信主的人即使入殓安葬也不会有什么益处。那么经上为何说那些厚葬了扫罗和他儿子的人做了善事，并因此得到那敬神的王的祝福？那是因为当他们为别人的死尸悲哀的时候，这是一种感动同情者心灵的美好感情，正是由于这种感情，没有人会恨恶自己的身体，但是他们自己死后，是不可能对自己的身体也有这种感情的；当他们还有感情的时候，如此照料别人已经没有了知觉的身体，但当他们自己也没有了知觉的时候，还能对自己的身体做些什么呢？

12. 民间有关于某些显现或异象的故事，似乎可以作为一个不可轻视的问题引入目前的讨论。故事说，死人有时会进入活人的梦境或者以其他方式向活人显现出来，这活人原本不知道他们的尸体是没有安葬的，于是死人就向他们指了一块地，告诫他们应当在那里给他们造座坟墓。如果我们回答说这些事全是虚假的，就会显得太不谨慎，与某些信主之人的作品相冲突，不相信那些向我们保证这样的事发生在他们身上的人的理智。但我们要说，这并不表明我们会认为死人因出现在梦里或诉说或指示或询问这些事就必然对这些事有意识。其实，活人也会时而出现在活人的睡梦里，而他们自己并不知道自己出现在别人的梦里。唯有事后别人告诉他们梦见了什么，说在梦里看见他们做了什么事或说了什么话，他们自己则对此一无所知。一个人可能会在梦里看到我告诉他某件发生的事，或者甚至预言某件将要发生的事，而我事实上对那件事完全不知，不仅对他的梦全然不知，而且

---

① 《路加福音》12：4。

根本不知道我入睡的时候他是否醒着，或者我清醒的时候他是否睡着，或者我们俩同时醒着或睡着，什么时候他做了看见我的梦。既然这样的事都是可能的，那么活人做梦，看见没有意识、对诸事毫无知觉的死人显现在梦里，并且告知人醒来后发现属实的一些事，这又有什么可稀奇的呢？对这类事，我会认为是天使的运行起了作用，不论这是来自上面的许可，还是命令，使死人虽然身体上已经完全没有意识，却在梦境里说到关于他们身体埋葬的事。这样的梦常常是有益的，或者是给还活着的人一种安慰，让那些死者的形象出现在他们的梦里，或者告诫人要料理关心坟墓，它虽然于死者毫无帮助，但怠慢忽略它则是不虔敬的，当受指责。然而有时候，人会因虚假的异象而陷入巨大的错谬之中，那是活该。比如，有人做了一个梦，梦见虚幻的诗句所描述的埃伊内亚（Aeneas）在阴间看到的景象，那里有某个未葬人的形象向他显现，向他说一些话，就像帕利努鲁斯（Palinurus）对他说过的那些话。他醒来之后，发现一切真如梦里所说的那样，在那个地方看到没有埋葬的尸体，想起那个人梦里告诉并请求他看到之后就把它埋葬这一切既是真的，他就会相信埋葬死者是为了使他们的灵魂进到所渴望的地方去，如他梦里所得知的，人若是未得掩埋，阴间之法就禁止其灵魂进入这样的地方。然而，他若真相信这一切，岂不是大大偏离了真道？

13. 不过，这是人的弱点，当他在梦里看到死人，就会认为自己看到的是死者的灵魂。但是，当他以同样的方式梦到一个活人，却坚信那不是灵魂，也不是身体，而是人的形象向他显现。就死人来说，同样对此事毫无意识，难道他们向入睡者显现的必然是灵魂，而不可能是他们的影像吗？可以肯定，我们若在米兰听说这样一个人，债主拿着他死去的父亲确认的债单上门来要求还债，父亲欠了这样一笔债，儿子一无所知，于是这儿子开始感到非常伤心，同时又感到奇怪，父亲临死前立遗嘱的时候为何不告诉他所欠的债务？就在这种极端的焦虑中，他的父亲在梦里向他显现出来，告诉他那为他办注销公证手续的公证处在哪里。当他找到那里之后，不仅驳斥了对假账的错误要求，而且还拿回了他父亲手写的借条，当初他父亲还钱之后没有及时拿回来。这里人们会认为，父亲的灵魂一直保佑着儿子，在他的睡梦里向他显现，告知他原本不知道的事，好叫他摆脱巨大的麻烦。然而几乎就在我们听到这个故事的同时，在迦太基也发生了一件事，这是修辞学家优罗基乌（Eulogius）在我们返回非洲之后亲口告诉我们的一个故事。他曾在修辞学上做过我的学生，当时他正在给自己的学生讲解西塞罗的修辞著作，当他浏览准备第二天讲解的那部分材料时，突然看到有一段话他怎么也不能理解，于是心里非常烦恼，受惊几乎不能成眠。就在那天晚上，他做了一个梦，梦里我在向他解释那段他看不懂的文字。不仅如此，向他解释的还不是我本人，而是我的形象，因为我并不知道那段话，何况当时又远在大洋彼岸，完全可能正在做另外的事，或者做另外的梦，对他所焦虑的事一无所知。这些事是怎么发生的，我不知道，但不论它们如何发生，我们为何不相信做梦看见活人与做梦看见死人是同样的道理？至于何人、何地或何时梦见他们的形象，毫无疑问，既不得而知，也无关紧要。

14. 此外，与做梦类似的，还有人醒着时出现一些异象，这些人往往理智失常，比如精神病人，或者那些某方面疯狂的人，他们自言自语，就好像有人站在他们面前，或者看见有人站在面前，他们能看到对方的形象，不论对方是活着还是死了。但正如活着的人不知道自己显现在他们面前，并与他们说话，事实上，他们本人并没有真的显现，也没有真的说话，而是因为失常的感觉，这些人产生如此这般的幻觉。同样，已经死去离开此世的人，向所爱的人显现出来，其实并非真的存在，不论是否有人看见他们的影像，他们自己是全然无知觉的。

15. 与此类似的还有一种情形，当人的感觉比睡眠状态更完全地停顿时，就会产生类似的异象，有活人和死人的形象在他们面前显现。但当他们恢复常态之后，他们说所看到的死人真的与他们在一起。听说这些事的人没有注意到，同样条件下他们也会看到某些活人的形象，尽管被看到的人并不在场，也毫不知情。有个人名叫库尔马（Curma），来自图利乌姆（Tullium）市，一个受到希坡（Hippo）苛政的城市，他是库里亚（Curia）的一个可怜成员，几乎不能胜任本地执政官之职。有一天他突然病了，完全昏迷，所有感官都休克，好几天就像死人一样躺着，唯有鼻孔里有微弱的气息，用手探探能感觉到，表明他还活着，才没有把他当死人埋了。他手脚毫无知觉，也不进食，无论是眼睛还是其他器官都对身边的一切东西毫无知觉，但是他看到了许多事情，就像在梦里一样，当他躺了许多天终于醒来之后，就把所看到的情景说给人听。首先，他说，他睁开眼睛后不久，就叫某人去铁匠库尔马家，看那里发生了什么。那人一到那里，就发现铁匠死了，在另一人刚刚恢复知觉，几乎可以说从死里复活之时，铁匠死了。那些站在他周围的人急切地想听下文，然后他又告诉他们，当他本人被打发走之后，又如何命令将另一人召来。他在那个刚刚离开的地方听到有话说，按命令，不是要抓库里亚的库尔马，而是铁匠库尔马，去到那个属于死人的地方。在他这些梦一样的异象里，他看到那些死人按照各自不同的功德受到不同的对待，其中还认出一些他生前所认识的人。我原本可能会相信，他所看见的人就是他们本人，但他在这种梦一样的异象中还看到至今仍然活着的人，即他那个地区的一些教士,他们的长老告诉他要在希坡让我为他施洗,他说,这样的事他也看到了。所以,他在这异象中还看见了一位长老,一些教士,还有我本人,也就是还活着没死的一些人,后来又看见了已经死去的人。我们为何不可以认为,他看见上述这些活人就如同看见我们一样?也就是说,两种情形中对象都是不在的,没有意识的,因此所看见的不是这些人本身,而是他们的像?他所看见的地方也是这样,即,他看见了地下的一个地方,有长老和教士,还看见希坡,在那里看到我在给他施洗,这两个地方,他虽然看来是在那里,但其实根本不在。因为那时在那里发生了什么事,他并不知道,倘若他真的在那里,就肯定会知道。因此,所看见的景象并非事物本身呈现出来的,而是以某种形象出现的事物的影子。最后,他叙述道,当他看见了很多事之后,他还被领进了伊甸园,正是在那里有话对他说,当他离开那里回到自己的家之后,"如果你想进入这个福地,就去受洗吧。"他说,既得到告诫让我给他施洗,这事就已经成了。但与他交谈的人回答说:"去真的受洗吧,那只是你在异象中看到的。"此后,他就苏醒了,回到希坡。然后,在复活节将临的时候,他与其他许多我们所不认识的人一起成为合格的信徒(Competents),也不在乎让我以及我们中的其他人知道他的异象。他受洗之后,于复活节快结束之时回到家乡。我是在大约两年之后了解到这整个故事的。先是从我的也是他的一个朋友那里听到,当我们坐在我家餐桌旁吃饭时谈到这些事时讲起的。然后,我对它产生了兴趣,就让他本人告诉我这个故事,其间有他几位诚实的同乡人作见证,证明他那奇异的病,如何像死人一样躺了好多天是事实,又说确实有我上面提到的那位铁匠库尔马,以及所有这些事都是真的。当他向我讲述的时候,他们在旁边回忆,并向我担保当时他们从他口中听到的就是这样的。这样看来,正如他看见了自己的洗礼，看见了我本人、希坡、教堂以及洗礼堂，并非是在现实中看到的事物本身，而是事物的某种类似物。同样，人可以在异象中看见另一些还活着的人，而那些人本人并不知道，那么为何不能同样看见死人，虽然这些死人完全无知无觉？

16. 我们为何不能相信这些事是在神意的安排下天使所为的呢？因为神照着他那深不可测的判断，可以将一切事，无论好坏，都变成好的。不论这些事是教导还是欺骗必死之人的心灵，是安慰它还是恐吓它，神按照各人或者向他显明慈爱，或者实施报复，教会歌唱他的"慈爱和公平"①不是没有意义的。每个人可以按自己喜欢的方式理解我的话。如果死人的灵魂参与活人的事务，如果当我们在睡梦里看见他们的时候，向我们说话的正是他们本人，不说别的，就说我自己，我那敬虔的母亲没有哪一夜会不入我的梦来，翻山越海地跟随我，好与我一起生活。我绝不认为她会因一种更幸福的生活而变得非常残忍，甚至在我心里烦恼的时候也不来安慰一下她全心爱着的儿子，她从来不愿看到他悲伤的儿子。但可以肯定，我们听到的圣《诗篇》里唱的诗句一点儿也没错，"我父母离弃我，耶和华必收留我。"②既然我们的父母离弃了我们，他们又怎么参与到我们的事务中来呢？如果父母不参与，还有谁该知道我们在做什么事，在受什么苦？先知以赛亚说："亚伯拉罕虽然不认识我们，以色列也不承认我们，你却是我们的父。"③既然如此伟大的先祖都不知道自己所生的子民要发生什么事，须知，他们是信神的，这子民也是所应许的他们的后裔，死人又怎么能为了认知或帮助而搅和到活人的事务和行为中来？如果

---

① 《诗篇》101：1。
② 《诗篇》27：10。
③ 《以赛亚书》63：16。

人死后还能感受到降临在人类生活中的天灾人祸，那么我们怎么说在恶事来临之前去世的人有福气？或者我们这样说是错误的，认为他们平静地安息着是错误的，活人的不平静生活时刻使他们忧愁呢？那么神为何要应许虔敬的约西亚王，作为对他最大的恩惠，即他会让他先死，免得他看见神威胁要降到那地和地上的居民的一切灾祸？神的话是这么说的："耶和华以色列的神如此说：至于你所听见的话，就是听见我指着这地和其上的居民所说，要使这地变为荒场、民受咒诅的话，你便心里敬服，在我面前自卑，撕裂衣服，向我哭泣，因此我应允了你。这是我耶和华说的。我必使你平平安安地归到坟墓，到你列祖那里；我要降与这地的一切灾祸，你也不至亲眼看见。"①他被神的威吓所惊，撕裂衣服，哭泣不已，速速去赴自己的死，对一切将来的恶事全无忧虑，因为他要在平安里静息，所有那些事都不会看见。这样说来，死人是有灵的，但他们对人世间发生的一切都看不见。那么他们怎么能看见自己的坟墓，自己的身体，或者暴尸荒外，或者入殓墓葬？既然他们或者遭受自己的恶事——如果他们招惹了这样的果；或者在平安里安息，如所应许给约西亚的，不经历任何恶事，不论是自己的痛苦，还是为别人的苦而产生的同情，生前所经历的一切痛苦恶事全然没有，那么他们怎么能参与活人的不幸呢？

17. 有人会说："如果没有死人关心活人的事，那么为何那个财主，自己在阴间受苦，请求先祖亚伯拉罕派拉撒路到他五个还活着的弟兄那里，对他们作见证，免得他们也去到那痛苦的地方？"②但能否因为这财主这样说，就推断他必知道他的弟兄们那时在做什么事，或

---

① 《列王纪下》22：18—20。
② 参见《路加福音》16：24—29。

者受什么苦？正如我们虽然确实不知道死人的所作所为，但是依旧关心他们。同样，这阴间里的财主虽然根本不知道活着的人在做什么，却依然关心他们。我们若不关心死人，就不会这样为他们向神祈求。最终，亚伯拉罕并没有派拉撒路去，还回答说，他们在阳间有摩西和先知，他们应当听从他们的话，免得来阴间受那些痛苦。这里还可以问，就先祖亚伯拉罕来说，他知道这里有摩西和众先知，即有他们的书卷，只要听从他们就可以避免阴间的痛苦。简言之，知道那财主活着时锦衣玉食，而穷人拉撒路活得辛苦而忧愁，却不知道这里的所作所为？因为他还这样对他说："儿啊，你该回想你生前享过福，拉撒路也受过苦。"也就是说，他知道这些原先发生在活人间而不是死人间的事。没错，他知道这些事，不过，很可能不是在他们有生之年做这些事的时候得知的，而是在他们死后从拉撒路得知的，这样，先知所说的话"亚伯拉罕不认识我们"①一点儿也没错。

18. 所以，我们必须承认，死人确实不能知道这里正在发生的事，但后来，他们可以从那些死了离开这里到他们那里去的人听到这些事；当然并非一切事，只是可以知道的事，那些当事人遭受过而铭记的事，也是适宜叫那些人听到的事。也可能是从天使那里知道的，当事件正发生的时候，有天使亲临其间。无论如何，死人确实能听到一些事，这些事是按统管万有的神的判断适宜他们听到的。要是没有天使，他们既能出现在活人的地方，也能显现在死人的地方，主耶稣就不会说："后来那讨饭的死了，被天使带去放在亚伯拉罕的怀里。"②因而，他们能时而在这里，时而在那里，都是出于神的旨意，

---

① 《以赛亚书》63：16。
② 《路加福音》16：22。

是按神的旨意从这里到那里。死者的灵也可能会了解发生在这里的某些事，那必是他们应当知道的事。知道某事的也必是应当知道的人，借着神的圣灵向他们显明，不仅可以知道过去或现在的事，甚至可以知道将来的事。比如不是所有的人，唯有先知。当他们还活在阳间的时候能知道未来的事，即使他们也不是知道所有事，只知道神意认为适宜向他们显明出来的事。此外，有的是死人被派给活人，有的则相反，比如保罗就是活着时被提到乐园里，有圣经为证。① 先知撒母耳向活着的扫罗王显现，甚至预言必临到他头上的事。② 当然有人认为不是撒母耳本人被巫术蛊惑，而是某个灵，适宜做这样的恶事，借了他的外形。《传道书》——据说是西拉（Sirach）的儿子耶稣所写，由于风格上的相似性，也被认为是所罗门的作品——记载，撒母耳死后还说了预言，受到教父们的推崇。若说此书被认为不符合希伯来经典（因为它没有包括在内），那说说摩西怎么样？我们在《申命记》里读到他已经死了③，但在福音书里看到他与还活着的以利亚一同向活人显现出来。④

19. 由此也解决了那个问题：既然死人不知道活人在做什么，为何殉道者借着祷告所带给他们的益处表明他们影响了人的事务。不仅由于益处的作用，而且人亲眼看见，认信者费利克斯（你们敬虔地爱着的人）在野蛮人攻打诺拉（Nola）的时候显现出来，这不是我们道听途说得来的，而是有确凿证据的事。当然，这样的事绝不是出于事物通常的顺序，乃是神向所指定的各个造物展现的。我们知道，在主

---

① 《哥林多后书》12：4。
② 《撒母耳记上》28：11—19。
③ 《申命记》34：5。
④ 《马太福音》17：3。

高兴的时候，水可以在一瞬间变成酒，但我们不能因此就否认水在特定的元素秩序中的价值和作用，不同于神圣作为中的稀罕性或者说独特性。也不能因为拉撒路复活了，就认为每个死人只要想复活就复活，或者无生命的人借一个活人复活，就像睡着的人被某个醒着的人叫醒那样。有些是人事范围之内的事，有些是神圣美德的记号，有些是符合本性的，有些是神迹行的。但是本性的事可能也有神意，而神迹中也不是缺乏本性的。所以，我们不可仅仅因为殉道者显现出来给某些人医治或帮助，就以为死人介入活人的事务是出于死人的权能，而必须明白，殉道者介入活人的事务必须借助于神的权能，因为事实上，死人就其本性来说，不可能介入活人的事务。

20. 不过，殉道者是以什么方式帮助那些得到帮助的人，这个问题超出了我的理解能力。也许他们是亲力亲为，同时显现在各不相同且彼此相距遥远的地方，显现在他们的墓地里，或墓地周围，任何能感觉到他们存在的地方；也许他们自己待在一个与其功德相称的地方，也没有与必死的人交往，但确实以一般的方式为祈求他们的人的需要祷告（就像我们为死者祷告一样，尽管我们并不在他们身边，也不知道他们在哪里，在做什么）。全能的神，无处不在的神，既不只在我们周围，也不远离我们，垂听并应允殉道者的祷告，借着充满各处的天使的执事给人那些安慰，他看着他们生活在此世的不幸之中，认为应当得到这样的安慰，就感动他的殉道者，在他愿意的地方，在他愿意的时间，以他愿意的方式给予安慰，主要是借着他们的墓地，因为他知道这样有利于我们树立对基督的信心，他们就是为认信基督才受苦的，以惊奇而难以言喻的权能和圣善使他们的功德受人敬仰。这样的事太高远，不是我的能力所能企及的，也太深奥，我无法猜测，因而我不敢定夺这两种情形哪一个是事实，或者两种都是事实。有时候这些事是殉道者亲力亲为的，有时候则由天使以殉道者的形象来做，但我非常乐意向知道的人求教。显然我们不会认为没有人知道这些事（当然不是指那些以为自己知道其实却并不知道的人），因为有神的恩赐，就像使徒所说的，神给这人这样的恩赐，给那人那样的恩赐，他说："圣灵显在各人身上，是叫人得益处。这人蒙圣灵赐他智慧的言语；那人也蒙这位圣灵赐他知识的言语；又有一人蒙这位圣灵赐他信心；还有一人蒙这位圣灵赐他医病的恩赐；又叫一人能行异能；又叫一人能作先知；又叫一人能辨别诸灵；又叫一人能说方言；又叫一人能翻方言。这一切都是这位圣灵所运行，随己意分给各人的。"① 使徒所列举的这些属灵恩赐中，那分辨诸灵的恩赐不论赐给谁，谁就能知道这些事，因为这些事应当为他们所知。

21. 我们可以相信，修士约翰（John the Monk）就是这样的人，大狄奥多西（the elder Theodosius）皇帝向他请教关于内战的事，因为他还有说预言的恩赐。显然，那些恩赐中，并非必然只是一人得一样，一人也可以同时得几样恩赐，对此我毫不怀疑。再说这位约翰。有一次一位非常虔敬的女人想要见他，让她丈夫来向他表达这个心愿，极其热切地恳请他，但他拒绝了这个请求，因为他从未向女人做过这样的事，没有先例。不过，他说："去吧，告诉你妻子，她会在今晚看到我，只是在她的睡梦里看到。"结果事情真如他所说的那样发生，他还给了她建议，适宜于一个已婚的信主妇人的各种建议。她一醒来就告诉丈夫她看到了一位神人——她丈夫只知道他是神人——对她说了什么话。从他们得知这件事的人又来告诉我，此人是个庄重而高贵之人，完全值得信赖。不过，我若是自己见到这位圣修士，因

---

① 《哥林多前书》12：7—11。

为据说他总是非常耐心地听别人提问，又极其明智地给予回答，我必会就我们触及的问题请教他：进入那妇人睡梦的是否他本人，也就是说，是他包裹在身体里的灵，正如我们做梦时看到自己包裹在自己的身体里那样；或者那时候他本人正在做别的事，或者，入睡了，正梦见其他东西，只是借某个天使或者用其他方式使这样的异象出现在妇人的梦境里。而他本人，如他所说的，能预先知道这一切，因为有说预言的圣灵向他显明这一切。如果是他本人在她的梦里向她显现，那么他能做到这样，这自然是靠着神奇的恩典，而不是靠着本性；是出于神的恩赐，而不是出于他自己的能力。但如果妇人在梦里看见他的时候，他本人正在做别的事情，或者在睡觉并梦见别的景象，那么毫无疑问，这样的事就像我们在《使徒行传》里读到的事一样，那里主耶稣对亚拿尼亚（Ananias）说到扫罗①，告诉他说，扫罗看到了亚拿尼亚走近他身边，但亚拿尼亚本人并不知道这一点。那神人必会如实向我解释这些事，然后我就接着询问他关于殉道者的问题：他们是亲自显现在人的梦里，还是以其他方式以他们所喜欢的形象向人显现，叫他看见。尤其是当人里面的恶魔承认被殉道者拷问，祈求殉道者放了他们时；或者这些事是通过天使的权能发生的，为纪念并赞美圣徒对人的益处，同时那些人自己处于超然的安静之中，完全沉醉于别的美好得多的景象之中，在我们之外，但为我们祷告。恰好在米兰有这样一件事，在圣殉道者普罗达修（Protasius）和盖尔瓦修（Gervasius）的墓上，有人明明叫着安波罗修主教的名，那时他还活着，但他们就像叫着死人的名字那样，不断地复述着他的名字，魔鬼就向他供认了并求他放了他们。在这件事中，安波罗修似乎是当事人，但此

———————
① 《使徒行传》9：12。

事发生时，他本人对此一无所知。或者这些事之所以发生，有时是殉道者亲临而为，有时则是由天使来担当。若是这样，我们是否可能，或者通过什么记号来分辨哪个是哪个，或者谁也不能论断这些事，唯有那因神的圣灵得了恩赐的人才能分辨，而这些恩赐是圣灵"随己意分给各人的"①。我想，这位约翰会如我所愿地与我讨论所有这些问题的，我就可以从他的教导中学得知识，而且知道我所学到的知识应该是真实可靠的，或者只要他把自己所知道的事告诉我，我就能相信自己原本不知道的事。但是万一他引用圣经的话来回答我说："比你高的事，不可探求；比你强的事，不可猜测。你日思夜想的事，主已经吩咐你"②，我也应当充满感激地接受。因为每当我们遇到什么模糊不确定的问题，自己不能理解的时候，认识到有一点是清楚确定的，那就是我们无论如何都不可言说这些问题，那岂不是很大的收获吗？对于每个人都想知道的事——因为知道了与人有益——我们应当知道的一点是，不知道此事对我们并无害处。

22. 情形如此，我们不可认为对我们所关心的死者来说，任何事唯有庄重地祈求，通过祭坛、祷告或捐助的祭献形式才能让他们得到。虽然并非每个人都能从这些事得益，唯有那些活着时就应当受益的人才能因这些事受益，但是由于我们不知道谁是这样的人，所以应当为一切重生的人做这些事，免得有应得这些事而受益的人却没有得到。诚然，这些事对有些人既无害也无益，因而对他们做这些事是多此一举，但是这总比不让那些能从中得益的人也得到这些事要好。然而，各人为自己的亲朋好友勤勉地做这些事，目的是为了他的亲朋好

---

① 《哥林多前书》12：11。
② 《便西拉智训》3 章 22 节。（此节经文为中译者根据英文直译。——中译者注）

友也能为他做这些事。至于埋葬身体,不论赋予它什么,对得救并无任何帮助,只是人性的一种职责,出于那种"没有人会恨恶自己的身子"①的感情。因而若有人死时没有殓葬,他应当尽其所能料理他的尸体。既然那些不相信身体复活的人都做这些事,更何况相信复活的人呢,岂不更应当做:赋予身体的这样一种仪式——这身体现在死了,但将来要复活,并要保持永生——不也是对复活信心的一种见证吗?不过,把人葬在殉道者的墓地里,同时还求殉道者的保佑,我想,这样做若说对死者有什么好处,那也不过就是使为他祈求的感情得到加强而已。

23. 关于您认为适宜问我的事,就回答到这里,这也是我所能作出的回复。如果话语啰嗦,篇幅冗长,还望您见谅,因为这是太想与您说话所致。您老若是收到此书,请回信让我知道,毫无疑问,由于送信人的缘故,它会变得更受欢迎,这送信人就是我们的弟兄,同为长老的坎狄狄亚努(Candidianus),因您的信我认识了他,全心全意招待了他,并保证让他带走回信。他带着基督的爱到来,大大地安慰了我们,而且说实话,正是在他的敦促下我终于完成了您所盼咐的事。因为我诸事缠身,筋疲力尽,要不是他时时提醒我,免得我忘了,您恐怕还收不到我对这些问题的思考和回复。

---

① 《以弗所书》5:29。

译名对照表

Aeneas 埃伊内亚

Aesop 伊索

Ahab 亚哈

Anna 亚拿

Ananias 亚拿尼亚

Ambrose 安波罗修

Aurelius 奥勒利乌

Baal 巴力

Bede 贝德

Candidianus 坎狄狄亚努

Cato 加图

Carthage 迦太基

Cataphryges 卡达弗里格

Chalcedon 卡尔西顿

Cicero 西塞罗

Consentius 康塞提乌

Crispina 克里斯比娜

Curia 库里亚

Curma 库尔马

Cynegius 塞奈基乌

Darius 达里乌

Diocletian 狄奥克来提安

Demetrias 德米特里娅

Dictinius 狄克提尼乌

Erasmus 伊拉斯谟

Eugypius 优基比乌

Eulogius 优罗基乌

Eusebius 优西比乌

Faustus 福斯图斯

Firmus 费尔谟斯

Flora 福罗拉

Florus 弗洛鲁斯

Fronto 弗朗图
Gaul 高卢
Gervasius 盖尔瓦修
Goliah 歌利亚
Hippo 希坡
Horace 贺拉斯
Jehu 耶户
Jericho 耶利哥
Jerome 哲罗姆
Joseph 约瑟夫
Jovinian 约维尼安
Judah 犹大
Juliana 朱利安娜
Leonas 利奥那
Manichean 摩尼教
Martha 马大
Mary 马利亚
Maximian 马克西米安
Milan 米兰
Naboth 拿伯
Nola 诺拉
Novatians 诺瓦替安
Palinurus 帕利努鲁斯

Paulinus 保利努斯
Pelagianism 帕拉纠主义
Possidius 波西底乌
Priscillianists 普里西利安主义者
Protasius 普罗达修
Rahab 喇合
Ruffinus 鲁菲努
Ruth 路得
Samson 参孙
Samuel 撒母耳
Sirach 西拉
Siricius 西里西乌
Stoicism 斯多葛主义
Susanna 苏姗娜
Tamar 他玛
Thagasta 泰迦斯塔
Tertullian 德尔图良
Thebeste 泰伯士特
Thecla 泰克拉
Theodosius 狄奥多西
Tullium 图利乌姆
Zaccheaus 撒该

译 后 记

本书是奥古斯丁讨论基督徒生活各个侧面的著作集成。从这些论著中，可以看到基督教即使在获罗马帝国承认其合法性后，在信徒生活上仍然面临各种各样的挑战。奥古斯丁的这些不同文章是对于种种问题的回应，包括说谎、自制、贞洁、如何料理死者等看似简单，但无一不关涉基督信仰的"大事"。

本书的翻译得到各方学者的帮助。感谢 Horst Seidle 教授和 Glen Thompson 教授就翻译中的一些关键的拉丁文及其希腊文辞源作了详细的解答；感谢吴国杰博士在百忙中予以的大力支持，帮助解答了拉丁文及版本上的翻译；感谢牛稚雄先生不辞辛劳地校订了相当部分的译文；感谢郑仰恩博士为本书撰写"中译本导言"；感谢游冠辉、王爱玲、刘峣的仔细编校和章雪富博士为一些关键语词的中译提供了宝贵的意见；感谢章雪富博士根据两个英译本（Saint Augustine, Treatises on Various Subjects, English translated by Marry Sarah Muldowney etc., Fathers of the Church, Inc., 1952；Saint Augustine, Treatises on Marriage and Other Subjects, English translated by Clarles T. Wilcox etc., Fathers of the Church, Inc. 1955。）作了校订。

中译本译自 Philip Schaff（ed.），A Select Library of the Nicene

and Post-Nicene Fathers of the Christian Church, Volume III, T & T Clark, Reprinted, March 1993。《论自制》、《论婚姻的益处》、《论圣洁的童贞》、《论寡居的益处》由 L. Cornish 翻译，《论说谎》、《致康塞提乌：驳说谎》、《论修士的工作》、《论忍耐》、《论对死者的料理》由 H. Browne 翻译。本书所引的圣经经文采用和合本译文。

作者在翻译过程中，深感经典翻译之难，主要是因为经典蕴含极丰富的思想力量。希望读者们批评指正，为以后再版和后续翻译提供宝贵的批评意见。

本书翻译为教育部"希腊化和古代晚期西方哲学研究"社科项目。

浙江工商大学教授　石敏敏

2008 年 9 月